Ich bitte nicht um mein Leben

Die englische Originalausgabe erschien 2007 unter dem Titel
Prisoner of Tehran: A Memoir bei John Murray Publishers, London.

Die Autorin

Marina Nemat wird 1965 als Marina Moradi in Teheran geboren. Ihre Eltern entstammen der westlich orientierten Mittelschicht und gehören zur kleinen christlichen Minderheit. Wegen ihrer Proteste gegen das Regime wird Marina 1982 verhaftet und zum Tode verurteilt. Ihr Gefängniswärter ist bereit, sie zu retten, jedoch nur unter der Bedingung, dass sie seine Frau wird. Nach dessen Ermordung heiratet sie heimlich ihren Jugendfreund Andre Nemat und fliegt mit ihm nach Kanada. Mit ihrem Mann und ihren beiden Söhnen lebt sie heute in einem Vorort von Toronto.

Weltbild Taschenbuch

Marina Nemat

Ich bitte nicht um mein Leben

Deutsch von
Holger Fock und Sabine Müller

Erfahrungsbericht

Weltbild

Besuchen Sie uns im Internet:
www.weltbild.de

Übersetzung: Dr. Holger Fock und Sabine Müller
Projektleitung: Almut Seikel
Redaktion: Dr. Gisela Hack-Molitor
Umschlaggestaltung:
Hauptmann & Kompanie Werbeagentur GmbH, München
Abbildung Umschlag und S. 206: © Frank Cunha
Abbildungen S. 191-205: privat
Druck und Bindung: CPI Moravia Books s.r.o., Pohorelice
Printed in the EU
ISBN 978-3-86365-167-1

2015 2014 2013 2012
Die letzte Jahreszahl gibt die aktuelle Ausgabe an.

Für Andre, Michael und Thomas,
für alle politischen Gefangenen im Iran,
besonders für Sh. F. M., M. D., A. Sh. und K. M.
und für Zahra Kazemi

Und sollt' ich beten, ist das einzige Gebet,
Das meine Lippen sprechen, dies:
»Lass mir die Kraft, mein Los zu tragen,
Und gib mir Freiheit!«

So das Ziel der Tage zu verschwinden droht,
Erfleh' ich für mein Leben und den Tod
Nur dies, dass meine Seele nicht in Ketten liegt,
Und Mut, der alles Leid besiegt.

Emily Brontë

Vorbemerkung

Dieses Buch beruht auf wahren Begebenheiten. Dennoch habe ich, um meine Mitgefangenen zu schützen, ihre Lebenswege mit einzelnen Erlebnissen anderer Häftlinge verknüpft und dadurch verändert. So war es mir möglich, vom Leben und Sterben hinter den Gefängnismauern des Evin-Gefängnisses zu erzählen, ohne jemanden zu gefährden, und wahrheitsgetreu zu berichten, was wir durchgemacht haben, ohne die Privatsphäre der Menschen zu verletzen; aber ich bin sicher, dass sich meine Mitgefangenen unschwer darin wiedererkennen werden.

Bei der Arbeit an diesem Buch musste ich mich auf meine Erinnerung stützen, die wie bei jedem anderen Menschen mit der Zeit verblasst und mir bisweilen Streiche spielt. An manche Dinge erinnere ich mich so deutlich, als hätte ich sie letzte Woche erlebt, andere wiederum habe ich nur schemenhaft und in Bruchstücken im Gedächtnis behalten. Aber schließlich liegt das alles mehr als zwanzig Jahre zurück.

In unserem Alltag sind Gespräche die wichtigste Form der Kommunikation, und ich glaube, die Wiedergabe von Gesprächen ist unbedingt notwendig, wenn man Vergangenes lebendig vermitteln möchte. Die Dialoge in diesem Buch habe ich rekonstruiert, so gut ich es vermochte und so wahrheitsgetreu wie irgend möglich.

1

Ein altes persisches Sprichwort sagt: »Wo du auch hingehst, der Himmel hat immer dieselbe Farbe.« Doch der Himmel über Kanada war anders als der über dem Iran, an den ich mich erinnerte: tiefblau und scheinbar endlos, als wollte er den Horizont herausfordern.

Am 18. August 1991, einem schönen, sonnigen Tag, landeten wir auf dem Pearson International Airport von Toronto. Mein Bruder erwartete uns. Mein Ehemann, unser zweieinhalbjähriger Sohn und ich sollten bei ihm bleiben, bis wir eine eigene Wohnung gefunden hätten. Obwohl ich meinen Bruder seit zwölf Jahren nicht gesehen hatte – ich war vierzehn, als er nach Kanada auswanderte –, erkannte ich ihn sofort.

Er war ergraut und dünner geworden, aber bei einer Größe von knapp zwei Metern ragte sein Kopf deutlich aus dem aufgeregten Gewimmel der wartenden Menschenmenge heraus.

Auf der Fahrt vom Flughafen in die Stadt sah ich aus dem Fenster.

Die Weite der Landschaft erstaunte mich. Wir ließen die Vergangenheit hinter uns, und es war in unser aller Interesse, dass ich mit ihr abschloss. Wir mussten ein neues Leben beginnen in diesem fremden Land, das uns eine Zuflucht bot, als es keinen anderen Ort mehr gab, wohin wir hätten gehen können. Ich musste meine ganze Energie auf unser Überleben verwenden. Das war ich meinem Mann und meinem Sohn schuldig.

Und wir bauten uns ein neues Leben auf. Mein Mann fand einen guten Arbeitsplatz, unser zweiter Sohn wurde geboren, ich machte den Führerschein. Im Juli 2000, neun Jahre nach unserer Ankunft in Kanada, kauften wir schließlich ein Haus mit sechs Zimmern am Stadtrand von Toronto. Stolz, nun zur kanadischen Mittelschicht zu gehören, pflegten wir unseren Garten, chauffierten unsere Söhne zum Schwimmen, zum Fußball und zu den Klavierstunden und luden Freunde zum Grillen ein.

Dann konnte ich plötzlich nicht mehr schlafen.

Es begann damit, dass immer wieder Bilder aus meiner Erinnerung auftauchten, sobald ich zu Bett ging. Ich versuchte sie beiseitezuschieben, doch sie bestürmten mich, drängten Tag und Nacht auf mich ein. Die Vergangenheit begann Besitz von mir zu ergreifen, und ich konnte sie nicht in Schranken halten; ich musste ihr ins Auge sehen, sonst hätte sie meine Gesundheit ruiniert. Da ich keine Zuflucht im Vergessen fand, lag der Ausweg vielleicht gerade in der Erinnerung. Ich begann zu schreiben über meine Zeit im Evin-Gefängnis – dem berüchtigten Teheraner Gefängnis für politische Gefangene –, über die Folter, das Leid, den Tod und all die Qualen dort, über die ich niemals hatte sprechen können. Meine Erinnerungen wurden zu Worten und bahnten sich einen Weg aus ihrem künstlichen Winterschlaf. Ich glaubte, wenn ich erst alles aufgeschrieben hätte, würde es mir besser gehen – doch dem war nicht so. Ich brauchte mehr. Ich konnte meine Aufzeichnungen nicht in einer Nachttischschublade begraben. Ich war Zeugin und musste aussprechen, was ich erlebt hatte.

Mein Mann war mein erster Leser. Nicht einmal er kannte die Einzelheiten meiner Haft. Als ich ihm mein Manuskript gab, schob er es unter seine Bettseite und rührte es drei Tage nicht an. Ich litt. Wann würde er zu lesen anfangen? Würde er es verstehen? Würde er mir verzeihen, dass ich ihm das alles verheimlicht hatte?

»Warum hast du mir nicht früher davon erzählt?«, fragte er mich, als er es schließlich gelesen hatte.

Wir waren seit siebzehn Jahren verheiratet.

»Ich habe es versucht, aber ich konnte nicht... Verzeihst du mir?«, antwortete ich.

»Es gibt nichts zu verzeihen. Wirst du *mir* verzeihen?«

»Was soll ich dir verzeihen?«

»Dass ich dich nie danach gefragt habe.«

Die letzten Zweifel, ob ich meine Erlebnisse öffentlich machen sollte, schwanden endgültig im Sommer 2005, als ich bei einer Einladung zum Abendessen einem iranischen Paar begegnete. Wir unterhielten uns gut und sprachen über alltägliche Dinge: unsere Arbeit, den Wohnungsmarkt und über die Schulen, die unsere Kinder besuchten. Als der Abend zu kalt wurde, um länger draußen zu sitzen, gingen wir zum Nachtisch hinein. Beim Servieren des Kaffees fragte mich unsere Gastgeberin, wie ich mit meinem Buch vorankäme, und die Iranerin, Parisa, wollte wissen, wovon mein Buch handelte.

»Als ich sechzehn war, wurde ich verhaftet und zwei Jahre lang als politische Gefangene im Evin-Gefängnis festgehalten. Im Buch erzähle ich davon«, sagte ich.

Sie wurde kreideweiß.

»Ist Ihnen nicht wohl?«, fragte ich.

Sie schwieg einen Moment, bevor sie erwiderte, dass auch sie einige Monate im Evin-Gefängnis zugebracht habe.

Das Gespräch verstummte, alle Blicke richteten sich auf uns.

Parisa und ich entdeckten, dass wir zur selben Zeit in unterschiedlichen Abteilungen des Gefängnisses inhaftiert waren. Ich nannte ihr einige Mithäftlinge, doch sie kannte die Frauen nicht, umgekehrt waren mir die Namen ihrer Freunde aus dem Gefängnis fremd. Dennoch teilten wir die Erinnerung an gewisse Erlebnisse, die den meisten Häftlingen im Evin-Gefängnis vertraut waren. Sie sagte, es sei das erste Mal, dass sie mit jemandem über ihre Zeit in der Haft spreche.

»Niemand spricht darüber«, meinte sie.

Dieses Schweigen hatte mich über zwanzig Jahre lang geknebelt.

Als ich aus dem Evin-Gefängnis freikam, tat meine Familie, als sei alles in Ordnung. Niemand erwähnte das Gefängnis. Niemand fragte: »Was hast du dort erlebt?« Ich sehnte mich danach, meine Erlebnisse im Evin-Gefängnis jemandem zu erzählen, doch ich wusste nicht, womit ich beginnen sollte. Ich wartete darauf, dass mich jemand fragte, mir die Möglichkeit gab, mit dem Erzählen anzufangen, doch das Leben ging weiter, als ob nichts geschehen wäre. Ich vermutete, dass meine Familie mich weiterhin als jenes unschuldige Mädchen betrachten wollte, das ich vor meinem Gefängnisaufenthalt gewesen war. Sie waren entsetzt über den Schmerz und das Grauen, das ich erlebt hatte, und deshalb stellten sie sich blind.

Ich ermutigte Parisa, mich anzurufen, und wir telefonierten einige Male miteinander. Ihre Stimme zitterte, wenn wir uns über unsere Mithäftlinge austauschten und uns Freundschaften in Erinnerung riefen, dank deren wir überlebt hatten.

Einige Wochen später sagte sie mir, sie wolle nicht mehr mit mir telefonieren; sie wolle sich nicht erinnern.

»Ich kann nicht. Es ist zu schwer, zu schmerzhaft«, schluchzte sie.

Ich verstand sie und versuchte nicht, sie umzustimmen. Sie hatte ihre Wahl getroffen, und ich meine.

2

Am 15. Januar 1982 gegen einundzwanzig Uhr wurde ich verhaftet. Ich war sechzehn Jahre alt.

An diesem Tag war ich früher als gewöhnlich aufgewacht und konnte nicht mehr einschlafen. Mein Schlafzimmer kam mir dunkler und kälter vor als sonst, ich blieb unter meiner Kamelhaardecke liegen und wartete, dass die Sonne aufging, doch es war, als ob die Dunkelheit nie wieder weichen wollte. An kalten Tagen wie diesem wünschte ich mir eine bessere Heizung für unsere Wohnung – zwei Ölöfen reichten nicht aus –, doch meine Eltern meinten immer, ich sei die Einzige, die unsere Wohnung im Winter zu kalt fände.

Das Schlafzimmer meiner Eltern lag neben meinem, die Küche befand sich auf der anderen Seite des schmalen Flurs, der die beiden Seiten unserer Vierzimmerwohnung verband. Ich hörte, wie sich mein Vater zur Arbeit fertig machte. Obwohl er sich mit leichten, leisen Schritten durch die Wohnung bewegte, konnte ich an den schwachen Geräuschen, die er verursachte, seinen Weg vom Bad in die Küche verfolgen. Der Wasserkessel pfiff. Der Kühlschrank ging auf und zu. Wahrscheinlich aß er ein Marmeladenbrot zum Frühstück.

Endlich kroch ein schwaches Licht durch mein Fenster. Mein Vater war bereits aus dem Haus gegangen, und meine Mutter schlief noch. Sie stand normalerweise erst gegen neun Uhr auf. Ich hustete, drehte mich um und wartete. Wo blieb heute nur die Sonne? Ich überlegte, was ich an dem Tag machen wollte, kam damit jedoch nicht weit. Ich hatte das Gefühl, als stünde die Zeit für mich still. Ich stand auf. Der Linoleum-Fußboden war noch kälter als die Luft, und die Küche kam mir noch dunkler vor als mein Schlafzimmer. Mir war zumute, als würde es mir nie wieder warm werden. Ob die Sonne je wieder aufginge? Ich trank eine Tasse Tee, danach hatte ich nur einen Gedanken: Ich wollte zur Kirche gehen. Ich zog den langen braunen Wollmantel an, den meine Mutter für mich genäht hatte, bedeckte mein Haar mit einem breiten beigefarbenen Schal und stieg die vierundzwanzig grauen Steinstufen zur Haustür hinunter, die auf eine belebte Geschäftsstraße hinausging. Die Läden waren noch geschlossen, die Straße noch nicht vom Verkehr verstopft. Ich ging zur Kirche, ohne nach rechts oder links zu blicken. Es gab nichts zu sehen. Bilder von Ayatollah Khomeini, hasserfüllte Slogans nahmen fast alle Fassaden ein: »Tod für Amerika!«, »Tod für Israel!«, »Tod den Kommunisten und allen Feinden des Islam!« oder »Tod den Antirevolutionären!«

Bis zur Kirche war es ein Fußweg von fünf Minuten. Als ich meine Hand auf die schwere hölzerne Pforte legte, landete eine Schneeflocke auf meiner Nase. Unter einer Schneedecke sah Teheran schon immer trügerisch harmlos und schön aus, und auch wenn das islamische Regime die meisten schönen Dinge verboten oder verbannt hatte, konnte es nicht verhindern, dass Schnee fiel. Die Regierung hatte angeordnet, dass Frauen ihr Haar bedecken mussten, und Verbote erlassen für Musik, Make-up, Abbildungen unverschleierter Frauen sowie für Literatur aus dem Westen. All dies war für »satanisch« und daher gesetzeswidrig erklärt worden. Ich trat in die Kirche, schloss die Tür hinter mir, setzte mich in eine Ecke und blickte unverwandt auf Jesus am Kreuz. Die Kirche war leer, ich versuchte zu beten, doch die Worte, die mir im Kopf herumgingen, ergaben keinen Sinn. Nachdem ich etwa eine halbe Stunde so dagesessen war, brach ich auf, um im Kirchenbüro bei den Priestern vorbeizusehen, und traf dort Andre, den netten Organisten. Wir kannten uns seit einigen Monaten, und ich traf ihn häufig in der Kirche. Jeder wusste, dass wir uns gernhatten, doch wir waren beide zu schüchtern, es zuzugeben; vielleicht, weil Andre sieben Jahre älter war als ich. Ich errötete und fragte ihn, warum er so früh am Morgen schon hier sei. Er wolle einen kaputten Staubsauger reparieren, antwortete er.

»Ich habe dich vermisst«, sagte er, »wo warst du in den letzten Tagen? Jedes Mal, wenn ich bei dir angerufen habe, sagte mir deine Mutter, es ginge dir nicht gut. Ich wollte heute bei euch vorbeikommen.«

»Mir ging es wirklich nicht gut. Vielleicht eine Erkältung.«

Er meinte, ich sähe blass aus und sollte besser noch ein paar Tage im Bett bleiben. Ich stimmte ihm zu. Dann bot er sich an, mich nach Hause zu fahren, doch ich brauchte frische Luft und trat den Rückweg zu Fuß an. Wenn ich weniger Sorgen gehabt hätte und nicht so niedergeschlagen gewesen wäre, hätte ich gerne mehr Zeit mit ihm verbracht. Doch seit meine Schulfreundinnen Sarah und Gita sowie Sarahs Bruder Sirus verhaftet und ins Evin-Gefängnis gebracht worden waren, war ich nicht mehr imstande, meinen normalen Beschäftigungen nachzugehen. Sarah und ich waren seit unserer Einschulung Busenfreundinnen, mit Gita war ich seit über drei Jahren eng befreundet. Gita war Mitte November verhaftet worden, Sarah und Sirus am 2. Januar. Ich hatte Gita vor Augen, wie sie mit ihrem seidigen langen Haar und ihrem Mona-Lisa-Lächeln auf einer Zuschauerbank am Basketballfeld saß. Und ich fragte mich, was wohl Ramin zugestoßen war, in den sie damals verliebt war. Sie hatte seit dem Sommer 1978, dem letzten vor der Revolution, vor der neuen Weltordnung, nichts mehr von ihm gehört. Jetzt war sie schon mehr als zwei Monate im Evin-Gefängnis inhaftiert, und ihre Eltern hatten noch immer nicht die Erlaubnis erhalten, sie zu besuchen. Ich rief einmal in der Woche bei ihnen an, jedes Mal weinte ihre Mutter am Telefon. Gitas Mutter stand täglich stundenlang vor der Haustür und starrte auf die Passanten. Sie wartete auf Gitas Rückkehr. Sarahs Eltern waren oft zum Gefängnis gegangen und hatten darum gebeten, ihre Kinder besuchen zu dürfen, doch sie waren immer abgewiesen worden.

Das Evin-Gefängnis war seit der Regierungszeit des Schahs die Haftanstalt für politische Gefangene. Allein die Nennung des Namens versetzte jeden in Angst und Schrecken: Das Evin-Gefängnis war gleichbedeutend mit Folter und Tod. Seine zahlreichen Gebäude lagen weitläufig verstreut in einem nördlichen Bezirk von Teheran am Fuße des Elburz-Gebirges. Man sprach niemals über das Evin-Gefängnis, es versetzte jeden in ängstliches Schweigen.

In der Nacht, als Sarah und Sirus verhaftet wurden, lag ich auf meinem Bett und las in einer Gedichtsammlung von Forugh Farrokhzad. Plötzlich wurde die Tür zu meinem Zimmer aufgerissen, und meine Mutter stand im Türrahmen.

»Sarahs Mutter hat gerade angerufen …«, sagte sie.

Ich hatte das Gefühl, als hätte sich die Luft in harte Eisbrocken verwandelt.

»Vor etwa einer Stunde haben Revolutionswächter Sarah und Sirus verhaftet und ins Evin-Gefängnis gebracht.«

Meine Glieder waren taub.

»Was haben sie getan?«, fragte meine Mutter.

Arme Sarah, armer Sirus. Sie müssen zu Tode erschrocken gewesen sein. Aber ich glaubte fest daran, dass ihnen nichts geschehen würde. Es durfte ihnen nichts geschehen.

»Marina, sag mir, was haben sie getan?« Meine Mutter schloss die Tür hinter sich und lehnte sich mit dem Rücken daran.

»Nichts. Jedenfalls Sarah nicht. Aber Sirus gehört den Volksmudschahedin an«, hörte ich mich schwach und wie von ferne sagen. Die Volksmudschahedin waren eine linksextreme muslimische Gruppe, die seit den Sechzigerjahren gegen den Schah gekämpft hatte. Nach dem Erfolg der Islamischen Revolution bekämpften ihre Mitglieder den obersten Führer im Iran, Ayatollah Khomeini, wegen seiner unbegrenzten Machtfülle und nannten ihn einen Diktator. In der Folge erklärte die islamische Regierung die Gruppierung für ungesetzlich.

»Jetzt begreife ich. Dann haben sie Sarah wohl wegen Sirus mitgenommen.«

»Kann sein.«

»Ihre Mutter tut mir leid. Sie war völlig aufgelöst.«

»Haben die Revolutionswächter etwas gesagt?«

»Sie sagten den Eltern, sie bräuchten sich keine Sorgen zu machen, man wolle den beiden nur ein paar Fragen stellen.«

»Dann sind sie ja wohl schnell wieder zu Hause.«

»Ich denke, nach dem, was du gerade gesagt hast, werden sie Sarah bestimmt bald entlassen. Aber was Sirus angeht … Er hätte es wissen müssen. Aber mach dir keine Sorgen.«

Meine Mutter ging hinaus, und ich versuchte vergeblich, einen klaren Gedanken zu fassen. Ich fühlte mich ausgepumpt, schloss die Augen und fiel in einen traumlosen Schlaf.

Zwölf Tage lang schlief ich beinahe ununterbrochen. Bereits der Gedanke an einfachste Erledigungen ermüdete mich, und jede noch so kleine Aufgabe schien mir unmöglich. Ich hatte weder Hunger noch Durst. Ich wollte nicht lesen, wollte nirgendwo hingehen und mit niemandem sprechen. Jeden Abend sagte mir meine Mutter, dass es noch keine Nachricht von Sarah und Sirus gebe. Sie waren verhaftet worden, und ich wusste, ich würde die Nächste sein. Mein Name stand auf einer Liste, die meine Chemielehrerin Khanum Bahman auf dem Schreibtisch der Schulleiterin Khanum Mahmudi gesehen hatte – und unsere Schulleiterin gehörte zu den Revolutionswächtern. Khanum Bahman war ein guter Mensch, sie hatte mich gewarnt und mir verraten, dass diese Liste an die Gerichte der Islamischen Revolution adressiert war. Und dennoch konnte ich nichts anderes tun als warten. Ich konnte mich nicht verstecken. Wohin hätte ich gehen sollen? Die Revolutionswächter kannten kein Erbarmen. Wenn sie in ein Haus kamen, um jemanden festzunehmen, aber diese Person nicht antrafen, dann nahmen sie einfach ein anderes Familienmitglied mit. Ich konnte unmöglich das Leben meiner Eltern riskieren, nur um mich selbst zu retten. Innerhalb weniger Monate waren Hunderte von Menschen festgenommen und angeklagt worden, Widerstand gegen die Regierung geleistet zu haben.

Um neun Uhr abends ging ich ins Badezimmer, um ein Bad zu nehmen. Ich hatte gerade den Wasserhahn aufgedreht, als es an der Haustür klingelte. Meine Knie wurden weich. Um diese Zeit klingelte normalerweise niemand an unserer Tür.

Ich drehte den Hahn zu und setzte mich auf den Wannenrand. Meine Eltern gingen zur Haustür, und kurz darauf hörte ich, wie meine Mutter mich rief. Ich entriegelte die Badezimmertür und öffnete sie. Zwei bewaffnete bärtige Revolutionswächter in dunkelgrünen Militäruniformen standen im Flur. Einer zeigte mit der Gewehrspitze auf mich. Es kam mir vor, als stünde ich neben mir und würde das Geschehen betrachten wie einen Film. Was jetzt mit mir geschah, betraf nicht mich, sondern galt jemand anderem, jemandem, den ich nicht kannte.

»Du bleibst bei ihnen, während ich die Wohnung durchsuche«, sagte einer der Wächter zu seinem Kameraden. Dann wandte er sich an mich und fragte: »Wo ist dein Zimmer?« Sein Atem war widerlich, er stank nach Zwiebeln.

»Erste Tür rechts am Ende des Flurs.«

Meine Mutter bebte am ganzen Körper, ihr Gesicht war kreidebleich. Sie hielt die Hand vor den Mund, als wollte sie einen endlosen Schrei ersticken. Mein Vater starrte mich an; er sah aus, als würde ich einer plötzlichen, nicht heilbaren Krankheit erliegen und er müsste hilflos dabei zusehen. Tränen liefen über seine Wangen. Seit dem Tod meiner Großmutter hatte ich ihn nicht mehr weinen sehen.

Der andere Wächter kehrte bald mit einer Handvoll Bücher aus meinem Zimmer zurück, alles westliche Romane.

»Gehören die dir?«

»Ja.«

»Wir nehmen ein paar davon mit als Beweisstücke.«

»Beweisstücke wofür?«

»Für deine Tätigkeit gegen die islamische Regierung.«

»Ich unterstütze die Regierung nicht, aber ich habe auch nichts gegen sie getan.«

»Ich entscheide hier nicht, ob du schuldig bist oder nicht. Ich bin hier, um dich zu verhaften. Leg deinen Tschador um.«

»Ich bin Christin. Ich habe keinen Tschador.«

Das überraschte sie. »Gut«, sagte einer, »dann nimm einen Schleier, und los.«

»Wo bringt ihr sie hin?«, fragte meine Mutter ängstlich.

»Ins Evin-Gefängnis«, gaben sie zurück.

Unter der Aufsicht eines Revolutionswächters ging ich in mein Zimmer, griff nach meinem beigefarbenen Kaschmirschal und bedeckte damit mein Haar. Die Nacht war bitterkalt, und der Schal würde mich warm halten. Als ich aus dem Zimmer treten wollte, fiel mein Blick auf meinen Rosenkranz, der auf dem Schreibtisch lag. Ich steckte ihn ein.

»Halt, warte! Was ist das?«, fragte der Revolutionswächter.

»Das ist meine Gebetskette. Darf ich sie mitnehmen?«

»Zeig her.«

Ich gab ihm den Rosenkranz. Er musterte ihn, inspizierte sorgsam jede der blassblauen Perlen und das silberne Kreuz.

»Du kannst sie mitnehmen. Wenn du im Evin bist, wirst du das Beten nötig haben.«

Ich ließ den Rosenkranz in meine Tasche gleiten.

Die Wächter führten mich zu einem schwarzen Mercedes, der vor der Haustür parkte. Sie öffneten eine Hintertür, und ich stieg ein. Der Wagen fuhr los. Ich schaute zurück und sah gerade noch die hell erleuchteten Fenster unserer Wohnung, die in die Dunkelheit starrten, und die dunklen Umrisse meiner Eltern in der Eingangstür. Ich wusste, ich müsste eigentlich große Angst empfinden, doch es war nicht so. Eine kalte Leere umgab mich.

»Ich gebe dir einen Rat«, sagte einer der Männer. »Es ist in deinem eigenen Interesse, wenn du alle Fragen, die man dir stellt, wahrheitsgemäß beantwortest. Sonst musst du büßen. Du hast sicher gehört, dass man sich im Evin-

Gefängnis darauf versteht, Leute zum Sprechen zu bringen. Du kannst Schmerzen vermeiden, wenn du die Wahrheit sagst.«

Der Wagen raste in Richtung Elburz-Gebirge. Um diese Uhrzeit waren die Straßen wie ausgestorben, keine Fußgänger und nur wenige Autos waren unterwegs. Von Weitem schon sah man die Ampeln, die von Rot auf Grün und wieder auf Rot umschalteten. Nachdem wir etwa eine halbe Stunde im fahlen Mondschein gefahren waren, tauchten die Mauern des Evin-Gefängnisses vor mir auf, die sich in schlangengleichen Windungen an die Hügel schmiegten. Der eine Wächter erzählte dem anderen von der bevorstehenden Hochzeit seiner Schwester. Er war froh, dass der Bräutigam ein hochrangiger Revolutionswächter war und aus einer wohlhabenden, traditionsverbundenen Familie stammte. Ich dachte an Andre. Ein dumpfer Schmerz erfasste meinen Magen und strahlte in meine Knochen aus, doch es fühlte sich an, als ob nicht mir, sondern ihm etwas Schreckliches zugestoßen wäre.

Wir bogen in eine schmale, kurvenreiche Straße ab, und die hohen roten Ziegelsteinmauern des Gefängnisses tauchten zu unserer Rechten auf. Im Abstand von wenigen Metern bohrte sich der grelle Lichtstrahl der Flutlichtscheinwerfer von den Wachtürmen durch die Nacht. Wir fuhren auf ein großes Stahltor zu und hielten davor an. Überall standen bärtige Wachen in Waffen. Der Stacheldraht, der den Mauerkranz krönte, warf seine krausen Schatten auf das Straßenpflaster. Der Fahrer stieg aus, und der Wächter auf dem Beifahrersitz gab mir einen breiten Stoffstreifen mit dem Befehl, ich solle mir die Augen verbinden. »Gib acht, dass die Augenbinde richtig sitzt, sonst bekommst du Schwierigkeiten!«, bellte er. Als ich die Augen verbunden hatte, passierte der Wagen das Tor und fuhr dann noch zwei oder drei Minuten, bevor er wieder anhielt. Die Türen wurden geöffnet, ich sollte aussteigen. Jemand fesselte meine Handgelenke und zog mich mit sich. Ich stolperte über ein Hindernis und stürzte zu Boden.

»Bist wohl blind?«, fragte eine Stimme, dann folgte Gelächter.

Nach kurzer Zeit merkte ich, wie die Luft um mich wärmer wurde, und schloss daraus, dass wir ein Gebäude betreten hatten. Ein schmaler Streifen Licht zeigte sich unter der Augenbinde, und ich sah, dass wir über einen Flur gingen. Es roch nach Schweiß und Erbrochenem. Man befahl mir, mich auf den Boden zu setzen und zu warten. Ich fühlte, dass andere in meiner unmittelbaren Nähe saßen, doch ich konnte sie nicht sehen. Alle waren still, doch durch geschlossene Türen drangen undeutliche, wütende Stimmen zu mir. Gelegentlich verstand ich ein oder zwei Worte: Lügner! Sprich! Namen! Schreib das auf! Und manchmal hörte ich einen Schmerzensschrei. Mein Herz begann so heftig zu schlagen, dass es gegen meine Brust pochte. Es war so schmerzhaft, dass ich meine Hand darauf presste, um es ruhig zu halten. Nach einer Weile ertönte eine rohe Stimme, die jemandem befahl, sich neben mich zu setzen. Es war ein Mädchen, sie weinte.

»Warum weinst du?«, flüsterte ich.

»Ich habe Angst!«, sagte sie. »Ich will nach Hause.«

»Ich weiß, ich auch, aber es hilft nichts, wenn du weinst. Ich bin sicher, sie lassen uns bald wieder gehen«, log ich.

»Nein, das werden sie nicht«, weinte sie, »ich werde hier sterben! Wir alle werden hier sterben!«

»Du musst tapfer sein«, sagte ich und bedauerte sogleich meine Direktheit. Vielleicht war sie gefoltert worden? Wie konnte ich es wagen, ihr zu sagen, sie solle tapfer sein!

»Das ist ja interessant«, sagte eine Männerstimme. »Marina, du kommst mit mir. Steh auf und mach zehn Schritte vorwärts. Dann wendest du dich nach rechts.«

Jetzt schluchzte das Mädchen laut. Ich tat, was man mir befohlen hatte. Dann forderte die Stimme mich auf, noch einmal vier Schritte weiterzugehen. Hinter mir schloss sich eine Tür, ich musste mich auf einen Stuhl setzen.

»Du warst sehr tapfer da draußen. Tapferkeit ist selten im Evin-Gefängnis. Ich habe hier viele starke Männer zusammenbrechen sehen. Bist du Armenierin?«

»Nein.«

»Den Wachen hast du aber gesagt, du seist Christin.«

»Ja, ich bin Christin.«

»Dann bist du Assyrerin?«

»Nein.«

»Was redest du für einen Unsinn. Christen sind entweder Armenier oder Assyrer.«

»Die meisten iranischen Christen, aber nicht alle. Meine beiden Großmütter sind nach der Oktoberrevolution aus Russland in den Iran eingewandert.«

Beide Großmütter hatten Iraner geheiratet, die vor der Oktoberrevolution von 1917 in Russland gearbeitet hatten. Nach der Revolution mussten ihre Männer die Sowjetunion verlassen, da sie keine russischen Pässe hatten, und meine Großmütter hatten sich entschieden, ihnen in den Iran zu folgen.

»Kommunisten also.«

»Wenn sie Kommunisten gewesen wären, hätten sie ihr Land sicher nicht verlassen. Sie gingen weg, weil sie den Kommunismus hassten. Beide waren fromme Christinnen.«

Der Mann sagte mir, dass es im Heiligen Koran eine Stelle gebe, in der von Maria, der Mutter Jesu, gesprochen werde. Muslime sähen in Jesus einen großen Propheten und hätten großen Respekt vor Maria. Er bot sich an, mir die Stelle aus dem Koran vorzulesen. Ich hörte aufmerksam zu, denn er las den arabischen Text. Er hatte eine tiefe und freundliche Stimme.

»Nun, was denkst du darüber?«, fragte er mich, nachdem er aufgehört hatte. Hätte er nur weitergelesen; solange er las, war ich sicher, doch ich wusste auch, dass ich ihm nicht trauen konnte. Wahrscheinlich war er ein Revolutionswächter, ein gewalttätiger Mann, der ohne Bedenken Unschuldige folterte und tötete.

»Es war sehr schön. Ich habe den Koran gelesen und kenne den Abschnitt«, sagte ich. Meine Stimme klang seltsam rau, als ich das sagte.

»Du hast den Heiligen Koran gelesen? Nun, das wird ja immer interessanter! Ein tapferes Christenmädchen, das unser Buch gelesen hat! Und du bist Christin geblieben, obwohl du unseren Propheten und seine Lehren kennst?«

»Ja.«

Meine Mutter hatte mich immer davor gewarnt, unbedacht zu reden. Wenn ich vertrauensselig auf Fragen antwortete, wenn ich mich bemühte, nicht missverstanden zu werden, machte sie mich stets darauf aufmerksam.

»Interessant!«, sagte der Koranleser mit einem Lachen. »Ich würde dieses Gespräch gerne zu einem passenderen Zeitpunkt fortsetzen, doch jetzt erwartet dich Bruder Hamed. Er hat einige Fragen an dich.«

Ich schien ihn wirklich amüsiert zu haben. Vielleicht war ich die erste Christin, die er im Evin-Gefängnis getroffen hatte. Vielleicht hatte er geglaubt, ich sei wie die meisten muslimischen Mädchen aus traditionellen Familien still, schüchtern und unterwürfig – Eigenschaften, die ich alle nicht besaß.

Ich hörte, wie er vom Stuhl aufstand und das Zimmer verließ. Ich war wie erstarrt. Vielleicht war dies ein Ort jenseits der Angst, an dem alle normalen menschlichen Gefühle erstickt wurden, ohne dass man sich den Luxus erlaubte, dagegen anzukämpfen.

Ich wartete und dachte, dass sie keinen Grund hatten, mich zu foltern. Folter wurde immer dann eingesetzt, wenn man Informationen erpressen wollte. Ich wusste nichts, was ihnen hätte nützen können; ich gehörte keiner politischen Gruppierung an.

Die Tür ging auf und schloss sich wieder, ich schreckte auf. Der Mann, der aus dem Koran vorgelesen hatte, war zurückgekehrt. Er stellte sich als Ali vor und sagte, Hamed würde im Augenblick jemand anderes verhören. Ali erklärte, er arbeite für die sechste Abteilung der Islamischen Revolutionsgerichte, bei der mein Fall verhandelt würde. Seine Stimme klang ruhig und geduldig, doch er warnte mich, ich solle die Wahrheit sagen. Es war sehr merkwürdig, sich mit jemandem zu unterhalten, ohne ihn sehen zu können. Ich hatte keine Ahnung, wie er aussah, wie alt er war oder wie das Zimmer aussah, in dem wir uns befanden.

Er sagte, ihm sei bekannt, dass ich antirevolutionäre Vorstellungen in der Schule geäußert und in der Schülerzeitung Artikel gegen die Regierung geschrieben hätte. Ich stritt nichts ab. Es war kein Geheimnis und auch kein Verbrechen. Er fragte mich, ob ich mit irgendeiner kommunistischen Gruppe zusammenarbeite, was ich verneinte. Er wusste von dem Streik, den ich in der Schule ausgelöst hatte, und behauptete, es sei für eine Einzelperson ohne jede Verbindung zu illegalen politischen Parteien unmöglich, einen Streik zu organisieren. Ich erklärte ihm wahrheitsgemäß, dass ich gar nichts organisiert hätte. Ich hatte lediglich die Mathematiklehrerin gebeten, Mathematik anstelle von Politik zu unterrichten. Sie hatte mich daraufhin aus dem Klassenzimmer gewiesen, und als ich hinausging, waren mir meine Klassenkameradinnen gefolgt. Bevor ich richtig begriff, was geschah, hatten die meisten Schülerinnen von dem Vorfall gehört und sich daraufhin geweigert, in den Unterricht zurückzukehren. Der Mann konnte nicht glauben, dass nicht mehr dahintersteckte. Er sagte mir, er verfüge über Informationen, die nahelegten, dass ich enge Verbindung zu kommunistischen Gruppen hätte.

»Wo auch immer Sie Ihre Informationen herhaben, sie sind vollkommen falsch«, sagte ich. »Ich habe den Kommunismus genauso gründlich studiert wie den Islam und bin dadurch ebenso wenig Kommunistin geworden wie Muslimin.«

»Das wird ja immer besser!«, meinte er lachend. »Sag mir die Namen aller Kommunisten oder antirevolutionären Elemente an deiner Schule, dann glaube ich dir, dass du nicht lügst.«

Warum fragte er mich nach den Namen meiner Mitschülerinnen? Er wusste von dem Streik und von der Schülerzeitung, folglich hatte Khanum Mahmudi mit ihm gesprochen und ihm die Namensliste gegeben. Aber ich konnte es nicht riskieren, ihm irgendetwas zu sagen, denn ich wusste nicht, welche Namen außer meinem auf der Liste standen.

»Ich werde Ihnen keine Namen nennen«, sagte ich.

»Ich wusste ja, dass du auf ihrer Seite stehst.«

»Ich stehe auf niemandes Seite. Wenn ich Ihnen Namen nenne, werden sie verhaftet. Das will ich nicht.«

»Ja, wir werden sie verhaften, um sicherzustellen, dass sie nichts tun, was gegen die Regierung ist, und wenn sie nichts getan haben, werden wir sie wieder freilassen. Aber wenn sie gegen die Regierung agieren, muss das unterbunden werden. Das haben sie sich selbst zuzuschreiben, niemandem sonst.«

»Ich werde Ihnen keine Namen nennen.«

»Was ist mit Shahrzad? Leugnest du, sie zu kennen?«

Einen Moment lang wusste ich nicht, von wem er sprach. Wer war Shahrzad? Doch dann fiel es mir ein. Sie war eine Freundin von Gita und gehörte einer kommunistischen Gruppe an, die sich Volksfedajin nannte. Ungefähr zwei Wochen vor Beginn der Sommerferien hatte Gita mich gebeten, mich mit Shahrzad zu treffen. Gita hoffte, diese könnte mich überreden, bei ihrer Gruppe mitzumachen. Ich hatte sie nur ein einziges Mal getroffen und ihr dabei erklärt, dass ich gläubige Christin sei und kein Interesse an irgendeiner kommunistischen Gruppierung hätte.

Laut Ali war Shahrzad beschattet worden. Sie hatte es jedoch bemerkt und war untergetaucht. Man hatte sie eine Zeit lang gesucht und glaubte nun, sie könnte mich erneut getroffen haben. Ali sagte, man sei überzeugt, Shahrzad habe einen wichtigeren Grund gehabt, mich zu treffen, als mich für die Volksfedajin zu gewinnen; sie spiele dort eine zu bedeutende Rolle, um ihre Zeit mit so etwas zu verschwenden. Wie sehr ich mich auch bemühte, ihm zu erklären, dass ich in keiner Beziehung zu ihr stand, er glaubte mir nicht.

»Wir müssen wissen, wo sie steckt«, sagte er.

»Ich kann Ihnen nicht helfen, denn ich weiß nicht, wo sie ist.«

Während des gesamten Verhörs war Alí ruhig geblieben und hatte nie die Stimme erhoben. »Marina, hör gut zu. Ich sehe, dass du ein tapferes Mädchen bist, und ich habe Respekt davor, doch ich muss wissen, was du weißt. Wenn du es mir nicht sagen willst, wird Bruder Hamed sehr böse sein. Er ist nicht sehr geduldig. Ich will nicht, dass er dir wehtut.«

»Tut mir leid, aber ich habe Ihnen nichts zu sagen.«

»Tut mir leid für dich«, sagte er. Er führte mich aus dem Zimmer und drei oder vier Gänge entlang. Ein Mann schrie. Ich musste mich wieder auf den Boden setzen. Ali sagte, der Mann habe wie ich keine Informationen weitergeben wollen, doch das würde sich sehr bald ändern.

Schmerzerfüllte Schreie zerrissen die Stille. Die ächzenden, gellenden, verzweifelten Schreie gingen mir durch Mark und Bein, drangen in jede Zelle meines Körpers. Der arme Mann wurde in Stücke gerissen. Die Welt legte sich wie eine schwere Bleiplatte auf meine Brust.

Das laute, heftige Knallen der Schläge. Der Aufschrei des Mannes. Dann für den Bruchteil einer Sekunde Stille, bevor es wieder von vorn anfing.

Nach einer Weile die Frage an den Mann, ob er nun bereit sei zu sprechen. Er verneinte. Dann ging es wieder mit Schlägen los. Trotz der Fesseln um meine Handgelenke versuchte ich, mir die Arme auf die Ohren zu drücken, um mich vor den Schreien zu schützen. Vergeblich. Es hörte nicht auf, Schlag auf Schlag erfolgte, Schrei auf Schrei.

»Halt… Bitte… Ich will reden…«, schrie der Leidende endlich.

Stille.

Nichts geschah, nur dass mein Beschluss jetzt feststand, ihnen keinen Namen zu nennen. Ich war nicht hilflos. Ich war entschlossen zu kämpfen.

»Na, Marina, wie geht es dir?«, fragte die Stimme, die den Gefolterten verhört hatte. »Ali hat mir von dir erzählt. Du hast ihn beeindruckt. Er will nicht, dass du geschlagen wirst, aber Geschäft ist Geschäft. Hast du den Mann schreien hören? Anfangs wollte er mir nichts sagen, aber zuletzt hat er doch den Mund aufgemacht. Es wäre freundlicher gewesen, wenn er mir von Anfang an erzählt hätte, was ich hören wollte. Und du, wirst du jetzt reden?«

Ich holte tief Luft. »Nein.«

»Schlimm, ganz schlimm. Steh auf.«

Er packte das Seil, das meine Handgelenke fesselte, zog mich einige Schritte weit mit sich und stieß mich dann auf den Boden. Mir wurde die Augenbinde abgenommen. Ein kleiner dünner Mann mit kurzem braunem Haar und Schnauzbart stand über mir, in den Händen meine Augenbinde. Er war Anfang vierzig und trug eine braune Freizeithose und ein weißes Hemd. Im Zimmer stand lediglich ein hölzernes Bettgestell mit einem Betthaupt aus Eisen. Er band meine Hände los.

»Ein Seil wird nicht ausreichen, wir brauchen etwas Härteres, das besser hält«, sagte er, zog ein Paar Handschellen aus seiner Tasche und legte sie mir um die Handgelenke.

Ein anderer Mann trat ins Zimmer. Er war Ende zwanzig, etwa einen Meter fünfundachtzig groß und zweihundert Pfund schwer. Er hatte kurz geschnittenes schwarzes Haar und einen sauber zurechtgestutzten Bart.

»Hat sie geredet, Hamed?«, fragte er.

»Nein, sie ist ganz schön widerspenstig. Aber keine Sorge, bald plaudert sie.«

»Marina, das ist deine letzte Chance«, sagte der Hinzugekommene. Jetzt erkannte ich seine Stimme. Es war Ali. Seine Nase war ein wenig zu lang, er hatte ausdrucksvolle braune Augen und lange, dichte Wimpern. »Am Ende redest du ja doch, es wäre also besser, du würdest deine Aussage jetzt sofort machen. Nenn uns die Namen!«

»Nein.«

»Ich möchte vor allem von dir wissen, wo sich Shahrzad versteckt hält.«

»Ich weiß es nicht.«

»Sieh mal, Ali, ihre schmalen Handgelenke! Sie wird aus den Handschellen rutschen«, sagte Hamed. Er quetschte meine beiden Handgelenke zusammen in eine Handschelle und zog mich zum Bett. Der Metallring schnitt in meine Haut. Ich schrie unwillkürlich auf, wehrte mich aber nicht, denn ich wusste, dass meine Lage aussichtslos war und sich nur noch verschlimmern würde, wenn ich Widerstand leistete. Hamed fesselte mich mit der freien Handschelle an das eiserne Betthaupt.

Dann streifte er mir die Schuhe ab und band meine Füße am Bett fest.

»Ich werde jetzt deine Fußsohlen mit diesem Kabel peitschen«, sagte Hamed, während er mit einem schwarzen, fast zweieinhalb Zentimeter dicken Elektrokabel vor meinen Augen herumwedelte.

»Was glaubst du, wie viele wird sie brauchen, Ali?«

»Nicht viele.«

»Ich tippe auf zehn.«

Mit einem entsetzlichen scharfen Pfeifen sauste das Kabel durch die Luft und auf meine Fußsohlen.

Schmerz.

Nie zuvor hatte ich einen solchen Schmerz verspürt. Ich hätte ihn mir nicht einmal vorstellen können. Er traf mich wie ein Blitzschlag.

Der zweite Schlag. Mein Atem stockte. Wie konnte etwas so wehtun? Ich versuchte, den Schmerz irgendwie auszuhalten. Ich konnte nicht schreien, ich hatte nicht genug Luft in den Lungen.

Der dritte Schlag. Auf das Jaulen der Peitsche folgten Höllenqualen. Das Gebet »Gegrüßet seist du Maria, voll der Gnade« erfüllte meine Gedanken.

Es folgte ein Schlag nach dem anderen, und ich betete,

kämpfte gegen den Schmerz. Ich wünschte mir, ohnmächtig zu werden. Vergeblich. Durch jeden Schlag wurde ich dem Dämmerzustand entrissen, nur um den nächsten bei vollem Bewusstsein zu erwarten.

Der zehnte Schlag. Ich flehte zu Gott, er möge meine Schmerzen mildern.

Der elfte Schlag war schlimmer als alle zuvor.

Bitte, lieber Gott, verlass mich nicht. Ich stehe das nicht durch.

Es ging immer weiter. Endlose Höllenqual.

Sie hören auf, wenn ich ihnen Namen nenne… Nein, sie werden nicht aufhören. Sie wollen wissen, wo Shahrzad ist. Dabei weiß ich nichts über sie. Sie können mich nicht ewig schlagen. Ich werde einen Schlag nach dem anderen aushalten.

Nach sechzehn Peitschenhieben hörte ich auf zu zählen.

Schmerz.

»Wo ist Shahrzad?«

Ich hätte es ihm gesagt, wenn ich es gewusst hätte. Ich hätte alles getan, damit es aufhört.

Ein Schlag.

Ich hatte früher verschiedentlich Schmerzen erlitten. Einmal hatte ich meinen Arm gebrochen. Doch das hier war schlimmer. Viel schlimmer.

»Wo ist Shahrzad?«

»Ich weiß es wirklich nicht!«

Entsetzlicher Schmerz.

Stimmen.

Als Hamed aufhörte, fand ich gerade noch genug Kraft, den Kopf zu wenden und zu sehen, wie er den Raum verließ. Ali schloss die Handschellen auf und band meine Füße los.

Sie schmerzten, doch der unerträgliche Schmerz war

verschwunden, stattdessen erfasste mich eine lindernde Taubheit.

Einen Augenblick später fühlte ich meinen Körper kaum noch, und meine Augenlider wurden immer schwerer. Etwas Kaltes spritzte in mein Gesicht. Wasser. Ich schüttelte den Kopf.

»Du wirst ohnmächtig, Marina. Los, setz dich hin«, sagte Ali.

Er zog mich an den Armen hoch, bis ich saß. Meine Füße schmerzten, als hätten mich Hunderte Bienen gestochen. Ich sah hinunter. Sie waren rot und blau und dick angeschwollen. Ich war überrascht, dass die Haut nicht aufgeplatzt war.

»Hast du mir etwas zu sagen?«, fragte Ali.

»Nein.«

»Das ist es doch nicht wert!« Wütend starrte er mich an. »Willst du noch mehr Schläge? Deine Füße werden noch schlimmer aussehen, wenn du nicht redest.«

»Ich weiß nichts.«

»Das hat nichts mehr mit Tapferkeit zu tun! Das ist Dummheit! Man kann dich ohne Weiteres hinrichten, wenn du nicht mit der Regierung zusammenarbeitest. Tu dir das nicht an.«

»Tun Sie mir das nicht an«, korrigierte ich ihn.

Er schaute mir zum ersten Mal direkt in die Augen und sagte, sie hätten bereits alle Namen von meiner Schule. Khanum Mahmudi hatte ihnen eine Liste gegeben. Er meinte, es ändere für niemanden etwas, wenn ich mit ihnen zusammenarbeitete, aber es würde mich vor der Folter bewahren. Ob ich mit ihnen zusammenarbeitete oder nicht, sagte er, man würde meine Freunde in jedem Fall festnehmen; wenn ich jedoch ihre Namen aufschriebe, müsste ich nicht länger leiden.

»Was Shahrzad angeht, glaube ich, sagst du die Wahrheit«, meinte er. »Versuche nicht, die Heldin zu spielen, es könnte dich das Leben kosten. Hamed ist überzeugt davon, dass du ein Mitglied der Fedajin bist. Ich glaube das nicht. Ein Mitglied der Fedajin würde unter der Folter nicht zu Maria beten.«

Ich hatte nicht gemerkt, dass ich laut gebetet hatte.

Ich fragte, ob ich ins Bad gehen dürfe, und er fasste mich am Arm und half mir auf die Beine. Mir war schwindelig. Er stellte ein Paar Pantoffeln vor das Bett. Sie waren mindestens vier Nummern zu groß für mich, doch mit meinen geschwollenen Füßen passte ich trotzdem nicht hinein. Sie anzuziehen tat weh. Mit Alis Hilfe durchquerte ich das Zimmer. Es war nicht leicht, die Balance zu halten. Als wir die Tür erreicht hatten, ließ er meinen Arm los, gab mir meine Augenbinde und befahl mir, sie umzulegen. Ich tat, wie mir geheißen. Er knotete ein langes Seilstück an eine Hand und führte mich zur Badezimmertür. Ich ging hinein, machte Licht und begoss mein Gesicht mit kaltem Wasser.

Plötzlich überkam mich Übelkeit, mein Magen zog sich zusammen und ich übergab mich. Es war, als hätte mich ein Messer mittendurch geschnitten. Ein lautes Klingeln erfüllte mein Ohr, und um mich stieg Dunkelheit auf.

Als ich die Augen aufschlug, wusste ich nicht, wo ich war. Mit der Zeit kam ich zu Bewusstsein und erkannte, dass ich nicht mehr im Badezimmer war, sondern auf dem hölzernen Bettgestell lag, auf dem ich gefoltert worden war. Ali saß auf einem Stuhl und beobachtete mich.

Mein Kopf tat schrecklich weh, ich berührte ihn und fühlte eine dicke Beule auf der rechten Stirnseite.

Ich fragte Ali, was geschehen sei. Er sagte, ich sei im Badezimmer umgefallen und mit dem Kopf aufgeschlagen. Der Arzt habe mich bereits untersucht und meinen Zustand als nicht allzu ernst befunden. Dann half Ali mir in einen Rollstuhl, legte mir die Augenbinde um und schob mich aus dem Zimmer.

Als er mir die Augenbinde abnahm, waren wir in einem kleinen fensterlosen Raum mit einer Toilette und einem Waschbecken in einer Ecke. Zwei graue Militärdecken lagen auf dem Boden. Ali half mir, mich auf eine der Decken zu legen, mit der anderen deckte er mich zu.

Die Decke war rau und steif, sie roch nach Moder, doch das kümmerte mich nicht, denn ich fror. Ali fragte, ob ich Schmerzen hätte. Verwundert darüber, dass er mich so freundlich behandelte, verneinte ich. Er ging weg, kehrte wenige Minuten später jedoch mit einem Mann mittleren Alters zurück, der eine Militäruniform trug und den er mir als Doktor Sheikh vorstellte.

Der Arzt gab mir eine Spritze in den Arm und verließ mit Ali die Zelle.

Ich schloss die Augen und dachte an zu Hause. Ich wünschte, ich könnte mich im Bett meiner Großmutter verkriechen wie damals, als ich ein Kind war; sie würde mir sagen, dass ich keine Angst haben müsse, das sei alles nur ein böser Traum.

3

Als Kind liebte ich die frühen Morgenstunden in Teheran mit ihrer schläfrigen Stille und den zauberhaften Farben: In diesem Licht fühlte ich mich leicht und frei, fast unsichtbar. Nur um diese Zeit durfte ich im Friseursalon meiner Mutter sein und zwischen den Frisiertischen und Haartrocknern umherspazieren, ohne dass sie ärgerlich wurde. An einem Morgen im August 1972, ich war sieben Jahre alt, nahm ich dort ihr liebstes Stück, einen kristallenen Aschenbecher, von seinem Platz und hob ihn in die Höhe. Er war fast so groß wie ein Teller. Tausend Mal hatte sie mir verboten, ihn zu berühren, doch er war zu schön, und ich liebte es, mit meinen Fingern über seine zarte Musterung zu fahren. Mir war völlig klar, warum sie ihn so mochte: Er sah aus wie eine riesige Schneeflocke, die niemals schmolz. Soweit ich mich erinnern konnte, hatte dieser Aschenbecher immer mitten auf einem Glastisch gestanden, und die Kunden meiner Mutter, Frauen mit langen roten Fingernägeln, saßen in den mit flauschig weißem Stoff bezogenen Stühlen, warteten und klopften die Asche von ihren Zigaretten darüber ab. Manchmal trafen sie daneben, und die Asche fiel auf die Tischplatte. Meine Mutter mochte es gar nicht, wenn der Tisch schmutzig wurde. Jedes Mal, wenn ich etwas verschüttete, herrschte sie mich an und ließ mich das Missgeschick sofort wegwischen. Aber warum musste denn ständig geputzt werden? Die Dinge wurden doch immer wieder schmutzig!

Ich hob den Aschenbecher in die Höhe. Feine goldene

Lichtstrahlen fielen durch das große Fenster des Raums. Es ging nach Süden und reichte über die halbe Wand. Die weiße Zimmerdecke warf das Licht zurück, und der funkelnde kristallene Aschenbecher fing es auf. Als ich ihn leicht schräg hielt, um aus einem anderen Winkel in sein Feuer zu blicken, glitt er mir aus der Hand. Ich versuchte ihn aufzufangen, doch es war zu spät: Er fiel zu Boden und zersprang in Scherben.

»Marina!«, hörte ich meine Mutter aus dem Elternschlafzimmer rufen, das an den Salon angrenzte.

Ich rannte zur linken Seite hinüber und durch die Tür in den dunklen engen Flur, stürzte in mein Schlafzimmer und verkroch mich unter mein Bett. Dort roch es nach Staub, und es kitzelte in meiner Nase. Ich musste die Luft anhalten, um nicht zu niesen. Meine Mutter konnte ich zwar nicht sehen, aber ich hörte ihre Pantoffeln über den Linoleumboden klappern; ihr wütender Rhythmus war Anlass genug, mich enger an die Wand zu pressen. Sie rief mich immer wieder, doch ich blieb so still, wie ich nur konnte. Als sie in mein Zimmer kam und an meinem Bett stand, hörte ich meine Großmutter, die fragte, was geschehen sei. Meine Mutter erzählte ihr von dem zerbrochenen Aschenbecher. Da sagte Großmutter, nicht ich, sondern sie habe ihn beim Putzen zerbrochen. Ich traute meinen Ohren nicht. Großmutter hatte mich gelehrt, dass Lügner nach ihrem Tod in die Hölle kämen.

»Du hast ihn fallen lassen?«, wunderte sich meine Mutter.

»Ja. Ich habe den Tisch abgestaubt. Es war ein Missgeschick. Ich räume die Scherben sofort weg«, erwiderte Großmutter.

Nach einer Weile knarrte mein Bett unter einer schweren Last. Ich hob vorsichtig den Saum meiner alten beigefarbenen Tagesdecke an und sah die braunen Hausschuhe meiner Großmutter und ihre schlanken Fesseln. Ich kroch unter dem Bett hervor und setzte mich neben sie. Ihr graues Haar war im Nacken wie üblich zu einem festen Knoten gedreht. Sie trug einen schwarzen Rock und eine perfekt gebügelte weiße Bluse und starrte auf die Wand vor sich. Sie sah nicht aus, als ob sie verärgert wäre.

»Babu, du hast gelogen«, sagte ich.

»Ich weiß.«

»Gott wird dir deswegen nicht böse sein.«

»Warum nicht?« Sie zog eine Augenbraue hoch.

»Weil du mich gerettet hast.«

Jetzt lächelte sie. Meine Großmutter lächelte selten. Sie war eine ernste Frau, die wusste, wie man es im Leben richtig machte. Selbst auf die schwierigsten Fragen hatte sie immer eine Antwort, und darüber hinaus heilte sie unfehlbar jede Art von Bauchschmerzen.

Großmutter war die Mutter meines Vaters und lebte bei uns. Gegen acht Uhr morgens erledigte sie den Einkauf, bei dem ich sie gewöhnlich begleitete. Auch an diesem Tag ergriff sie ihre Geldbörse, und ich folgte ihr die Treppe hinunter. Kaum hatte sie die rosa gestrichene Holztür am Ende des Flurs geöffnet, drangen das Autogetöse und der Lärm der Passanten und Händler herein. Das Erste, was ich sah, war das zahnlose Lächeln des alten Akbar Agha, der mit seinen mindestens achtzig Jahren auf einer wackligen Karre Bananen feilbot.

»Wie wäre es heute mit ein paar Bananen?«, fragte er.

Meine Großmutter nahm die Bananen in Augenschein, sie waren tadellos gelb und hatten keine Flecken. Dann nickte sie, zeigte acht Finger, und Akbar Agha packte uns acht Bananen ein. Wir bogen nach links in die Rahzi-Straße, eine enge Einbahnstraße mit staubigen Gehwegen.

Im Norden konnte ich die blaugrauen Berge des Elburz-Gebirges über dem Horizont sehen. Der Sommer ging zu Ende, die Schneehauben der Berge waren schon lange geschmolzen. Nur am Damavand, einem schlafenden Vulkan, ahnte man noch einen Hauch von Weiß um seinen Gipfel. Wir überquerten die Straße und marschierten durch eine nach sauberer, gebügelter Leinenwäsche duftende Dunstwolke, die aus der offen stehenden Tür einer chemischen Reinigung kam.

»Babu, warum hast du nicht ›acht‹ auf Persisch gesagt? Du kennst doch das Wort.«

»Du weißt doch, dass ich nicht gerne Persisch spreche. Russisch ist eine viel bessere Sprache.«

»Ich mag die persische Sprache.«

»Wir sprechen nur Russisch.«

»Wenn ich im Herbst in die Schule komme, lerne ich lesen und schreiben auf Persisch; dann bringe ich es dir bei.«

Großmutter seufzte.

Ich hüpfte voraus. Die Straße war ruhig, es gab wenig Verkehr. Zwei Frauen kamen uns entgegen, mit leeren Einkaufstaschen, die bei jedem ihrer Schritte vor und zurück wippten. Als ich den kleinen Kaufladen betrat, unterhielt sich Aghaye Rostami, der Besitzer, dessen schmales freundliches Gesicht von einem buschig schwarzen Schnauzbart verunziert wurde, mit einer Frau, die von Kopf bis Fuß in einen schwarzen Tschador gehüllt war, der nur das Gesicht frei ließ. Eine andere Frau in Minirock und engem T-Shirt wartete, bis sie an die Reihe kam. So war es zur Zeit des Schah-Regimes, als man den Frauen noch nicht die islamische Kleidernorm verordnet hatte.

Obwohl der Laden klein war, stapelten sich in den Regalen zahllose Waren aller Art: Langkornreis, Gewürze, getrocknete Kräuter, Butter, Milch, Käse aus Täbris, Zucker, Springseile und Fußbälle aus Plastik. Aghaye Rostami lächelte mir über die Theke zu, überreichte der Frau im Tschador eine braune Papiertüte und gab mir nebenbei eine Trinkschokolade in die Hand. Während ich in großen Schlucken trank und die samtweiche kühle Erfrischung genoss, betrat Großmutter den Laden und deutete mit dem Finger auf alles, was sie einkaufen wollte. Auf unserem Rückweg trafen wir Agha Taghi, den alten Mann, der um diese Jahreszeit durch die Straßen wanderte und dabei rief: »Kamel- und Baumwolle kämmen und aufrauen!« Die Frauen schauten aus den Fenstern und baten ihn ins Haus, damit er die Woll- und Baumwollfüllungen ihrer Bettdecken auffrischte.

Vom Einkauf zurückgekehrt, folgte ich Großmutter in die Küche. Unser zweiflammiger Herd stand links, der Kühlschrank rechts und der Geschirrschrank an der Wand gegenüber der Küchentür. Wenn Großmutter und ich gemeinsam in der Küche waren, konnte man sich kaum noch bewegen. Das kleine Küchenfenster befand sich außerhalb meiner Reichweite dicht unter der Decke und ging auf den Schulhof einer Jungenschule hinaus. Großmutter setzte den alten rostfreien Wasserkessel auf, um Tee zu kochen, und öffnete dann den Schrank.

»Deine Mutter hat sich hier drinnen zu schaffen gemacht, ich kann nichts mehr finden! Wo ist nur die Bratpfanne?«

Auf der andern Seite des Schrankfachs purzelten Töpfe und Pfannen heraus und fielen zu Boden. Ich eilte herbei, um Großmutter zu helfen, sie an ihren Platz zurückzustellen. Die Küche war ihr Reich, sie kümmerte sich um mich und erledigte den Haushalt. Meine Mutter arbeitete etwa zehn Stunden täglich in ihrem Friseursalon und kochte äußerst ungern.

»Ärgere dich nicht, Babu, ich helfe dir.«

»Wie oft habe ich ihr gesagt, sie soll aus der Küche wegbleiben?!«

»Oft.«

Bald stand wieder alles an seinem angestammten Platz.

»Kolja!«, rief meine Großmutter. Mein Vater, der wahrscheinlich in seinem Tanzstudio war, antwortete jedoch nicht.

»Marina, geh und frag deinen Vater, ob er einen Tee möchte«, sagte Großmutter, während sie einige Dinge, die wir eingekauft hatten, im Kühlschrank verstaute.

Ich ging den dunklen Gang hinunter, der das Reich meiner Mutter mit dem meines Vaters verband, und betrat das Tanzstudio, ein großes Zimmer in L-Form mit braunem Linoleumboden und mit Bildern von elegant gekleideten Tanzpaaren an den Wänden. Im kurzen Schenkel des »L«, der nicht als Tanzfläche diente, stand, von vier schwarzen Ledersesseln umrahmt, ein niedriger runder Tisch, auf dem sich Zeitschriften stapelten. Mein Vater saß in einem der Sessel und las Zeitung. Er war einen Meter siebzig groß, durchtrainiert, hatte graues Haar, bernsteinfarbene Augen und war immer gut rasiert.

»Guten Morgen, Papa. Babu lässt fragen, ob du Tee möchtest.«

»Nein«, sagte mein Vater kurz, ohne aufzublicken. Ich machte kehrt und ging zurück in die Küche.

Wenn ich früh am Morgen aufwachte und noch alle schliefen, ging ich manchmal in das Tanzstudio meines Vaters. Ich stellte mir vor, wie die Musik spielte – meist einen Walzer, denn Walzer mochte ich besonders gerne –, und dann drehte ich mich und tanzte durchs Zimmer und bildete mir ein, mein Vater stünde in einer Ecke, klatschte mir Beifall und riefe: »Bravo, Marina! Du verstehst wirklich zu tanzen!«

In der Küche schälte Großmutter gerade Zwiebeln. Tränen rannen über ihre Wangen. Meine Augen begannen zu brennen.

»Ich hasse rohe Zwiebeln«, sagte ich.

»Du wirst sie schätzen lernen, wenn du älter bist. Wenn du dann einmal weinen musst und nicht willst, dass es jemand merkt, brauchst du nur Zwiebeln zu schälen.«

»Du weinst doch nicht wirklich, oder?«

»Nein, natürlich nicht.«

Als meine Eltern während des Zweiten Weltkriegs heirateten, mieteten sie eine kleine Wohnung an der Nordwestecke der Kreuzung von Schah-Reza-Straße und Rahzi-Straße in der Innenstadt Teherans, der Hauptstadt und zugleich größten Stadt des Iran. Über einem kleinen Möbelgeschäft und einem kleinen Restaurant eröffnete mein Vater sein Tanzstudio. Da während des Krieges viele amerikanische und britische Soldaten durch den Iran kamen, wurde die Kultur des Westens in den höheren Schichten populär. So gewann mein Vater viele treue Schüler, die bei ihm tanzen lernen wollten, wie es im Westen üblich war.

1951 brachte meine Mutter meinen Bruder zur Welt. Als er ungefähr zwei Jahre alt war, flog meine Mutter nach Deutschland, um an einem Frisierkurs teilzunehmen, obwohl sie kein Deutsch sprach. Sechs Monate später kehrte sie zurück und suchte nach Räumlichkeiten, um einen Friseursalon für Damen zu eröffnen. Neben der Wohnung meiner Eltern gab es eine gleich geschnittene freie Wohnung, die meine Eltern nun ebenfalls anmieteten und mit ihrer Wohnung verbanden.

Ich wurde am 22. April 1965 geboren. Seit 1941 war der prowestliche Autokrat Mohammad Reza Schah Pahlavi iranischer König. Vier Monate vor meiner Geburt wurde der iranische Premierminister Hassan Ali Mansur angeblich von Anhängern des fundamentalistischen Schiitenführers Ayatollah Khomeini ermordet, der für den Iran eine Theokratie anstrebte. 1971 organisierte der damalige Premierminister Amir Abbas Hoveyda die verschwenderischen Feiern zum 2500. Jahrestag der Gründung des Weltreichs Persien in den antiken Ruinen von Persepolis. Fünfundzwanzigtausend Gäste aus der ganzen Welt, darunter Könige und Königinnen, Präsidenten, Premierminister und Diplomaten, nahmen am Festakt teil, der rund 300 Millionen Dollar kostete. Der Schah verkündete, mit dieser Feier der Welt zeigen zu wollen, welchen Fortschritt der Iran in den Jahren zuvor gemacht hatte.

Als ich vier Jahre alt wurde, verließ uns mein Bruder, um an der Pahlavi-Universität in Schiraz im Herzen des Iran zu studieren. Ich war sehr stolz auf meinen großen, stattlichen Bruder, doch er war selten bei uns und blieb nie allzu lange. Bei diesen denkwürdigen Besuchen stand er irgendwann in meiner Schlafzimmertür, lächelte mir zu und fragte: »Wie geht es meiner kleinen Schwester?« Ich war hingerissen von dem wunderbaren Duft seines Rasierwassers, der die Luft schwängerte. Er und Großmutter waren die einzigen Menschen, die mir jemals Weihnachtsgeschenke machten. Meine Eltern waren der Auffassung, dass das Weihnachtsfest eine vollkommene Zeit- und Geldverschwendung war.

Großmutter nahm mich jeden Sonntag mit in die Kirche. Wir mussten zwei Stunden zu Fuß gehen, um von unserer Wohnung bis zur einzigen russisch-orthodoxen Kirche in Teheran zu gelangen. Unser Weg führte durch die Straßen der Altstadt, die gesäumt waren von Geschäften, Händlern und alten Ahornbäumen. Der köstliche Duft von gerösteten Sonnenblumen- und Kürbiskernen lag in der Luft.

Das Aroma von frisch gebackenen Leckereien, Vanille, Zimt und Schokolade war berauschend. Und von überall her kamen Geräusche, vermischten sich und legten sich über die Straße: Autogehupe, Händler, die ihre Waren anpriesen und mit ihren Kunden feilschten, dazu das Plärren der Volksmusik. Großmutter hielt nicht viel davon, Spielzeug zu kaufen, aber sie spendierte mir jedes Mal etwas Leckeres.

Eines Sonntags machten wir uns früh auf den Weg, um eine Freundin von Großmutter zu besuchen, die in einer kleinen Wohnung lebte. Unsere Gastgeberin war eine alte, hektische Russin mit kurzen blonden Locken, die immer roten Lippenstift und blauen Lidschatten trug und nach Blumen roch. Ihre Wohnung war vollgestellt mit alten Möbeln und Nippes, und sie hatte eine wunderschöne Sammlung von Porzellanfiguren. Sie standen überall herum: auf Beistelltischen, Bücherregalen, Fensterbrettern und sogar auf den Küchenschränken. Besonders die Engel mit den zarten Flügeln gefielen mir.

Unsere Gastgeberin servierte den Tee im schönsten chinesischen Porzellan, das ich je gesehen hatte. Die Tassen waren strahlend weiß und mit rosaroten Rosen bemalt. Zu jeder Tasse legte sie goldene Teelöffel hinzu. Ich ließ Zuckerwürfel in meinen Tee fallen und beobachtete hingebungsvoll die Bläschen, die aufstiegen, wenn ich umrührte.

Ich fragte sie, warum sie so viele Engel besäße. Sie leisteten ihr Gesellschaft, war die Antwort. Ob ich wüsste, dass jeder einen Schutzengel habe, fragte sie, und ich sagte, dass ich es von Großmutter wisse. Daraufhin sah sie mich mit ihren hellblauen Augen an, die wegen ihrer dicken Brillengläser ungewöhnlich groß erschienen, und erklärte mir, dass wir alle unsere Schutzengel schon gesehen, jedoch vergessen hätten, wie sie aussähen.

»Hast du eigentlich schon einmal ein Flüstern in deinem Herzen gespürt, als du gerade etwas Schlechtes tun wolltest, das dir sagte, du sollst es nicht tun?«, fragte sie.

»Ja… Ich glaube schon.« Ich dachte an den Aschenbecher aus Kristall.

»Siehst du, das war dein Engel, der zu dir sprach. Und je mehr du die Ohren spitzt, desto besser hörst du ihn.«

Ich wünschte mir, ich könnte mich an meinen Engel erinnern. Großmutters Freundin schlug vor, ich solle alle ihre Engelfiguren betrachten, denn gewiss sah mein Engel genau so aus wie die Figur, die mir am besten gefiel. Ich musterte eine Zeit lang die Figuren und fand schließlich meinen Lieblingsengel in Gestalt eines hübschen jungen Mannes in einem langen weißen Gewand. Ich trug ihn zu Großmutter, damit sie ihn in Augenschein nehmen konnte. Er sehe nicht wirklich wie ein Engel aus, meinte sie, denn er habe ja keine Flügel, doch ich erklärte ihr, dass seine Flügel nur unsichtbar seien.

»Du darfst ihn behalten, Kleines«, sagte Großmutters Freundin, und ich war glücklich.

Jeden Tag ging Großmutter mit mir in den Park. Zwanzig Minuten von unserer Wohnung entfernt gab es einen großen Park, den sogenannten Valiahd-Park [heute Daneshju-Park]. Stundenlang erkundeten wir diesen Park und bewunderten die alten Bäume und duftenden Blumen. Zur Abkühlung an heißen Sommertagen suchten wir uns dort eine Bank und schleckten Eis. In der Mitte des Parks befand sich ein flaches Wasserbecken mit einem Springbrunnen, der das Wasser hoch in die Luft schleuderte und von vielen kleinen gurgelnden Fontänen umgeben war. Ich stellte mich immer direkt neben das Wasserbecken, sodass der Wind mich mit dem Wasser besprühte. Um den Beckenrand herum befanden sich kleine Knabenfiguren aus Bronze, von denen jede anders aussah. Ein Knabe stand aufrecht und sah zum Himmel hinauf, ein anderer kniete neben dem Wasser und schaute hinein, als suche er darin nach einem wertvollen verlorenen Gegenstand, wieder ein anderer streckte einen blechernen Stock zum Wasser hin, und ein weiterer holte mit einem Bein Schwung, als wolle er gerade ins Becken hineinspringen. Diese Statuen hatten etwas unglaublich Trauriges und Einsames an sich. Sie sahen lebendig aus, waren aber für alle Zeit in eine düstere Starre gebannt, aus der sie sich nicht befreien konnten.

Am meisten Spaß machte es mir zu schaukeln. Großmutter wusste, wie sehr es mir gefiel, weit hinaufzuschwingen, deshalb stieß sie mich so kräftig an, wie sie konnte. Ich genoss es, wenn der Wind durch mein Haar fuhr und die Schaukel mich so weit in die Höhe trug, dass die Welt verschwand. Meine kleine siebenjährige Welt – so würde das Leben immer sein, dachte ich.

Eines Nachmittags, als ich im Park spielte, rief meine Großmutter mich zu sich, weil es Zeit war, nach Hause zu gehen; doch sie hatte mich beim falschen Namen gerufen, sie hatte mich Tamara genannt. Verwirrt lief ich zu ihr und fragte sie, wer Tamara sei. Sie entschuldigte sich bei mir und meinte, es sei besser, wenn wir nach Hause zurückgingen, denn es sei zu heiß für sie. So machten wir uns auf den Heimweg. Sie sah müde aus, das war eigenartig, denn ich hatte sie nie zuvor krank oder müde gesehen.

»Wer ist Tamara?«, fragte ich erneut.

»Tamara ist meine Tochter.«

»Aber du hast keine Tochter, Babu, nur mich, deine Enkelin.«

Sie erklärte mir, dass sie tatsächlich eine Tochter namens Tamara habe, die vier Jahre älter sei als mein Vater, und dass ich ihr wie ein Zwilling ähnelte. Tamara hatte im Alter von sechzehn Jahren einen Russen geheiratet und war mit ihm zusammen nach Russland zurückgekehrt. Ich fragte, warum Tamara uns nie besuche, und Großmutter erwiderte, Tamara dürfe Russland nicht verlassen: Die sowjetische Regierung verwehre ihren Bürgern die Freizügigkeit, in andere Länder zu reisen. Meine Großmutter hatte Tamara immer Pakete mit hübschen Kleidern, Seife und Zahnpasta geschickt, Dinge, die in Russland schwer aufzutreiben waren, bis sie eines Tages einen Brief von der SAVAK, der Geheimpolizei des Schahs erhielt, in dem ihr jeder Kontakt mit einem Bürger der Sowjetunion untersagt wurde.

»Aber warum?«, wollte ich wissen.

»Die Geheimpolizei glaubt, dass Russland ein böses Land ist, und hat uns daher verboten, Tamara zu schreiben oder ihr irgendetwas zu schicken.«

Während ich versuchte, das neue Wissen um diese Tante zu verstehen, von der ich bisher keine Ahnung gehabt hatte, redete Großmutter weiter, als spräche sie zu sich selbst. Ich konnte mir keinen Reim auf das machen, was sie sagte. Sie erwähnte Menschen und Orte, deren Namen ich nie zuvor gehört hatte, und gebrauchte fremde und ungewöhnliche Wörter, sodass ich nur Bruchstücke und Satzfetzen verstand. Sie erzählte, dass sie sich im Alter von achtzehn Jahren in einen jungen Mann verliebt hatte, der später während der Russischen Revolution getötet worden war. Sie beschrieb ein Haus mit einer grünen Haustür in einer engen Straße, einen breiten Fluss und eine große Brücke, und sie redete von berittenen Soldaten, die auf eine Menschenmenge schossen.

»…ich drehte mich nach ihm um und sah, dass er gestürzt war«, sagte sie. »Er war erschossen worden. Überall war Blut. Ich hielt ihn fest. Er starb in meinen Armen…«

Ich mochte nicht länger zuhören, doch sie redete immer weiter. Ich konnte mir die Ohren nicht zuhalten, das wäre unhöflich gewesen und hätte sie gekränkt. Ich hätte schneller gehen und ihr vorauseilen können, aber irgendetwas hielt mich zurück: Es ging ihr nicht gut, und ich musste auf sie achtgeben. Schließlich begann ich zu summen, und meine Stimme hielt ihre Worte fern, sodass ich nichts mehr davon verstand. Großmutter hatte mir immer Geschichten erzählt, wenn ich zu Bett ging, doch diese hatten immer einen glücklichen Ausgang gehabt, und nie war jemand darin zu Tode gekommen. Ich wusste, dass gute Menschen nach ihrem Tod in den Himmel kamen, der Tod konnte also nicht so schlimm sein; dennoch machte er mir furchtbar Angst. Es war wie ein Spaziergang bei absoluter Finsternis, bei dem einem alles Schreckliche widerfahren konnte. Die Dunkelheit mochte ich ganz und gar nicht.

Wir waren auf dem Heimweg. Irgendwann hörte sie zu sprechen auf und sah mit verlorenen und verwirrten Blicken um sich. Obwohl wir beinahe zu Hause angekommen waren, musste ich sie bei der Hand nehmen und sie den Rest des Weges führen. Die starke Frau, die sie ein Leben lang für mich gewesen war, die vertraute Begleiterin, auf die ich mich verlassen hatte, die immer für mich da gewesen war, zeigte sich auf einmal verletzlich. Jetzt war sie wie ein Kind, wie ich. Sie, die immer zugehört hatte und immer wortkarg gewesen war, hatte mir ihre Lebensgeschichte erzählt. Ihre Geschichte von Blut, Gewalt und Tod hatte mich schockiert. Sie hatte mich und meine Welt immer behütet, doch sie hatte mir auch gesagt, dass nichts ewig währe. Irgendwie fühlte ich, dass Großmutter bald sterben würde. Ich hatte es in ihren Augen gesehen, es war, als hätte es mir jemand heimlich zugeflüstert.

Zu Hause half ich ihr ins Bett. Sie kam nicht zum Abendessen und stand auch am nächsten Morgen nicht auf. Meine Eltern brachten sie an jenem Tag zum Arzt, und als sie zurückkehrten, verschwand Großmutter sofort wieder ins Bett. Meine Eltern gaben mir keine Antwort, als ich sie über Großmutters Krankheit befragte.

Ich besuchte sie in ihrem Zimmer. Sie schlief. Ich setzte mich auf einen Stuhl neben sie und wartete lange, bis sie sich endlich rührte. Erst jetzt merkte ich, wie dünn und zerbrechlich sie geworden war.

»Was hast du, Babu?«, fragte ich.

»Ich sterbe, Marina«, sagte sie, als wäre es die alltäglichste Sache der Welt.

Ich fragte sie, was mit uns geschehe, wenn wir sterben. Sie forderte mich auf, das Bild über ihrem Bett – es hing dort, seit ich denken konnte –, sorgfältig zu betrachten. Ich sollte ihr alles erzählen, was ich auf dem Gemälde sah. Das Bild zeigte eine ergraute alte Dame mit einem Spazierstock. Sie ging auf einem Pfad in einem dunklen Wald, und am Ende des Pfads sah man ein helles Licht.

Großmutter erklärte, es gehe ihr wie dieser alten Dame. Sie sei lange Jahre durch ihr Leben gegangen und sei nun erschöpft. Ihr Leben sei dunkel und schwer gewesen, und viele Hindernisse hätten sich vor ihr aufgetürmt, doch sie habe niemals aufgegeben.

»Und jetzt«, sagte sie, »ist es Zeit für mich, zu gehen und endlich Gottes Antlitz zu schauen.«

»Aber, Babu«, protestierte ich, »warum kannst du Gottes Antlitz nicht hier mit mir sehen? Ich verspreche dir, dass du dich zwischendurch immer ausruhen kannst und dass du nirgendwohin gehen musst, wenn du nicht willst.«

Sie lächelte. »Kind, mit diesen Augen können wir Gottes Antlitz nicht sehen«, sagte sie und berührte mit ihren zitternden Fingern meine Lider, »das geht nur mit unseren

Seelen. Weißt du, der Tod ist nur ein Schritt, den wir tun müssen, um in die andere Welt zu einem neuen Leben zu gelangen.«

»Ich will nicht, dass sich etwas ändert, mir gefällt es, wie es ist.«

»Du musst tapfer sein, Marina.«

Ich wollte nicht tapfer sein. Ich fürchtete mich und war traurig. Tapfer sein kam mir vor wie lügen – wie wenn ich so tun sollte, als sei alles in Ordnung. Dabei war gar nichts in Ordnung.

Sie holte zitternd Luft und bat mich, die linke obere Schublade ihrer Kommode zu öffnen. Ein goldfarbenes Kästchen stand darin. Ich brachte es zu ihr ans Bett. Dann sollte ich unter ihr Bett kriechen und ein Paar schwarze Schuhe darunter hervorholen. Im linken Schuh befand sich ein kleiner goldener Schlüssel.

Unter Tränen überreichte sie mir das Kästchen und den Schlüssel.

»Marina, ich habe die Geschichte meines Lebens aufgeschrieben, sie liegt in diesem Kästchen. Ich möchte es dir gerne geben, damit du dich an mich erinnerst. Willst du für Babu darauf achtgeben?«

Ich nickte.

»Suche einen sicheren Platz für das Kästchen. Und jetzt geh und mach dir keine Sorgen. Ich brauche ein wenig Ruhe.«

Ich verließ sie und suchte in meinem Zimmer Zuflucht, in dem ich mir verlassener denn je vorkam. Ich versteckte das Kästchen unter meinem Bett, öffnete die Glastür zum Balkon und trat hinaus. Die Luft war warm und schwül, und auf der Straße herrschte das übliche rege Treiben. Nichts hatte sich geändert, doch alles wirkte anders.

Großmutter erwachte nicht mehr. Sie starb an Leberkrebs. Meine Mutter sagte mir, sie liege im Koma. Großmutter lag fast zwei Wochen lang im Koma, und mein Vater wanderte im Flur auf und ab und weinte. Ich saß mindestens zwei Stunden täglich an Großmutters Bett, um ihr Gesellschaft zu leisten und mich selbst weniger verlassen zu fühlen. Ihr Gesicht war ruhig und friedvoll, aber sehr schmal und blass. Tag für Tag kämpfte ich meine Tränen nieder aus Furcht, sie könnten bestätigen, dass sie im Sterben lag, und den Tod herbeirufen.

Eines Morgens, ich war sehr früh aufgewacht und konnte nicht mehr einschlafen, ging ich zu Großmutter ins Zimmer. Ich machte das Licht an und sah sie daliegen. Ihr Gesicht war farblos. Ich berührte ihre Hand, sie war kalt. Still stand ich da. Ich wusste, sie war gestorben, aber ich wusste nicht, was ich jetzt tun sollte. Ich musste ihr etwas sagen, doch ich war nicht sicher, ob sie mich hören konnte, ob überhaupt etwas die Grenze passieren konnte, die der Tod zwischen uns errichtet hatte.

»Auf Wiedersehen, Babu. Ich hoffe, du lebst jetzt glücklich bei Gott, wo immer Er sein mag.«

Ich hatte das merkwürdige Gefühl, dass noch jemand im Zimmer war. Ich rannte zurück in mein Zimmer, sprang ins Bett und sagte alle Gebete auf, die mir einfielen.

Am nächsten Tag wurde Großmutter abgeholt. Den ganzen Tag hatte ich meinen Vater weinen hören. Ich hielt mir die Ohren zu und sah mich in meinem Zimmer um; doch ich wusste nicht, wohin.

Wenn etwas Schlimmes passiert war, war Großmutter immer meine Zuflucht gewesen, doch jetzt war sie nicht mehr da.

Schließlich holte ich meine Engelsfigur vom Schrank herunter und versteckte mich unter meinem Bett. Ich begann zu beten: »Gegrüßet seist du, Maria, voll der Gnade, der Herr ist mit dir. Du bist gebenedeit unter den Frauen, und gebenedeit ist die Frucht deines Leibes, Jesus. Heilige Maria, Mutter Gottes, bitte für uns Sünder jetzt und in der Stunde unseres Todes.«

Der Bettüberwurf, der an der Bettseite herabhing, wurde angehoben, und Licht fiel in mein dunkles Versteck. Ein unbekanntes Gesicht sah mich an. Es war das Gesicht eines jungen Mannes mit schwarzem, lockigem Haar und dunklen Augen, den dunkelsten Augen, die ich je gesehen hatte. Sein Gesicht war unerhört weiß gegenüber seinem Haar, und sein Lächeln war warm und freundlich.

Ich wollte ihn fragen, wer er sei, doch ich brachte kein Wort hervor.

»Hallo«, sagte er.

Seine liebevolle, weiche Stimme machte mir Mut. Ich krabbelte unter dem Bett hervor. Er trug ein langes weißes Gewand und war barfuß. Ich berührte seine Zehen. Sie waren warm. Er beugte sich zu mir, hob mich hoch, setzte sich auf mein Bett und nahm mich auf seinen Schoß. Ein zarter Duft wehte mir in die Nase, es roch wie Narzissen an einem Regentag.

»Du hast mich gerufen, und ich bin gekommen«, sagte er und begann mein Haar zu streicheln. Ich schloss die Augen.

Seine Finger strichen über mein Haar, sie erinnerten mich an den Frühlingswind, der die Zweige der knospenden Bäume mit Sonnenwärme umschloss. Ich lehnte mich an seine Brust, in dem Gefühl, ihn zu kennen, als wäre ich ihm schon einmal begegnet, doch ich erinnerte mich nicht, wo oder wann das gewesen war. Ich sah zu ihm auf, und er lächelte innig und liebevoll.

»Warum trägst du keine Schuhe?«, fragte ich.

»Dort, wo ich herkomme, braucht man keine Schuhe.«

»Bist du mein Schutzengel?«

»Was meinst du denn, wer ich bin?«

Ich betrachtete ihn einen Augenblick. Solche Augen konnte nur ein Engel haben. »Du bist mein Schutzengel.«

»Ja, das stimmt.«

»Wie heißt du?«

»Ich bin der Todesengel.«

Mein Herz hörte beinahe zu schlagen auf.

»Sterben ist manchmal schwer, aber es ist nicht schlimm oder unheimlich. Es ist, als ginge man auf eine Reise zu Gott, und da die Menschen normalerweise nur einmal sterben und daher den Weg nicht kennen, führe ich sie und helfe ihnen weiter.«

»Bist du hier, um mich zu holen?«

»Nein, nicht jetzt.«

»War es Babu, der du geholfen hast?«

»Ja.«

»Ist sie jetzt glücklich?«

»Sie ist sehr glücklich.«

»Bleibst du noch eine Weile bei mir?«

»Ich bleibe bei dir.«

Ich lehnte mich wieder an seine Brust und schloss die Augen. Ich hatte mich immer gefragt, was Vögel wohl empfänden, wenn sie durch die Lüfte glitten, von Sonnenlicht umhüllt und eins mit dem Himmel. Jetzt wusste ich es.

Als ich am nächsten Morgen aufwachte, lag ich in meinem Bett, und kein Engel war mehr zu sehen.

4

Nach einer traumlosen Nacht wachte ich auf. Ich fühlte einen schneidenden Schmerz in meiner rechten Schulter. Jemand rief meinen Namen. Ich sah alles verschwommen. Hamed stand über mir, er kickte mit dem Fuß gegen meine Schulter. Ich erinnerte mich, dass Ali mich in der Zelle zurückgelassen hatte, doch ich hatte keine Ahnung, wie viel Zeit seitdem vergangen war.

»Ja, ja!«, sagte ich.

»Steh auf!«

Meine Knie zitterten, meine Füße brannten.

»Du kommst jetzt mit, damit du siehst, wie wir deine Freunde abholen«, sagte Hamed. »Diejenigen, die du schützen wolltest. Wir sind schon lange im Besitz ihrer Namen und Adressen. Wir wollten nur ein wenig mehr über dich erfahren, und du hast bewiesen, dass du eine Feindin der Revolution bist. Du bist eine Gefahr für die islamische Gesellschaft.«

Wieder wurden mir die Augen verbunden. Hamed fesselte meine Handgelenke mit einem Strick und zog mich mit. Ich wurde in ein Auto geschubst, und einige Minuten später nahm mir jemand die Augenbinde ab. Wir hatten das Gefängnis verlassen. Ich wusste nicht, welcher Tag und welche Uhrzeit es war, doch es schien in den frühen Abendstunden zu sein; der Himmel war wolkenverhangen und düster, aber es war nicht völlig dunkel. Wir fuhren auf einer engen, kurvenreichen Straße Richtung Süden. Es waren nur wenige Autos oder Fußgänger unterwegs. Alte Lehm- und Ziegelsteinmauern säumten die Straße, die wie ein ausgetrocknetes Flussbett an großen Privatgrundstücken vorbeiführte. Kahle Bäume reckten sich in den Himmel und zitterten im Wind. Bald fuhren wir auf den Jordan Highway und weiter Richtung Süden. Luxuriöse Neubauten waren typisch für diesen Stadtbezirk. Ein hoher Block mit Eigentumswohnungen stand auf einem der Hügel zwischen zweistöckigen Häusern und großen Bungalows. Ich betrachtete den Fahrer. Er hatte einen dichten Bart und trug die grüne Uniform der Revolutionswächter. Hamed saß auf dem Beifahrersitz. Beide schwiegen und schauten nach vorn. Bei einer Ampelanlage winkte mir ein kleines, vielleicht drei- oder vierjähriges Mädchen vom Rücksitz eines weißen Autos zu, das neben uns angehalten hatte. Das Mädchen lächelte mich an. Ein Mann und eine Frau saßen auf den Vordersitzen und unterhielten sich. Ich fragte mich, was meine Eltern wohl gerade machten. Ob sie versuchten, mir zu helfen, oder ob sie die Hoffnung aufgegeben hatten? Ich war mir völlig darüber im Klaren, dass sie nichts tun konnten. Und Andre? Dachte er an mich?

Wir hatten die Altstadt erreicht. Hier herrschte lebhafter Verkehr, die Bürgersteige und Geschäfte waren voller Menschen. Auf ausnahmslos jeder Fassade prangten Slogans der islamischen Regierung und Worte Khomeinis. An einer Aufschrift blieb mein Auge hängen: »Tatenlos zuzusehen, wie ein Ungläubiger Verderben über die Welt bringt, vergrößert das moralische Leiden des Ungläubigen. Tötet man den Ungläubigen dagegen, verhindert man, dass er weitere Missetaten begeht, und sein Tod ist ein Segen für ihn.« Ja, in Khomeinis Welt konnte ein Mord eine gute Tat sein, ein »Segen«. Hamed konnte mir eine Pistole an den Kopf setzen und mit der Überzeugung abdrücken, mir mit meiner Exekution einen Gefallen zu tun und selbst dafür in den Himmel zu kommen.

Fußgänger hoben die Arme zwischen den Autos, wenn sie die Straße überqueren wollten. An einer Kreuzung blickte ein junger Mann in unseren Wagen, doch als er den Wächter hinter dem Steuer sah, trat er einen Schritt zurück und starrte mich an. Es begann zu schneien.

Der Wagen hielt vor dem Haus, in dem Minu wohnte. Sie war eine Schulfreundin. Ein anderer schwarzer Mercedes parkte neben uns. Zwei Revolutionswächter stiegen aus, gingen zur Haustür und klingelten. Jemand öffnete, es war ihre Mutter. Die Wächter gingen hinein. Hamed drehte sich nach mir um und gab mir einen Zettel. Ich warf einen Blick darauf. Etwa dreißig Namen standen darauf. Ich kannte sie alle, sie gingen mit mir in die Schule. Ich erkannte die Unterschrift meiner Schulleiterin unter der Liste. Der Zettel in meiner Hand war die Liste der an meiner Schule gesuchten Schüler.

»Wir können sie nicht alle heute Nacht verhaften, aber in ungefähr drei Tagen dürften wir sie haben«, führte Hamed mit einem Lächeln aus.

Nach etwa einer halben Stunde traten die Wächter aus dem Haus. Minu war bei ihnen. Hamed stieg aus dem Wagen, öffnete die Rücktür und befahl ihr, sie solle sich neben mich setzen. Ich sah, dass ihre Mutter weinte und mit einem der Wächter sprach. Hamed informierte Minu, dass ich einige Tage früher verhaftet worden sei. Und zu mir sagte er, ich solle Minu davon überzeugen, mit ihnen zusammenzuarbeiten, wenn ich verhindern wolle, dass sie Schmerzen erleiden müsse.

Minu starrte mich mit angsterfüllten Augen an.

»Erzähl ihnen, was immer sie wissen wollen«, sagte ich und zeigte auf meine Füße, »sie …«

»Das reicht«, fuhr Hamed dazwischen.

Minu sah auf meine Füße, schlug die Hände vors Gesicht und begann zu weinen.

»Warum weinst du?«, fragte Hamed, doch sie antwortete nicht.

Es kam mir vor, als wären wir stundenlang unterwegs. Wir fuhren von Haus zu Haus. Vier meiner Schulkameradinnen wurden in dieser Nacht verhaftet. Ich versuchte, Minu zuzuflüstern, sie solle beim Verhör ein paar Namen nennen. Ich wollte ihr sagen, dass sie eine Liste hatten und alles wussten, doch ich bezweifelte, dass sie mich verstand.

Als wir wieder am Gefängnistor eintrafen, wurden uns die Augen verbunden. Dann hielt der Wagen an, die Tür an meiner Seite wurde aufgerissen, und Hamed befahl mir auszusteigen. Ich humpelte ihm hinterher ins Gebäude. Im Flur wies er mich an, ich solle mich auf den Boden setzen. Dort saß ich lange Zeit und hörte das Weinen und die Schreie der Gefangenen. Mein Kopf hämmerte, und mein Magen krampfte sich zusammen.

»Marina, steh auf!« Hameds Stimme ließ mich hochfahren. Ich war eingenickt.

Um das Gleichgewicht zu behalten, lehnte ich mich an die Wand. Hamed befahl mir, mich am Tschador eines Mädchens festzuhalten, das vor mir stand. Ich hielt mich an ihr fest, sie ging los, und ich humpelte hinter ihr her. Meine Füße brannten, als ob ich auf Glasscherben ginge. Bald waren wir im Freien, wir gingen weiter, und der kalte Wind schlug mir entgegen. Das Mädchen begann zu husten. Der Schnee drang in meine Pantoffeln, betäubte meine Füße und dämpfte den Schmerz, doch ich verlor immer mehr das Gefühl in meinen Beinen, und jeder Schritt fiel mir schwerer als der vorausgegangene.

Schließlich stolperte ich über einen Stein und fiel zu Boden. Mit dem Kopf auf der gefrorenen Erde liegend, leckte ich den Schnee in dem verzweifelten Versuch, den bitteren Geschmack in meinem ausgetrockneten Mund loszuwerden. Nie zuvor war ich solcher Kälte ausgesetzt, nie so durstig gewesen. Mein Körper schüttelte sich, ohne dass ich etwas dagegen tun konnte, und das Geräusch meines Zähneklapperns hallte durch meinen ganzen Leib. Grobe Hände hoben mich auf und zwangen mich wieder auf die Beine.

Wohin bringen sie mich?

»Geh richtig, sonst erschieße ich dich gleich hier!«, bellte Hamed.

Mühsam ging ich weiter. Endlich befahl man uns, stehen zu bleiben, und nahm uns die Augenbinden ab. Ein grelles Licht schien mir ins Gesicht, es blendete mich und bohrte sich mit einem stechenden Schmerz in meinen Kopf, um dort zu explodieren. Sekunden später schaute ich mich um. Ein Scheinwerfer schnitt mit seinem Lichtstrahl in die Nacht wie ein gleißender weißer Fluss. Schwarze Berge, die zu geisterhaften Schatten verschmolzen, umgaben uns. Wir schienen mitten im Niemandsland zu sein; keine Gebäude waren in Sicht. Wolken hingen am Nachthimmel, und einzelne Schneeflocken schwebten schwerelos in der Luft, versuchten ihren kristallenen Flug auszudehnen, bevor sie den Erdentod starben. Außer mir hatte man vier andere Gefangene hierhergeführt: zwei Mädchen und zwei junge Männer. Revolutionswächter mit ausdruckslosen Gesichtern, als wären sie aus der Dunkelheit herausgemeißelt, richteten ihre Gewehre auf uns. »Zu den Pfählen!«, brüllte Hamed, dessen Stimme von den Bergen zurückschallte. Etwa sechs Meter vor uns ragten einige hölzerne Pfähle von ungefähr meiner Größe aus dem Boden. Wir waren zu unserer Hinrichtung hierhergebracht worden. Die Kälte in meiner Brust lähmte mich.

Jetzt ist der Augenblick des Todes gekommen. Niemand verdient es, so zu sterben.

Einer der beiden männlichen Gefangenen begann auf Arabisch aus dem Koran zu rezitieren und Gott um Vergebung zu bitten. Seine Stimme war tief und kraftvoll. Der andere junge Mann starrte auf die Pfähle. Er hatte ein zugeschwollenes Auge und Blutflecken auf seinem weißen T-Shirt. »Sofort an die Pfähle!«, brüllte Hamed wieder.

Wir gehorchten schweigend. Wie eine zähe Flüssigkeit breitete sich tiefer Jammer in meinem Herzen und meinen Lungen aus.

Herr Jesus, hilf mir. Lass meine Seele nicht in der Finsternis verloren gehen. »Muss ich auch wandern in finsterer Schlucht, ich fürchte kein Unheil; denn du bist bei mir.«

Plötzlich rannte eines der Mädchen los. Jemand rief »Halt!« Aber sie rannte weiter. Ein Schuss zerfetzte die Nacht, und sie fiel zu Boden. Ich machte einen Schritt nach vorn, aber meine Beine gaben nach. Das Mädchen drehte sich auf die Seite, krümmte den Rücken vor Schmerz. »Bitte … bitte, lasst mich leben«, stöhnte sie. Der Schnee auf ihrem Tschador glitzerte im makellosen weißen Licht. Hamed stand über ihr und zielte mit dem Gewehr auf ihren Kopf. Sie schützte ihren Kopf mit den Armen.

Das Mädchen neben mir begann zu weinen. Ihr tiefes Schluchzen schien ihr die Brust zu zerreißen. Sie fiel auf die Knie.

»Bindet sie an die Pfähle!«, brüllte Hamed.

Einer der Wächter hob mich auf, ein anderer band mich an den Pfosten. Das Seil schnitt mir tief in die Haut.

Ich war so müde.

Tut sterben genauso weh wie geschlagen werden?

Hamed zielte noch immer mit dem Gewehr auf das verletzte Mädchen.

»Revolutionswächter! Legt an!«

Der Tod ist einfach ein Ort, an dem ich noch nie war. Und der Engel wird mir helfen, den Weg zu finden. Er muss. Es gibt ein Licht hinter dieser entsetzlichen Finsternis. Irgendwo hinter den Sternen geht die Sonne auf.

Sie zielten mit ihren Gewehren auf uns, ich schloss die Augen.

Hoffentlich weiß Andre, dass ich ihn liebe. »Gegrüßet seist du, Maria, voll der Gnade, der Herr ist mit dir …«

Ich hörte, wie ein Wagen auf uns zuraste, und öffnete die Augen. Einen Augenblick lang dachte ich, man würde uns überfahren. Bremsen kreischten, und ein schwarzer Mercedes stoppte vor den Wächtern. Aus dem Wagen stieg Ali. Er ging direkt zu Hamed und gab ihm ein Blatt Papier. Sie unterhielten sich kurz, Hamed nickte. Den Blick auf mich geheftet, kam Ali zu mir. Ich wollte weglaufen. Ich wollte, dass Hamed mich erschoss und mein Leben beendete. Ali band mich von dem Pfahl los. Ich brach zusammen. Er fing mich auf und ging mit mir auf den Armen zum Wagen. Ich spürte, wie sein Herz schlug. Vergeblich versuchte ich mich aus seinen Armen zu befreien.

»Wohin bringst du mich?«

»Es ist alles gut; ich tue dir nichts«, flüsterte er.

Meine Augen trafen den Blick des Mädchens, das an den Pfahl neben mir gefesselt war.

»Gott …!«, schrie sie und schloss die Augen.

Ali hievte mich auf den Beifahrersitz und schlug die Tür zu. Ich versuchte, sie zu öffnen, doch sie ging nicht auf. Er sprang auf den Fahrersitz. Mit letzter Kraft begann ich, auf ihn einzuschlagen, doch er wehrte mich mit einer Hand ab. Während wir davonfuhren, ertönte das Gewehrfeuer.

Als ich die Augen aufschlug, blickte ich in eine helle Glühbirne. Die Decke war grau. Ich versuchte mich zu bewegen, doch ich spürte meinen Körper nicht. Ali saß in einer Ecke, den Blick auf mich gerichtet. Wir befanden uns in einer kleinen Zelle, ich lag auf dem Fußboden.

Ich schloss die Augen und wünschte, er würde weggehen, doch als ich einige Minuten später die Augen wieder aufschlug, saß er noch immer da. Er schüttelte den Kopf und sagte, dass ich mir das alles selbst zuzuschreiben hätte, weil ich so stur sei. Er sei zu Ayatollah Khomeini gegangen, der ein enger Freund seines Vaters war, damit mein Todesurteil in eine lebenslange Haftstrafe umgewandelt würde. Der Ayatollah habe befohlen, mein Leben zu schonen.

Ich wollte nicht, dass der Ayatollah mich rettete. Ich wollte von niemandem gerettet werden. Ich wollte sterben.

»Ich gehe jetzt weg und hole dir etwas zu essen. Du hast schon lange nichts mehr zu dir genommen«, sagte Ali, ohne den Blick von mir zu lassen. Doch er rührte sich nicht. Sein Blick lastete auf meiner Haut, ich zog die Decke, unter der ich lag, so fest an mich, dass meine Finger zu schmerzen begannen. Endlich stand er auf. Alle Muskeln meines Körpers spannten sich.

»Hast du Angst vor mir?«, fragte er.

»Nein.« Ich schluckte.

»Du brauchst keine Angst zu haben.«

In seinen Augen waren echte, tiefe Leidenschaft und Sehnsucht zu erkennen. Mein Magen schmerzte. Ich fühlte einen Schrei in meiner Kehle aufsteigen, aber Ali wandte sich ab und ging hinaus. Bei jeder Träne, die mir über das Gesicht lief, schüttelte sich mein ganzer Körper. Ich hasste ihn.

Ali kehrte mit einem Teller Suppe zurück und setzte sich neben mich.

»Bitte weine nicht.«

Doch ich konnte einfach nicht aufhören zu weinen.

»Willst du, dass ich gehe?«

Ich nickte.

»Ich gehe nur, wenn du mir versprichst, dass du die Suppe isst. Versprochen?«

Ich nickte wieder.

An der Tür blieb er stehen und drehte sich zu mir um. »Ich komme später noch einmal vorbei«, sagte er mit schleppender, erschöpfter Stimme.

Warum hatte er mich von dem Hinrichtungskommando weggeholt? Was hatte man mit mir vor?

Mein letzter Gedanke, bevor ich einschlief, galt Sarah. Ich hoffte, dass sie gesund war. Ich konnte nicht mehr tun, als für uns beide zu beten und Sirus und Gita und alle Freunde, die verhaftet worden waren, in mein Gebet einzuschließen.

Vor noch nicht allzu langer Zeit waren wir alle Schulkinder gewesen, die in den Pausen Fangen und Verstecken spielten. Jetzt waren wir politische Gefangene.

5

Ich besuchte eine Grundschule in einem von wildem Wein umwucherten roten Backsteingebäude. Damals regierte noch der Schah. Zur Schule waren es nur zehn Minuten zu Fuß, ich konnte daher den Schulweg allein gehen. Das alte Schulhaus war ursprünglich ein zweistöckiges Mietshaus; meine Freunde hatten mir erzählt, dass die Besitzerin Khanum Martazavi, die im Ausland studiert hatte, nach ihrer Rückkehr in den Iran eine Schule darin eingerichtet hatte. Jedes Klassenzimmer hatte hohe Fenster, doch wegen der alten Ahornbäume im Hof war es drinnen immer dunkel, und wir mussten meist das Licht anschalten, um von der Tafel ablesen zu können. Wenn die Glocke zum Schulschluss läutete, verließen Sarah und ich das Schulhaus und überquerten zusammen die Straße, doch dann ging sie nach links, und ich bog nach rechts ab. Ich lief in südlicher Richtung die Rahzi-Straße hinunter, ging an den hohen Ziegelsteinmauern entlang, die die Botschaft des Vatikans umgaben, kam an Ashnas Restaurant vorbei, wo es nach aromatisiertem Reis und gebratenem Rindfleisch roch, und passierte dann ein kleines Wäschegeschäft, in dessen Schaufenster zarte, spitzenbesetzte Nachtwäsche lag. Wenn ich allein ging, ohne meine Mutter, die mich mit sich zerrte und immer zur Eile antrieb, stellte ich mir manchmal vor, ich sei eine kleine weiße Wolke, die über den blauen Himmel zog, oder eine Ballerina vor großem Publikum, oder ein Boot, das auf einem geheimnisvollen Fluss dahinglitt.

Wenn ich nicht zu spät dran war, brauchte ich mich auf dem Nachhauseweg nicht zu beeilen, doch ich musste immer achtgeben, meine Mutter nicht zu verärgern. Hatte sie Kundschaft, durfte ich ihren Friseursalon nicht betreten, und wenn sie keine hatte, musste ich sehr leise sein, denn dann litt sie gewöhnlich unter Kopfschmerzen. Ich war ein ungeschicktes Mädchen und musste aufpassen, dass ich nichts zerbrach und keine Flecken hinterließ, wenn ich mir selbst ein Brot schmierte. Und wenn ich Eistee oder Pepsi in einen Becher goss, bemühte ich mich sehr, nichts zu verschütten. Meine Mutter war eine sehr schöne, schnell aufbrausende Frau. Sie hatte braune Augen, eine perfekte Nase, volle Lippen und lange Beine. Sie trug sehr gern ausgeschnittene Kleider, die etwas von ihrer weichen, hellen Haut zeigten. Jede Strähne ihres kurzen Haarschnitts lag perfekt. Wenn ich sie verärgerte, sperrte sie mich auf den Balkon vor meinem Schlafzimmer. Der Balkon war gegen fremde Blicke durch Schilfmatten abgeschirmt, die an den beiden horizontalen und mehreren vertikalen Streben des Balkongeländers lehnten. Von dort beobachtete ich dann das Gewimmel der Autos und Fußgänger auf der vierspurigen Straße unter mir, sah die Händler, die ihre Waren anpriesen, und die Bettler. Zu Stoßzeiten herrschte viel Verkehr, und es stank grässlich nach Abgasen. Auf der gegenüberliegenden Straßenseite verkaufte der einarmige Händler Assan Agha im Frühjahr saure grüne Pflaumen, im Sommer Pfirsiche und Aprikosen, im Herbst gekochte Rote Bete und im Winter allerlei Kekse. Ich mochte die Roten Beten sehr gern; sie köchelten in einer flachen großen Pfanne auf einem tragbaren Gaskocher vor sich hin, und ihr klebriger Saft brodelte und dampfte und erfüllte die Luft mit einem süßem Duft. Auf der anderen Seite der Kreuzung streckte ein blinder alter Mann in einem abgewetzten schmutzigen Anzug den Passanten seine knochige Hand entgegen und rief von morgens bis abends »In Gottes Namen, helft mir!«. Vor unserem Haus erhob sich ein fünfzehnstöckiges Bürogebäude mit großen Spiegelglasfenstern, in denen sich die Sonne und die Wolken spiegelten, die über den Himmel zogen. Nachts leuchteten die hellen bunten Neonschilder über den Geschäften.

Eines Tages kam ich zu dem Schluss, dass jede andere Art der Bestrafung besser sei, als auf dem Balkon ausgesperrt zu werden. Ich sah hinunter; zu springen war unmöglich. Ich hätte laut schreien können, doch ich wollte nicht die ganze Nachbarschaft davon in Kenntnis setzen, dass meine Mutter mich auf den Balkon sperrte. Als ich mich umsah, blieb mein Blick an der kleinen Plastiktüte mit den hölzernen Wäscheklammern meiner Mutter hängen. Ich sah auf den belebten Bürgersteig. Wenn ich Wäscheklammern hinunterfallen ließe, würden die Passanten zwar nicht verletzt werden, aber sicher wissen wollen, was da vom Himmel herab auf ihre Köpfe gefallen war. Dann könnte ich erklären, warum ich die Wäscheklammer hinuntergeworfen hatte, und jemanden bitten, an der Tür zu klingeln, damit meine Mutter mich wieder in die Wohnung zurückkehren ließe. Ich wusste, dass meine Mutter wütend sein würde, doch das kümmerte mich nicht. Ich hielt es nicht länger allein aus. Es war Winter, und ein kalter Wind hatte zu wehen begonnen. Bald verschwand die Sonne hinter Wolken, Schneeflocken landeten auf meinem Gesicht. Ich nahm meinen ganzen Mut zusammen, ergriff eine Wäscheklammer, beugte mich über die Balkonverkleidung und hielt sie über den Fußweg. Dann holte ich tief Luft und ließ die Wäscheklammer fallen. Sie traf niemanden, sondern fiel aufs Pflaster. Ich versuchte es ein zweites Mal, jetzt hatte ich Erfolg. Eine Frau mittleren Alters mit langem braunem Haar blieb stehen, fasste sich an den Kopf und sah sich um. Dann beugte sie sich nach vorn, hob die Wäscheklammer auf und begutachtete sie. Schließlich hob sie den Kopf und sah mir direkt ins Gesicht.

»Was soll das, Kleine?«, fragte sie mit tiefrotem Gesicht.

»Entschuldigung. Ich wollte Ihnen nicht wehtun, aber meine Mutter hat mich auf den Balkon gesperrt, und ich will ins Haus. Könnten Sie bitte an der Tür klingeln und meiner Mutter sagen, sie soll mich reinlassen?«

»Das werde ich gewiss nicht tun! Es geht mich nichts an, wie deine Mutter dich bestraft. Und anscheinend hast du deine Strafe verdient«, sagte sie und ging weiter. Doch so schnell gab ich nicht auf.

Beim nächsten Versuch traf die Wäscheklammer eine ältere Frau, die einen schwarzen Tschador trug und sofort zu mir hinaufsah.

»Was soll das?«, fragte sie, und ich erzählte ihr meine Geschichte.

Sie klingelte an der Eingangstür. Bald trat meine Mutter auf einen anderen Balkon, der neben dem meinen lag, sah hinunter und fragte: »Wer ist da?«

Als die Frau meiner Mutter erzählte, was ich getan hatte, verfinsterte sich ihre Miene vor Wut. Eine Minute später ging meine Balkontür auf. Ich zögerte.

»Komm rein«, zischte meine Mutter.

Ich trat in mein Schlafzimmer.

»Du böses Mädchen!«, sagte sie.

Ich erschauderte. Ich erwartete, eine Ohrfeige zu bekommen, doch stattdessen drehte sie sich um und ging aus dem Zimmer: »Ich gehe jetzt. Ich habe es satt. Ich hasse dieses Leben. Komm mir bloß nicht unter die Augen!«

Mein Magen revoltierte. Sie konnte doch nicht einfach fortgehen, oder? Es klang nicht, als ob sie scherzen würde.

Was sollte ich nur ohne Mutter anfangen? Ich lief ihr hinterher und klammerte mich an ihre Bluse. Sie ging weiter.

»Geh nicht weg, bitte! Entschuldige bitte!«, flehte ich, »ich gehe auch wieder auf den Balkon und bleibe ganz brav dort, das verspreche ich dir!«

Sie tat so, als hörte sie mich nicht, ging in die Küche, nahm ihren Geldbeutel und ging zur Treppe. Ich begann vor Angst zu weinen, aber sie blieb nicht stehen. Ich klammerte mich an ihr Bein, doch sie ging die Treppe hinunter und schleppte mich mit sich. Die Treppenstufen waren hart und fühlten sich kalt an. Ich bettelte darum, sie möge bei uns bleiben. An der Tür blieb sie endlich stehen.

»Wenn du willst, dass ich bleibe, dann geh sofort auf dein Zimmer und bleib dort, ohne einen Mucks von dir zu geben.«

Ich starrte sie an.

»Sofort!«, schrie sie, und ich rannte in mein Zimmer.

Nach diesem Vorfall saß ich eine Zeit lang jedes Mal wie gelähmt am Fenster, wenn meine Mutter aus dem Haus ging, um ein Geschäft aufzusuchen oder Besorgungen zu machen. Was wäre, wenn sie nicht mehr zurückkäme?

Ich beschloss, meiner Mutter aus dem Weg zu gehen, und am besten konnte ich das, wenn ich so lange wie möglich in meinem Zimmer blieb. Jeden Tag, wenn ich von der Schule nach Haus kam, schlich ich auf Zehenspitzen in die Küche, um nachzusehen, ob sich meine Mutter dort zu schaffen machte. Wenn sie nicht da war, machte ich mir ein Schinkensandwich, wenn ich sie aber dort antraf, sagte ich rasch »Hallo« und verzog mich in mein Zimmer, bis sie aus der Küche verschwunden war. Nach dem Essen blieb ich in meinem Zimmer, erledigte meine Hausaufgaben und las die Bücher, die ich mir aus der Schulbibliothek geliehen hatte. Die meisten waren Übersetzungen: *Peter Pan, Alice im Wunderland, Die kleine Meerjungfrau, Die Schneekönigin, Der standhafte Zinnsoldat, Aschenputtel, Dornröschen, Hänsel und Gretel* und *Rapunzel.* Unsere Schulbibliothek war klein, und es dauerte nicht lange, bis ich den gesamten Buchbestand nicht nur einmal, sondern drei- oder viermal gelesen hatte. Eine Zeit lang kam meine Mutter jeden Abend in mein Schlafzimmer, um nachzusehen, was ich machte, und dann lächelte sie, wenn sie mich über einem Buch antraf. In gewisser Weise retteten die Bücher uns beide.

Eines Tages nahm ich all meinen Mut zusammen und fragte meine Mutter, ob sie mir nicht Bücher kaufen könne. Sie aber antwortete, sie könne mir nur einmal im Monat ein Buch kaufen, denn Bücher seien teuer, und wir bräuchten das Geld für anderes. Doch ich brauchte mehr als ein Buch im Monat. Einige Tage darauf entdeckte ich auf dem Rückweg von ihrem Vater, den wir gemeinsam besucht hatten, einen kleinen Buchladen. Das Ladenschild verkündete: »Second-Hand Books«. Ich wusste, dass mit »Second-Hand« billige Bücher gemeint waren, doch ich wagte nicht, meine Mutter zu bitten, sich dort einmal umzusehen.

Als mich meine Mutter eine Woche später aufforderte, wieder mit ihr zu Großvater zu gehen, schützte ich vor, es ginge mir nicht gut, und ich durfte zu Hause bleiben. Mein Vater war bei der Arbeit. Kurz nach Großmutters Tod hatte er sein Tanzstudio geschlossen und eine Stelle in einer Abteilung des Kulturministeriums angetreten, wo er Volkstanztruppen betreute. Die Arbeit gefiel ihm, und manchmal reiste er mit den Tänzern ins Ausland – jungen Männern und Frauen, die den Iran bei verschiedenen internationalen Ereignissen repräsentierten. Kaum hatte meine Mutter das Haus verlassen, lief ich ins Schlafzimmer meiner Eltern und holte die Ersatzhausschlüssel aus der Nachttischschublade meiner Mutter. Ich hatte die ganze Woche über mein Pausengeld gespart und hoffte, es würde genügen, um ein Buch zu kaufen.

Ich rannte zu dem Antiquariat. Den ganzen Tag über hatte die frühsommerliche Sonne auf den schwarzen Asphalt gebrannt, und nun schlugen mir die Hitzewellen entgegen, die sich über der aufgeheizten Straße gebildet hatten. Als ich bei dem Buchladen ankam, tropfte mir der Schweiß von der Stirn und rann in meine Augen, die zu brennen begannen. Ich wischte mein Gesicht an meinem T-Shirt ab, stieß die Glastür auf und trat ein. Als sich meine Augen an das Dämmerlicht gewöhnt hatten, konnte ich kaum glauben, was ich sah: Auf Regalbrettern stapelten sich Bücher bis unter die Decke, dazwischen gab es enge Durchgänge, die in eine noch tiefere Dunkelheit führten. Ich war umgeben von Tausenden von Büchern. Die Luft war schwer, es roch nach Papier, nach Geschichten und Träumen, die zwischen den Buchdeckeln eingesperrt waren.

»Hallo, ist da jemand?«, rief ich.

Niemand antwortete.

»Hallo!«, versuchte ich es noch einmal etwas lauter.

Aus der Tiefe eines Büchergangs ertönte eine Männerstimme mit breitem armenischem Akzent: »Was kann ich für Sie tun?«

Ich wich einen Schritt zurück: »Wo sind Sie?«

Direkt vor mir tauchte ein grauer Schatten aus den Büchern auf. Mir stockte der Atem.

Der Schatten lachte.

»Tut mir leid, Kind, ich wollte dich nicht erschrecken. Was willst du?«

Ich musste erst einmal Atem schöpfen.

»Ich … Ich möchte ein Buch kaufen.«

»Was für ein Buch?«

Ich holte mein gesamtes Geld aus der Tasche und zeigte die Münzen dem dünnen alten Mann, der jetzt vor mir stand.

»Ich habe nicht viel Geld. Es ist egal, was für ein Buch, Hauptsache, es ist gut.«

Er lächelte und strich mit seinen Fingern durch sein graues Haar.

»Warum gehst du nicht nebenan in die Bäckerei und kaufst dir stattdessen ein paar Zuckerkringel?«

»Ich will aber ein Buch. Reicht das Geld dafür nicht?«

»Junge Dame, das Problem ist, dass alle meine Bücher englischsprachig sind. Sprichst du Englisch?«

»Ich bin sehr gut in Englisch. In der Schule haben wir jeden Tag eine Stunde Englischunterricht. Ich bin in der dritten Klasse.«

»Gut, dann sehen wir mal nach, was wir für dich haben«, seufzte der Mann und verschwand hinter dem Buchgebirge.

Ich wartete und fragte mich, ob er überhaupt etwas finden würde in diesem Chaos, doch wunderbarerweise tauchte er mit einem Buch aus der Dunkelheit wieder auf.

»Hier habe ich etwas für dich«, sagte er und gab es mir. »*Der König von Narnia*, ein wunderbares Buch und der erste Band einer ganzen Reihe.«

Ich betrachtete es sorgfältig. Es hatte einen graublauen Einband, in dessen Mitte ein Löwe abgebildet war, auf dem ein Junge und ein Mädchen ritten. Der Löwe sprang durch die Luft. Das Buch sah alt aus, aber es war in recht gutem Zustand.

»Wie viel kostet es?«

»Fünf Toman.«

»Ich habe aber nur vier«, sagte ich, den Tränen nahe.

»Du bekommst es für vier.«

Ich dankte ihm jauchzend und rannte so schnell ich konnte mit dem Buch nach Hause.

Drei Tage später hatte ich *Der König von Narnia* zweimal gelesen und war hingerissen. Ich wollte mehr davon lesen, doch ich besaß nur noch zwei Toman und war nicht sicher, ob der Mann im Buchladen wieder so großzügig sein würde. Außerdem traute ich mich nicht, meine Mutter um Geld zu bitten. Ich beschloss daher, mein Federmäppchen an meine Freundin Sarah zu verkaufen. Es war blau und hatte einen Magnetverschluss, sodass es leise klick machte, wenn man es zusammenklappte. Am Anfang des Schuljahres hatte Sarah mich gefragt, wo ich es gekauft hätte, und ich erzählte ihr, dass meine Mutter es in einem großen Kaufhaus an der Kreuzung von Schah-Reza-Straße und Pahlavi-Straße gekauft hatte. Als Sarahs Mutter dort nachfragte, gab es keine mehr, und Sarah war sehr enttäuscht gewesen. Am nächsten Tag passte ich Sarah auf dem Schulweg ab. Sie hatte große dunkelbraune Augen und dickes, lockiges schwarzes Haar, das ihr auf die Schultern fiel. Sie besaß eine hübsche Uhr, deren Zifferblatt Aschenputtel und den Prinzen beim Probieren des Glasschuhs zeigte. Aschenputtel saß auf einem Stuhl und schlug ein Bein über das andere; jede Sekunde bewegte sich ihr Bein vor und zurück. Sarahs Mutter hatte ihr die Uhr geschenkt, als sie in den Ferien in England gewesen waren. Ich fragte Sarah, ob sie noch immer mein Federmäppchen haben wolle, und bot es ihr zum Kauf an. Warum ich es verkaufte, wollte sie etwas misstrauisch wissen. Ich erzählte ihr von dem Buchladen. Sie bot mir fünf Toman an, wenn sie zum Federmäppchen noch meinen süß duftenden Radiergummi bekäme. Ich willigte ein.

In weniger als fünf Minuten waren Sarah und ich nach der Schule zu ihrem Haus gerannt. Es lag in einer nahe gelegenen bogenförmigen Straße, an der alle Häuser kleine Höfe hatten, die von hohen Ziegelmauern umgeben waren, um die Bewohner vor Blicken zu schützen. Die Luft war erfüllt vom leckeren Duft nach gebratenen Zwiebeln und Knoblauch. Offenbar kochte eine Nachbarin gerade das Mittagessen. Sarah hatte einen eigenen Hausschlüssel, denn ihre Eltern waren beide berufstätig und kamen erst später am Tag von der Arbeit zurück. Sie schloss die Tür auf, und wir traten in den Hof. Ein Blütenmeer von roten, grünen und lilafarbenen Geranien und Stiefmütterchen quoll aus einem kleinen Beet zu unserer Rechten.

Insgeheim wünschte ich mir, in einem Haus wie dem von Sarah zu wohnen. Ihre Mutter, die bei einer Bank arbeitete und immer elegante Kostüme und sehr hohe, glänzende schwarze Schuhe trug, war eine kleine, rundliche Frau mit kurzem schwarzem Haar. Sie freute sich immer, wenn ich Sarah besuchen kam, und umarmte mich. Sarahs Vater war Ingenieur und ein großwüchsiger Mann; er machte immer ein paar Späße, lachte lauthals und rezitierte wunderschöne alte Gedichte. Sarahs einziger Bruder Sirus war zwölf, also drei Jahre älter als Sarah und ich, und im Gegensatz zum Rest der Familie war er sehr schüchtern. Bei Sarah zu Hause ging es immer laut und fröhlich zu.

Ich gab Sarah mein Federmäppchen, und sie gab mir das Geld. Dann rief ich meine Mutter an und sagte ihr, ich bliebe bei Sarah, um ihr bei den Hausaufgaben behilflich zu sein. Meine Mutter hatte nichts dagegen. Ich bedankte mich bei Sarah und lief zu dem Buchladen, der mir ebenso dunkel, staubig und geheimnisvoll vorkam wie bei meinem ersten Besuch. Wieder tauchte der alte Mann aus der Dunkelheit auf.

»Lass mich raten: Du hast kein Wort verstanden und möchtest jetzt dein Geld zurück«, sagte er, während er die Augen zusammenkniff.

»Nein. Ich habe es zweimal gelesen und fand es wunderbar! Ich habe fast alle Wörter verstanden, und wenn nicht, habe ich im Wörterbuch meines Vaters nachgesehen. Ich möchte gerne das zweite Buch aus der Reihe kaufen. Haben Sie es? Ich habe meiner Freundin Sarah mein Federmäppchen und meinen Duftradiergummi verkauft, diesmal reicht das Geld.«

Der alte Mann starrte mich an und rührte sich nicht. Meine Hoffnung schwand. Er hatte das zweite Buch vielleicht gar nicht!

»Haben Sie den zweiten Band da?«

»Ja, sicher... Aber du brauchst ihn nicht zu bezahlen. Wenn du versprichst, gut darauf achtzugeben, leihe ich ihn dir, und du bringst ihn zurück, wenn du ihn gelesen hast. Zweimal, natürlich.«

Ich dachte an meinen Engel. Vielleicht verbarg er sich hinter einem alten Mann. Ich schaute in seine Augen, und sie waren fast ebenso dunkel, tief und freundlich wie die des Engels. Dann betrachtete ich das Buch, es hieß *Prinz Kaspian von Narnia*.

»Wie heißt du?«, fragte der Buchhändler.

»Marina. Und wie heißen Sie?«

»Albert«, sagte er.

Hmm. Ein Engel namens Albert.

Von diesem Tag an ging ich mindestens einmal in der Woche zu Albert und lieh mir Bücher bei ihm aus.

Mit elf kam ich auf die Oberschule. Damals kam das Geld für alle Schulen und Universitäten im Iran von der Regierung, doch einige Schulen hatten sich als besser erwiesen als andere, und dazu gehörte die Anushiravan-Dadgar-Oberschule für Mädchen, die von Zoroastriern geführt wurde. Meine Eltern hatten mich aber nicht auf diese Schule geschickt, weil es eine der besten war, für sie zählte nur die Nähe zu unserer Wohnung.

Zoroastrier folgen den Lehren Zarathustras, der vor fast dreitausend Jahren in Persien geboren wurde und den Glauben an einen einzigen Gott lehrte: Ahura Mazda. Während meiner Schulzeit waren die Mehrzahl der Schüler entweder Zoroastrier oder Muslime, doch es gab auch Bahais, Juden und etwa drei oder vier Christen.

Mit seinen hohen Decken und den vielen Fenstern wirkte das Hauptgebäude der Schule sehr geräumig. Die langen Flure schienen endlos zu sein, zwei breite Treppen verbanden die beiden Stockwerke. Das Hauptportal war von zwei hohen Säulen umrahmt, die bis zum zweiten Stockwerk aufragten und über denen in großen Buchstaben zu lesen war: GUTE GEDANKEN, GUTE WORTE, GUTE TATEN – die Leitgedanken der Zoroastrier. Wir hatten eine Turnhalle mit Basketball- und Volleyballplätzen, und hohe Ziegelsteinmauern umgaben den gepflasterten Schulhof.

Drei Jahre lang waren meine Besuche in Alberts Buchhandlung die Höhepunkte in meinem Alltagsleben. Albert hatte all die Hunderte Bücher gelesen, die sich in seinem Laden aufstapelten, er wusste genau, wo jedes stand, und sprach leidenschaftlich gerne über sie. Er war verheiratet und hatte einen Sohn, der zwei Jahre zuvor mit seiner Frau und seinen beiden Söhnen nach Amerika ausgewandert war. Am ersten Weihnachtsfest nach unserer Begegnung überreichte Albert mir ein in rotes Papier verpacktes

Geschenk. Als ich es öffnete, fand ich darin alle *Narnia*-Bände und dazu ein schönes blaues Federmäppchen voller Buntstifte und Radiergummis, die nach Kaugummi rochen.

Zum letzten Mal sah ich Albert kurz nach meinem zwölften Geburtstag an einem wunderschönen Frühlingstag, an dem die Vögel sangen und die Sonne schien. Mit einem Lächeln auf dem Gesicht öffnete ich die schwere Glastür zum Laden, während ich *Betty und ihre Schwestern* an mein Herz presste.

»Hallo, Al…« Staubpartikel wirbelten in den Sonnenstrahlen, die auf den Linoleumfußboden fielen. Ich blickte in einen leeren Laden. Es war, als breitete sich eine Wüste vor mir aus. Ich schnappte mühsam nach Luft, als bliese mir ein heftiger, scharfer Wind ins Gesicht. Albert saß mitten in dieser schrecklichen Ödnis auf einer großen Kiste aus Pappkarton und begrüßte mich mit einem traurigen Lächeln.

»Wo sind die Bücher?«, fragte ich.

Mit Ausnahme meiner Lieblingsbücher hatte er sie an einen anderen Buchladen verkauft. Meine Lieblingsbücher befanden sich in der Kiste, auf der er saß. Er wollte sie später zu mir nach Hause bringen. Er hätte es mir schon früher gesagt, doch er hatte es nicht übers Herz gebracht. Er und seine Frau würden den Iran bald verlassen und zu ihrem Sohn nach Amerika ziehen. Albert wäre gerne in Teheran geblieben, doch seine Frau war krank und wollte die Zeit, die ihr noch zum Leben blieb, mit ihrem Sohn und ihren Enkelkindern verbringen. Er hatte es ihr nicht abschlagen können. Sie waren seit einundfünfzig Jahren verheiratet, dies war ihr letzter Wunsch.

Er zog ein weißes Taschentuch aus der Brusttasche und schnäuzte sich. Meine Arme und Beine waren kraftlos. Er stand auf, kam auf mich zu und legte mir seine Hände auf die Schultern.

»Du bist groß geworden, seit wir uns das erste Mal begegnet sind. Mit dir kam Freude und Glück in mein Leben. Ich werde dich sehr vermissen. Du bist wie eine Tochter für mich.«

Ich schloss ihn in die Arme und drückte mich an ihn. Sein Weggang war eine Trennung, die mir so endgültig vorkam wie der Tod.

6

Mit dem Geschmack von Hühnersuppe auf der Zunge wurde ich wach. Ich richtete mich auf. Die Welt schien hinter einem dichten Nebelschleier zu liegen, der sich um mich herum zusammenzog. Ich sah keine festen Ränder oder Umrisse, nur Farben, die ineinanderschwammen. Jemand sagte meinen Namen. Es schmeckte wieder nach Hühnersuppe. Ich hustete.

»Schluck es. Das tut dir gut.«

Die warme Flüssigkeit strömte meine Kehle hinab. Es war gut. Ich schluckte noch einmal. Ich sah ein helles Quadrat vor mir und versuchte, es zu fixieren. Es war ein kleines, vergittertes Fenster. Ich fühlte mich völlig zerschlagen und hatte Fieber.

»So ist es gut«, sagte die Stimme hinter mir. Ich versuchte mich zu drehen.

»Beweg dich nicht, schlucke.«

Jede Bewegung schmerzte. Ich schluckte. Tropfen der Suppe rannen über mein Kinn. Langsam erkannte ich die Umrisse der Zelle.

»Ich helfe dir jetzt, dich wieder hinzulegen«, sagte die Stimme. Es war Alis Stimme.

Er saß knapp einen Meter von mir entfernt auf dem Fußboden und sagte, er würde mich in eine Frauenabteilung im Evin überstellen, die 246 hieß, dort würde ich einige meiner Freundinnen wiedertreffen, und dann würde es mir besser gehen.

Er sagte, er kenne eine Aufseherin von 246 und wolle sie

bitten, sich um mich zu kümmern. Ihr Name sei Schwester Maryam.

»Ich lasse dich jetzt eine Weile allein…«, sagte er und sah mich lange schweigend an, als erwarte er, dass ich etwas sagte. Ich hatte keine Ahnung, was 246 war. Hatte er mir wirklich gesagt, dass ich zu lebenslanger Haft verurteilt war, oder hatte ich geträumt?

»Bin ich wirklich zu lebenslanger Haft verurteilt?«, fragte ich.

Er nickte, der Schatten eines traurigen Lächelns flog über sein Gesicht.

Ich versuchte, nicht zu weinen, doch es gelang mir nicht. Ich wollte ihn fragen, warum er mich vor der Hinrichtung gerettet hatte. Ich wollte ihm sagen, dass der Tod besser sei, als eingesperrt mein Leben zu fristen. Ich wollte, dass er wusste, dass er kein Recht hatte zu tun, was er getan hatte – doch ich konnte nicht.

Er stand auf, sagte »Gott schütze dich« und ging fort.

Ich schlief ein.

Einige Stunden später kehrte er zurück und brachte mich in einen kleinen Raum, in dem etwa zwanzig Mädchen Seite an Seite auf dem Fußboden schliefen.

»Du musst hier warten, bis sie kommen und dich nach 246 bringen. Gib auf dich acht. Bald wird es dir besser gehen. Binde dir die Augenbinde um, wenn du dich hingesetzt hast.«

Ich fand einen kleinen freien Platz in einer entfernten Zimmerecke. Mir war noch immer schwindelig, und meine Füße schmerzten; es bedurfte großer Anstrengung, dorthin zu gelangen, ohne jemanden zu treten. Niemand hatte von meiner Ankunft Notiz genommen. Der Platz reichte nicht aus, um mich hinzulegen, ich setzte mich, zog die Knie an, lehnte mich an die Wand und weinte.

Nach einer Weile brüllte ein Mann etwa zehn Namen in den Raum, darunter meinen.

»Alle, die ich aufgerufen habe, schieben ihre Augenbinden ein wenig hoch, damit sie sehen können, wohin sie treten, und stellen sich hier vor der Tür hintereinander auf. Ihr haltet euch am Tschador der Person vor euch fest. Vergesst nicht: Die Augenbinde darf nur ein klein wenig hochgeschoben werden. Wenn ich eine erwische, die sich hier umsieht, wird es ihr leidtun. Sobald ihr euch eingereiht habt, befestigt ihr eure Augenbinden wieder richtig, aber ganz fest, ohne einen Spalt zu lassen!«

Ich klammerte mich an den Tschador des Mädchens vor mir, und das Mädchen hinter mir ergriff meinen Schal. Wir gingen durch eine Reihe von Fluren und kamen schließlich ins Freie. Es war kalt. Ich betete darum, dass wir bald unser Ziel erreichten, denn ich war kurz davor zusammenzubrechen. Ich konnte nur das graue Pflaster sowie den Tschador und die Füße des Mädchens vor mir sehen. Ihre Füße waren nicht geschwollen, doch sie trug Gummischuhe wie ich, und sie waren mindestens zwei Nummern zu groß für sie. Ich fragte mich, was wohl mit meinen Schuhen passiert war. Wir gelangten in ein Gebäude, gingen einen Flur entlang und stiegen einige Treppen hinauf. Der Wächter befahl uns anzuhalten, rief mich beim Namen und forderte mich auf, aus der Reihe zu treten.

»Halte dich am Seil und folge mir«, sagte er.

Ich packte das Seil und folgte ihm durch eine Tür.

»Salam aleikum, Schwester. Guten Morgen. Ich habe einen Neuzugang für dich: Marina Moradi-Bakht. Hier sind ihre Papiere.«

»Guten Morgen, Bruder. Danke«, sagte eine Frau.

Mit einem leisen Klicken schloss sich die Tür. Durch

den Raum zog der Duft von frisch aufgegossenem Tee. Ich merkte, wie ausgehungert ich war.

»Marina, nimm deine Augenbinde ab«, sagte die Frau streng. Ich gehorchte. Sie war etwa fünfundzwanzig Jahre alt und gut zwanzig Zentimeter größer als ich, hatte große dunkle Augen, eine große Nase und schmale Lippen, Eigenschaften, die ihr ein sehr ernstes Gesicht verliehen. Sie trug einen schwarzen Tschador. Ich fragte mich, ob sie in ihrem Leben wohl jemals gelächelt hatte.

Wir befanden uns in einer Art Büro. Der Raum war etwa dreieinhalb auf vier Meter groß, es gab einen Schreibtisch, vier Metallstühle und einen einfachen Metalltisch, auf dem sich Akten und Papiere stapelten. Durch das vergitterte Fenster fiel das gelbe Licht der Morgensonne auf den Fußboden.

»Marina, ich bin Schwester Maryam«, sagte die Frau. »Bruder Ali hat mir von dir erzählt.« Sie erklärte, die Abteilung 246, in der wir uns befanden, umfasse zwei Stockwerke mit sechs Zellen im ersten und sieben Zellen im zweiten Stockwerk. Sie wies mir Zelle sieben im oberen Stockwerk zu, dann rief sie jemanden per Lautsprecher herbei. Nach wenigen Minuten betrat ein Mädchen in meinem Alter das Büro, Soheila, wie Schwester Maryam sie vorstellte. Sie war eine Gefangene und Sprecherin von Zelle sieben. Soheila hatte kurzes braunes Haar, sie trug ein blaues Sweatshirt und schwarze Hosen, doch das Haar war unbedeckt. Wenn 246 eine Abteilung für Frauen war, mussten wir also nicht ständig den Hidschab tragen. Die Tür des Büros führte in ein unmöbliertes Foyer, das sieben bis acht Meter lang und drei Meter breit war. Unterwegs bemerkte ich die Treppe, die zum unteren Stock führte. Ich hinkte Soheila hinterher und fiel zurück. Sie blieb stehen, wandte sich nach mir um und starrte auf meine Füße.

»Tut mir leid… Ich hatte nicht gesehen, dass… Komm, leg deinen Arm um meine Schulter, ich helfe dir«, sagte sie.

Wir kamen zu einer vergitterten Tür. Soheila stieß sie auf, jetzt standen wir in einem engen Flur. Überall waren Mädchen. Wir gingen an drei Türen vorbei und folgten dem Flur, der rechtwinklig abbog, dann kamen wieder drei Türen und schließlich, ganz am Ende, Zelle sieben. Wir traten ein. Ich blickte mich um. Der Raum war etwa fünf auf siebeneinhalb Meter groß, sein Fußboden war mit einem abgewetzten braunen Teppich bedeckt. Knapp über meinen Augen lief ein an der Wand angebrachtes Metallregal rund um das Zimmer. Darauf lagerten Plastiktüten mit Kleidungsstücken. Kleinere Tragtaschen hingen an den Haken unter dem Regal. Der beigefarbene Anstrich von Wand und Metalltür war dünn und schmutzig. In einer Ecke stand ein Etagenbett. Gefäße und Behälter in verschiedenen Formen und Größen waren auf einen Schlafplatz gehäuft, Plastiktüten voller Kleider lagen auf dem zweiten. In der anderen Ecke, bei dem vergitterten Fenster, waren graue Militärdecken fast bis zur Decke aufgestapelt. Der Raum machte einen überraschend sauberen und ordentlichen Eindruck. In kleinen Gruppen zu dritt oder viert saßen etwa fünfzig Mädchen auf dem Fußboden und unterhielten sich. Sie waren alle in meinem Alter und schauten mich neugierig an, als ich in die Zelle trat. Unfähig, mich länger auf den Beinen zu halten, sank ich zu Boden.

»Macht ein wenig Platz, damit sie sich ausruhen kann, Mädchen!«, rief Soheila und kniete sich neben mich hin. »Ich weiß, wie sehr deine Füße schmerzen, aber bald geht es dir wieder gut. Hab keine Angst.«

Ich nickte mit Tränen in den Augen.

»Marina!«, rief eine vertraute Stimme.

Ich sah auf, aber es dauerte eine Weile, bis ich das Mädchen erkannte, das vor mir stand und auf mich herabschaute.

»... Sarah! Gott sei Dank! Ich hatte so große Angst um dich!«

Sarah sah verändert aus. Ihre einstmals strahlend weiße Haut war matt geworden, dunkle Ringe rahmten ihre Augen. Wir umarmten uns, bis wir zu erschöpft dafür waren.

»Tut es sehr weh?«, fragte Sarah, während sie meine Füße betrachtete.

»Es geht. Es hätte schlimmer kommen können.«

Ich zog den Schal von meinem Kopf und fuhr mit den Fingern durch mein verklebtes Haar. Noch nie war ich so schmutzig gewesen.

»Warum steht dein Name auf deiner Stirn?«, fragte Sarah.

»Was?«

»Dein Name ist mit schwarzem Stift auf deine Stirn geschrieben.«

Ich fasste mir an die Stirn und bat um einen Spiegel, doch Sarah meinte, es gebe hier keine Spiegel. Sie sagte, sie habe im Evin-Gefängnis noch nie jemanden gesehen, der mit seinem Namen auf der Stirn herumgelaufen sei. Ich konnte mich nicht daran erinnern, wie ich dazu gekommen war. Dann erkundigte sie sich nach dem Bluterguss an der Stirn, und ich erzählte ihr, wie ich im Badezimmer das Bewusstsein verloren hatte.

»Marina, wie geht es meinen Eltern? Wann hast du sie das letzte Mal gesehen?« Sarah starrte mich so eindringlich an, wie ich es noch nie an ihr bemerkt hatte; als wäre sie tagelang ohne Wasser durch eine Wüste gegangen und erblickte in mir eine sprudelnde Quelle.

Ich erzählte ihr von den großen Sorgen, die sich ihre Eltern gemacht hatten, und von ihren Bemühungen, sie und Sirus zu sehen. Dann erkundigte ich mich nach Sirus, ob sie wisse, wo er sei, und ob es ihm gut gehe. Sie wusste es nicht. Schließlich fragte ich sie, ob man sie geschlagen habe.

In der Nacht ihrer Festnahme hatte Sarah zusehen müssen, wie die Revolutionswächter Sirus auspeitschten. Sie wollten, dass er die Namen seiner Freunde preisgab, doch er hielt stand. Sie schloss ihre Augen, um nicht Zeuge der Dinge zu werden, die sie ihrem Bruder antaten, doch sie schlugen und traten nach ihr und zwangen sie zuzusehen. Sie sagten Sirus, wenn er ihnen die Namen verriete, würden sie Sarah nicht schlagen, doch er schwieg, und Sarah wurde ebenfalls gefoltert. Sie fragten Sarah nach Sirus' Freunden, doch sie kannte keinen. Dann wollten sie wissen, wer ihre Freunde waren.

»Ich habe ihnen deinen Namen gesagt, Marina ... Es tut mir so leid ... Ich habe es nicht ausgehalten«, sagte sie. Ich war ihr deshalb nicht böse. Wenn Hamed mich noch ein wenig länger geschlagen hätte, hätte ich ihm jeden Namen genannt, den er hören wollte.

Ich erzählte ihr von der Liste. Sie konnte es nicht begreifen, dass man sie gefoltert hatte, obwohl die Namen ihrer Freundinnen bereits bekannt waren. Warum ich ihr nicht früher von der Liste erzählt hätte, fragte sie. Ich antwortete, ich hätte nicht gewusst, wer außer mir noch auf der Liste stand, und hätte niemanden beunruhigen wollen.

»Hast du Gita gesehen?«, fragte ich Sarah.

»Bevor sie anfingen, mich zu foltern, behauptete Bruder Hamed, Gita habe ihm meinen Namen und meine Adresse gegeben. Ich glaubte ihm und war wütend auf sie. Ich dachte, sie sei schuld daran, dass man mich verhaftet hatte. Dann schlug Hamed mich so lange, bis ich ihm schließlich alles sagte, was ich wusste. Ich hasste mich dafür, dass ich Gita hasste.«

Sarah legte die Hand auf ihren Mund, um den Schmerz zurückzudrängen, der in ihr hochstieg. Ich legte den Arm um sie, und sie schluchzte an meiner Brust.

Schließlich beruhigte sie sich. »Als er mich hierherschickte, sagte mir Hamed, dass Gita in der Nacht zuvor hingerichtet worden sei. Und wenn Sirus nicht mitarbeiten würde, müsse er dasselbe Schicksal erleiden. Da wusste ich, dass Hamed gelogen und Gita ihm meinen Namen und meine Adresse nicht verraten hatte. Wenn Gita gesprochen hätte, würde sie noch leben. Sie hat geschwiegen, und deshalb haben sie sie umgebracht. Sie war nicht schuld.«

»Gita ist tot?«

Sarah nickte.

Ich konnte es nicht glauben.

Eine Stimme in mir sagte: »Und du lebst noch, obwohl du es nicht verdient hast.«

Ich erinnerte mich genau an den Tag, an dem Gita und ich Freundinnen geworden waren. Es war dreieinhalb Jahre her, im Sommer 1978, als ich meine Ferien im Nordiran im Ferienhaus unserer Familie verbrachte; in jenem Sommer, in dem ich Arash kennenlernte.

7

In dem Jahr, in dem ich geboren wurde, kauften meine Eltern ein Landhaus in der Kleinstadt Ghazian am Kaspischen Meer, nicht weit von der Stadt Bandar Pahlavi entfernt, die heute Bandar Anzali heißt. Dort verlief das Leben inmitten von viel Grün in einem gemächlicheren Takt. Meine Familie war keineswegs reich, auch wenn der Besitz eines Ferienhauses am Kaspischen Meer zur damaligen Zeit ein Zeichen von Wohlstand war. Mein Vater liebte die Ruhe und die Schönheit des Nordens so sehr, dass er statt eines Hauses in Teheran lieber ein Ferienhaus am Meer kaufte. Da er nicht genügend Geld hatte, es allein zu erwerben, erstand er es gemeinsam mit seinem Freund Partef, einer echten Frohnatur russisch-armenischer Herkunft, der ein Stahlwerk in Teheran besaß. Onkel Partef, wie wir ihn nannten, war unverheiratet und gewöhnlich sehr beschäftigt. Er kam selten ins Ferienhaus, und so hatten wir es die meiste Zeit für uns allein.

Das Haus befand sich auf einem großen bewaldeten Grundstück hinter dem Hafen und lag an einer ruhigen Straße, die zum Strand führte. Sein erster Besitzer war ein russischer Arzt und enger Freund meiner Eltern gewesen; er hatte das Haus eigenhändig aus stabilen russischen Holzbohlen gebaut. Es gab vier Schlafzimmer, ein Esszimmer, eine kleine Küche und ein Badezimmer. Die Außenwände waren hellgrün gestrichen, und zwölf Steinstufen führten zur Eingangstür hinauf.

Die Fahrt von Teheran zu unserem Feriendomizil dauerte fünf Stunden mit dem Wagen. Zuerst ging es in Richtung Westen durch flaches Land. Bei der Stadt Qazvin bog die Straße nach Norden ab zum Elburz-Gebirge, das wie eine mächtige Steilwand die Wüsten Zentralirans vom Kaspischen Meer trennt. Die Straße nahm unbeirrt ihren Verlauf über die Bergkette und führte durch Tunnels und in gefährlichen Windungen und Kurven mal steil bergauf, mal bergab. Sie folgte dem Tal des Weißen Flusses dorthin, wo dichte Wälder die Berge bedeckten und der Wind den Duft der Reisfelder mit sich führte.

Ein himmelblau gestrichener Metallzaun, der meinen großen Bruder noch überragte, umgab unseren Besitz. Wenn wir ankamen, stoppte mein Vater unseren blauen Oldsmobile am Tor, und ich stieg aus und öffnete es, damit der Wagen durchfahren konnte. Eine lange, ungepflasterte Auffahrt reichte bis vor das Haus, das hinter Ahornbäumen, Kiefern, Pappeln und Maulbeerbäumen versteckt lag. Unter meinen Füßen schauten bunte Kieselsteine unter dem Staub hervor und schimmerten im Sonnenlicht, das durch den dichten Blätterbaldachin drang. Die Auffahrt kreuzte eine Lichtung, deren Helligkeit uns einen Augenblick lang fast blendete. Dann kam die weiße Steintreppe in den Blick, die ins Haus führte.

Das Gebäude begrüßte uns stets mit dem üblichen Modergeruch, der sich in den Monaten unserer Abwesenheit in der abgestandenen Luft angesammelt hatte. Der Fußboden war mit einem dunkelgrünen Teppichboden ausgelegt. Bevor wir ins Haus treten durften, sorgte meine Mutter dafür, dass wir unsere Schuhe auszogen und uns die Füße abwischten, damit wir keinen Sand hineintrugen. Meine Eltern hatten für das kleine Wohnzimmer bei einem fliegenden Händler eine Gruppe gusseiserner Gartenmöbel gekauft, die weiß lackiert waren. Die Sitzgelegenheiten hatten purpurrote Samtpolster, die Tische gläserne Tischplatten. In den Schlafzimmern standen schlichte Betten und alte Holzschränke, die Vorhänge an den Fenstern waren mit leuchtenden Blumenmustern bedruckt. Wenn ich abends zu Bett ging, ließ ich gewöhnlich die drei Fenster in meinem Zimmer offen, damit ich morgens die Hähne krähen hörte. Bei Regenwetter quakten Enten und badeten in den Pfützen, und der Duft wilder Zitronen tropfte von den dicken Blättern der Zitronenbäume.

Auf dem Grundstück gab es einen besonderen Platz, an dem ich jeden Morgen das Vaterunser betete, wie es mir meine Großmutter beigebracht hatte. Von Weitem sah er aus wie ein großer, moosbedeckter Fels. Kam man näher an ihn heran, konnte man erkennen, dass dieser Fels aus kleinen aufgeschichteten Steinen bestand. Dieser Steinhaufen war etwa einen Meter zwanzig hoch und einen Meter achtzig breit, und eine dicke, rostige Metallstange ragte aus einer Ecke hervor. Er stammte aus fernen Zeiten, als das Meer noch große Landflächen bedeckte. Einst diente er Fischern zum Vertäuen ihrer Boote. Als ich ihn in einem vergessenen Winkel des Anwesens entdeckte, kam er mir merkwürdig vor, ganz fehl am Platz. Ich kletterte gern auf seine Spitze, breitete die Arme in der milden Brise aus, schloss die Augen und stellte mir dabei vor, ich stünde im Meer, um mich herum die wogende, spiegelnde Wasseroberfläche, die vom Sonnenlicht in eine goldschimmernde Flüssigkeit verwandelt wurde, die zur Küste strömte, wo Dünen wie Pusteln aus der heißen Haut der Erde wuchsen. Irgendwann gab ich diesem merkwürdigen Monument den Namen Gebetsfelsen.

Normalerweise erwachte ich bei Sonnenaufgang und lief nach draußen. Häufig schlängelte sich ein Nebelband zwischen den Bäumen hindurch, stieg über das hohe Gras und bedeckte meine Beine. Wenn ich zum Gebetsfelsen kam, schien es, als habe die Sonne ein rosafarbenes Licht in den Dunst gehaucht. Die Felsspitze ragte wie eine Insel aus einem glühenden Meer. Dann legte ich mich auf den Felsen, ließ die Sonne über meine Haut strömen und fühlte mich dabei schwerelos, als wäre ich selbst ein Wesen aus Dunst und Licht.

Gemeinsam mit meiner Mutter verbrachte ich jeden Sommer etwa zwei Monate in unserem Ferienhaus. Mein Vater konnte seiner Arbeit allerdings nicht so lange fernbleiben und blieb nur zwei oder drei Wochen. Dann besuchte er uns jedes Wochenende oder wann immer er Zeit hatte. Jahrelang verbrachte ich die Ferien im Landhaus, fuhr Fahrrad, baute Sandburgen, ging schwimmen, jagte Enten und spielte mit den Kindern aus dem Dorf. Und auch wenn die Jahre vergingen und ich größer wurde, meine Sommertage blieben immer gleich mit einer Ausnahme: Meine täglichen Entdeckungstouren wurden länger, und ich entfernte mich immer weiter von unserem Haus. Mit zwölf durfte ich mit meinem Fahrrad einen halben Tag lang die Stadt erkunden. Ich folgte den alten, engen Straßen, an denen sich kleine weiße Häuser aneinanderreihten, und gelangte so zum Markt. Reisgebäck und Koluchehs, eine mit Erdnüssen und Zucker gefüllte Spezialität der Provinz Gilan, die ich in der Bäckerei kaufte, waren meine Wegzehrung an all den Tagen, an denen ich das Mittagessen ausfallen ließ. Die Fischmärkte waren erfüllt vom Marktgeschrei der Händler, vom kräftigem Fischgeruch und dem Duft nach frischen Kräutern.

Zu meinen Lieblingsplätzen zählte eine Brücke, die beide Teile des Hafens verband. Von der Brücke aus sah ich zu, wie die Boote eintrafen oder in See stachen. Das blaue Wasser reichte bis zum Horizont, schwere Schiffe teilten die Wasseroberfläche und hinterließen weiße Schaumspuren, die salzige Luft füllte meine Lungen. Besonders gern mochte ich den Nebel; er hüllte den Hafen in einen traumartigen, unwirklichen Schleier. Dann hörte ich die Ruder von Booten, die durch das Wasser glitten, ohne sie zu sehen, bis sie plötzlich den Schleier zerrissen und auftauchten, als kämen sie aus einer anderen Welt.

Als ich etwa zehn Jahre alt war, kaufte die älteste Schwester meiner Mutter, Tante Xenia, ein Landhaus in einer neu erbauten Ferienanlage etwa sechs Kilometer von Ghazian entfernt. Dort gab es Tennisplätze und Basketballfelder, Restaurants und Swimmingpools. Umgeben von makellosen Rasenflächen und hüfthohen weißen Metallzäunen, funkelten die teuren Häuser in ihrem frischen Anstrich, und Kinder übten auf sauberen Straßen Radfahren.

Tante Xenia unterschied sich vom Rest der Familie. Sie war blond, hatte blaue Augen, alles an ihr war groß. Sie hatte ein sehr großes Haus in Teheran, ein großes Auto, und sogar einen großen Chauffeur. Ihr Mann, der zwei Jahre nach dem Tod von Großmutter bei einem Verkehrsunfall ums Leben gekommen war, hatte in Rasht, einer Stadt, die etwa fünfunddreißig Kilometer von unserem Ferienhaus entfernt lag, eine Fleischfabrik besessen. Meine Tante hatte die Firma übernommen und erfolgreich weitergeführt. Ihre Tochter, die ebenfalls Marina hieß, doch von allen Marie genannt wurde, war der Liebling meiner Mutter. Sie war zwanzig Jahre älter als ich, eine kleine Frau, die immer angespannt wirkte, wenn ihre Mutter in der Nähe war. Beide waren eigensinnig und stur, sie stritten sich ständig.

1978, als ich dreizehn Jahre alt war, verbrachten Marie und ihr Ehemann den ganzen Sommer im Ferienhaus meiner Tante, und meine Mutter und ich besuchten sie fast täglich. Tante Xenia war selten da, sie blieb die meiste Zeit in ihrer Fabrik, wo sie eine kleine, aber komfortable Wohnung hatte, oder sie war in ihrem Haus in Teheran.

Bei meinen täglichen Fahrradtouren bemerkte ich, dass sich einige Jugendliche auf einem der Basketballfelder trafen. Jeden Abend gegen fünf Uhr tauchten sie dort auf. Die Jungen spielten Basketball, und die Mädchen saßen im Schatten, unterhielten sich und feuerten sie an. Eines Tages endlich beschloss ich, sie anzusprechen. In kleinen Gruppen zu zweit oder zu dritt saßen etwa fünfzehn Mädchen auf dem Rasen. Ich lehnte mein Fahrrad an einen Baum und ging zu ihnen. Niemand schien mich bemerkt zu haben. Ich entdeckte ein Mädchen, das allein auf der Tischplatte eines Picknicktisches saß, und setzte mich zu ihr. Sie blickte zu mir herüber und lächelte. Ihr glattes hellbraunes Haar reichte ihr bis zur Hüfte, sie trug weiße Shorts und ein weißes T-Shirt. Irgendwie kam sie mir bekannt vor. Als ich mich vorstellte, bekam sie große Augen: Es stellte sich heraus, dass wir dieselbe Schule besuchten. Sie war jedoch ein paar Jahre älter als ich, und wir hatten nie miteinander gesprochen. Ihre Tante besaß wie meine ein Ferienhaus in der Nähe, bei ihr verbrachte sie mit ihrer Familie einige Tage. Ihr Name war Gita.

Ein Junge traf den Korb, und die Mädchen klatschten und jubelten ihm zu. Er drehte sich um und rief ein Mädchen, das nicht weit von uns entfernt saß: »He, Neda, holst du mir eine Cola? Ich gehe ein vor Durst.«

Er war etwa einen Meter fünfundsiebzig groß, und seine großen dunklen Augen saßen über kraftvollen Wangenknochen. Sein glattes schwarzes Haar hüpfte, wenn er rannte. Neda erhob sich widerstrebend und klopfte die Grashalme von ihren weißen Shorts. Ihr schulterlanges braunes Haar hatte sie mit Haarspangen hinter den Ohren festgesteckt.

»Kommt jemand mit?«, rief sie. Einige Mädchen schlossen sich ihr an. Gemeinsam trotteten sie zu einem Fastfood-Restaurant namens Moby Dick auf der gegenüberliegenden Seite.

Gita wies mich flüsternd auf einen jungen Mann hin, der auf der anderen Seite des Spielfelds stand. Er war etwa einen Meter fünfundachtzig groß, zweihundert Pfund schwer und sah aus, als wäre er mindestens zwanzig. Die kleine Blondine an seiner Seite reichte ihm nicht einmal bis zur Schulter. Flüsternd nannte sie mir seinen Namen, Ramin, und meinte, er sei der netteste Kerl, den sie je getroffen habe.

»Er gehört mir, eines Tages bekomme ich ihn.«

Ich hatte bisher stets Freundinnen in meinem Alter gehabt, und meine Erfahrung mit Jungen war äußerst beschränkt. Nie hatte ich mir überlegt, einen Jungen »zu bekommen«.

»Hallo, ihr beiden«, sagte eine Stimme hinter uns. »Wie heißt deine neue Freundin, Gita?«

Es war Neda. Gita machte uns bekannt. Ich entdeckte, dass Neda eine Cousine hatte, die ebenfalls auf meiner Schule war und die ich gut kannte. Am Ende unserer Unterhaltung lud Neda mich für den nächsten Tag zu ihrer Geburtstagsparty ein.

Ich hatte das perfekte Kleid für Nedas Party. Einige Monate zuvor hatte meine Mutter ein paar Kleider für sich bei einem deutschen Versandhaus bestellt; bei dieser Gelegenheit hatte ich mir ebenfalls etwas für mich aussuchen dürfen. Ich wählte ein weißes Kleid. Es war nicht besonders teuer, aber schön. Es war aus einer Art Spitzenstoff genäht, sehr leicht und hatte einen offenen Halsausschnitt.

Auf Nedas Fest wollten wir zuerst schwimmen gehen und uns anschließend bei ihr zu Hause bei Essen und Tanz vergnügen. Gita hatte mir empfohlen, mit dem Badeanzug unter der Alltagskleidung zu kommen und mich nach dem Schwimmen für die Party umzuziehen.

Mit der Aussicht auf die Party wachte ich am nächsten Tag noch früher auf als sonst und belegte stundenlang das Badezimmer. Ich probierte alle meine Badeanzüge an, starrte prüfend in den Spiegel und war über jeden Mangel, den ich entdeckte, am Boden zerstört: Meine Arme waren zu dünn, meine Hüften zu breit, mein Busen zu flach. Endlich entschied ich mich für den weißen Bikini, den mir Marie geschenkt hatte. Sie hatte eine Europareise für den Einkauf neuer Badeanzüge genutzt und hatte mir ihre alten überlassen. Ich packte meine weißen Sandalen in eine Plastiktüte, faltete mein Kleid zusammen und steckte alles in eine Strandtasche aus Leinen. Es war zehn Uhr morgens. Meistens brachen wir um halb elf auf zu Marie. Meine Mutter hatte keinen Führerschein, deshalb nahmen wir immer ein Taxi, wenn mein Vater nicht da war. Meine Mutter machte sich in der Küche zu schaffen – merkwürdigerweise, denn um diese Zeit war sie sonst nie dort zugange.

»Mama, ich bin fertig…« Ich stand mit der Strandtasche in der Hand in der Küchentür.

Es roch nach Fisch. Sie wusch gerade ein großes Schneidebrett und schielte zu mir herüber.

»Fertig wofür? Wir gehen heute nicht weg.«

Die Ablageflächen der Küche waren vollgestellt mit großen und kleinen Schalen, Töpfen und Pfannen.

»Aber…« – »Kein ›Aber‹. Onkel Ismael und seine Frau aus Teheran sind zu Besuch bei Marie. Auch Tante Xenia ist heute da. Sie kommen zum Mittag- und Abendessen zu uns herüber. Wir wollen Karten spielen. Wahrscheinlich bleiben sie über Nacht.«

»Aber ich bin heute Abend zu einem Geburtstagsfest eingeladen!«

»Daraus wird nichts.« – »Aber ...«

Sie drehte sich zu mir um. Ich konnte fühlen, wie ihre Wut anschwoll.

»Verstehst du nicht, was das Wörtchen ›nein‹ meint?«

Ich machte auf dem Absatz kehrt, rannte in mein Zimmer und warf mich aufs Bett. Ich hätte einfach ein Taxi nehmen können, Geld hatte ich genug. Doch meine Mutter hätte es nicht erlaubt.

Vielleicht konnte ich mich davonstehlen. Dann hätte ich zurückkehren müssen, bevor es dunkel war, das war meine Sperrstunde, wenn ich meiner Mutter nicht gesagt hatte, wohin ich ging.

Ich hörte einen Wagen in unsere Auffahrt einbiegen, die Reifen knirschten auf dem nassen Sand. Beim Blick durchs Fenster erkannte ich den Chauffeur meiner Tante, Mortezah, ein höflicher Mann Ende zwanzig. Er hielt die hintere Tür ihres nagelneuen Chevrolets auf. Meine Mutter lief zur Haustür hinaus und eilte über die Treppe ihrer Schwester entgegen. Mortezah holte einen kleinen Koffer aus dem Kofferraum, dann begaben sich alle ins Haus.

Ich blieb am Fenster stehen, mein Herz pochte vor Enttäuschung.

»Ruhi, bring mir doch bitte ein Glas Wasser!«, hörte ich Tante Xenia mit ihrer schneidenden, fordernden Stimme zu meiner Mutter sagen. »Marie ist mit Ismael und Kami wegen irgendwas in die Stadt gefahren. Sie werden bald hier sein. Wo ist Marina? Ich habe etwas für sie.«

»Sie ist hier. Wahrscheinlich sitzt sie in ihrem Zimmer und schmollt.«

Die Tür zu meinem Zimmer sprang auf.

»Was ist los, Marina? Sagst du nicht einmal mehr Hallo zu deiner Tante?«

Ich ging einen Schritt auf sie zu, umarmte sie und küsste ihre Wangen. Obwohl ihre Haut schweißfeucht war, roch sie nach Chanel N° 5. Tante Xenia drückte mich an ihren großen Busen, ich rang nach Luft. Schließlich ließ sie mich los, holte ein zartes Armband aus ihrer Brieftasche und legte es um mein Handgelenk. Es war sehr hübsch. Tante Xenia schenkte mir immer hübsche Dinge. Ich wischte mir mit dem Handrücken die Tränen aus den Augen.

»Aber du hast ja geweint! Warum denn?«

»Ich bin heute zu einer Party eingeladen und kann nicht hingehen.«

Sie lachte: »Und warum kannst du nicht hingehen?«

»Na ja …«

»Etwa wegen meines Besuchs?«

»Ja.« Ich sah zu Boden.

»Ich bin inzwischen vielleicht alt, aber ich war auch einmal jung, weißt du. Jung und schön. Und ob du es glaubst oder nicht, ich erinnere mich noch gut daran, wie es war.«

Ich hielt den Atem an.

»Mortezah wird dich zu dieser Party hinfahren und dich wieder abholen.«

»Wirklich?«

»Ja, mein Aschenputtel, du kannst gehen. Aber sei um Mitternacht zurück.«

Ich dankte Mortezah, als er mich bei Neda absetzte, versprach ihm, um Mitternacht an derselben Stelle auf ihn zu warten, und winkte, als er davonfuhr. Über grüne Stufen, die in den Rasen eingelassen waren, eilte ich durch Nedas Vorgarten. Neda stand in ein Gespräch mit zwei Freundinnen vertieft unter der Veranda, die das flache Ferienhaus umgab. Die Rückseite des Hauses lag zum Meer hin, ich konnte die Wellen auf den Sandstrand klatschen hören. Bald hatten sich alle Gäste eingefunden. Die Mädchen ließen ihre Taschen in Nedas Schlafzimmer, die Jungen lagerten ihre Habseligkeiten im Zimmer ihres Bruders, dann rannten alle zum Strand. Wir spielten Fangen und Wasserball, bis wir Hunger hatten, dann kehrten wir ins Haus zurück. In Nedas Zimmer holte ich mein Kleid aus der Strandtasche, doch leider hatte ich vergessen, einen BH oder Unterwäsche einzupacken. Ich musste meine Badekleidung anbehalten, die zwar noch ein wenig feucht, aber zum Glück weiß und durch das Kleid nicht zu sehen war.

Zum Abendessen gab es Aufschnitt, frisches Brot und verschiedene Salate. Danach schoben wir die Möbel im Wohnzimmer zur Seite und legten die Bee Gees auf. Neda tanzte mit Aram, dem hübschen Basketballspieler, der sie bei unserem ersten Treffen gebeten hatte, ihm eine Cola zu holen. Nedas perfekt gebräunter Körper erstrahlte in ihrem weißen Kleid noch schöner, und ich bemerkte, wie Aram ihr etwas ins Ohr flüsterte, das sie zum Lachen brachte. Bald hatten sich überall Paare gebildet, nur ich stand plötzlich allein in einer Ecke und nippte an meiner Cola. Als ich sie ausgetrunken hatte, beeilte ich mich, eine zweite Flasche zu öffnen, und füllte den Teller mit den Kartoffelchips wieder auf. Ein Lied nach dem anderen wurde abgespielt, ich aß so viele Chips, dass mein Magen brannte, doch niemand forderte mich zum Tanzen auf. Gita tanzte mit Ramin, dem großen Jungen vom Basketballspiel. Seine Hände glitten an ihrem Po hinauf und hinunter. Sie bekam einen roten Kopf. Ich warf einen Blick auf meine Uhr, es war zehn. Eine Stunde war ich herumgestanden, ohne dass jemand ein Wort mit mir gesprochen hatte. Ich kam mir ausgeschlossen vor, es war ein peinigendes, unangenehmes und zugleich trauriges Gefühl. Ich wollte einfach nur weg.

Die Tür zum Garten war nur einen Schritt von mir entfernt. Ich öffnete sie und spähte in die Runde im Zimmer – keine Reaktion. Dann schlüpfte ich hinaus. Der Halbmond goss sein silbriges Licht über das Meer, kein Windhauch war zu spüren. Ich musste etwas tun. Ich könnte baden gehen, fiel mir ein. Nach dem Schwimmen fühlte ich mich immer besser. Ich war schon häufig nachts schwimmen gewesen. Im Mondlicht verband sich das Meer mit dem Himmel und verwandelte sich in einen warmen, silbernen Körper aus Nacht. Ich trat unter der Überdachung hervor, ging die wenigen Stufen in den Garten hinab und begann, mich zu entkleiden. Gerade als ich mein Kleid auf den Boden gleiten ließ, schreckte eine Stimme mich auf: »Was machst du da?«

Neben einem Liegestuhl in der Ecke des Gartens stand ein junger Mann und bedeckte seine Augen mit den Händen.

»Hast du mich erschreckt!«, sagte ich, während mein Herz wie wild klopfte. »Warum versteckst du dich hier?«

»Ich habe mich nicht versteckt! Ich bin im Liegestuhl gesessen und habe frische Luft geschnappt. Und plötzlich kommt ein Mädchen daher und schlüpft geradewegs vor meinen Augen aus ihren Kleidern!« Er schien noch mehr erschrocken zu sein als ich – wie komisch! Ich schätzte ihn auf höchstens sechzehn Jahre, und er hielt sich noch immer die Hände vor das Gesicht.

»Hast du dein Kleid wieder an?«

»Was hast du eigentlich? Ich bin gar nicht nackt. Ich trage meinen Badeanzug und will schwimmen gehen.«

»Bist du wahnsinnig?«, gab er zurück und nahm die

Hände vom Gesicht. »Du willst bei dieser Finsternis ins Wasser?«

»Es ist nicht sehr dunkel, der Mond scheint.«

»Nein, das geht nicht! Du wirst ertrinken, das würde ich mir nie verzeihen!«

»Ich werde schon nicht ertrinken.«

»Ich lasse es nicht zu.« Er ging einige Schritte in meine Richtung und blieb einen halben Meter vor mir stehen.

»Schon gut, ich lass es bleiben. Dann gehe ich eben nicht schwimmen«, seufzte ich, während ich mir das Kleid wieder überstreifte.

Seine großen dunklen Augen über den leicht erhöhten Wangenknochen schauten auf mich herab. Sein kleiner, irgendwie kindlicher Mund stach von seinen ansonsten kräftigen Gesichtzügen ab. Er war fünf Zentimeter größer als ich und hatte sehr kurzes braunes Haar.

Was mich überraschte, war sein Blick, der mir das Gefühl gab, etwas Einzigartiges, Besonderes, Schönes zu sein. Sein Name war Arash.

Wenn ich schon nicht schwimmen gehen konnte, wollte ich wenigstens draußen sitzen.

Ich sank in einen bequemen Liegestuhl, doch Arashs Gegenwart ließ mir keine Ruhe. Ich konnte ihn atmen hören. Nach zehn Minuten stand er plötzlich auf. Ich zuckte zusammen.

»Macht es dir Spaß, mir Angst einzujagen?«

»Tut mir leid, war keine Absicht. Ich muss reingehen. Aber du gehst nicht schwimmen, okay?«

»Okay.«

Ich sah ihm nach, bis er im Haus verschwand. Eine Minute später erschien Neda in der Tür, rief mich und bat mich hereinzukommen; sie wollte ihren Geburtstagskuchen anschneiden.

Einige Tage nach der Party fuhr ich mit dem Fahrrad an den Strand, wo ich mit Gita verabredet war. An der Straße wurden Ausbesserungsarbeiten vorgenommen, und ein wenig Sand war ausgestreut. Ich ging zu schnell in die Kurve, mein Fahrrad rutschte zur Seite, und ich stürzte. Es gelang mir, wieder aufzustehen, aber ich blutete an einem Knie und einem Ellbogen. Es war etwa zwei Uhr nachmittags und entsetzlich heiß, kein Mensch war unterwegs. Wenigstens hatte mich niemand vom Fahrrad fallen sehen. Als ich mich bemühte, das Rad von der Straße herunterzubekommen, fühlte ich, dass jemand hinter mir stand. Ich drehte mich um. Es war Arash. Er schien ebenso überrascht wie ich.

»Tauchst du immer aus dem Nichts auf?«, fragte ich.

»Du bist mir ja eine Draufgängerin!« Er lachte und begutachtete meine Schrammen. »Wir müssen dich verarzten. Dort drüben wohnt meine Tante«, sagte er und wies auf ein Haus an der Kreuzung.

Er trug mein Rad, ich ging hinter ihm her. Meine Wunden brannten. Tränen standen in meinen Augen, doch ich nahm mich zusammen und jammerte nicht. Er sollte mich nicht für ein schwaches kleines Mädchen halten.

»Ich saß auf der Türschwelle, beobachte die Straße, und dann kamst du mit hundert Sachen angerast und – peng! Du hast Glück, dass du dir nicht den Hals gebrochen hast«, meinte er.

Blaue Hortensien und rosarote Rosen hatten die weißen Wände des Hauses verschlungen, und die silbergrünen Zweige einer riesigen Trauerweide schlugen gegen die roten Dachziegel.

Arash hielt mir die Tür auf, ich trat ein. Der Duft von frisch gebackenen Keksen schwebte in der Luft.

»Großmutter, ich habe einen Gast mitgebracht!«, rief er.

Eine gut aussehende alte Frau mit silbergrauem Haar kam aus der Küche in das Zimmer. Sie trug ein blaues Kleid und wischte sich die nassen Hände an ihrer weißen Schürze trocken. Sie sah fast aus wie meine Großmutter.

»Was ist passiert?«, fragte sie auf Russisch, als sie die Blutflecken sah. Ich konnte es kaum glauben, sie sprach wie meine Großmutter! Sie nahm mich am Arm und führte mich in die Küche, während Arash ihr alles berichtete. Sie wirbelte sogar wie Großmutter umher, und bevor ich merkte, wie mir geschah, waren meine Wunden gesäubert, desinfiziert und verbunden. Wenig später standen eine Tasse Tee und selbst gebackene Kekse vor mir auf dem Tisch.

»Bitte, bedien dich«, sagte sie auf Persisch, aber mit starkem russischem Akzent.

»Danke«, antwortete ich auf Russisch.

Vor Überraschung klimperte sie mit den Augen. »Eine Russin!«, sagte sie und strahlte über das ganze Gesicht. »Wie schön! Jetzt hast du also eine Freundin! Und nicht irgendeine, sondern ein nettes russisches Mädchen!«

Arash errötete.

»Lass das doch, Großmutter! Sie ist nicht meine Freundin!«

Ich lachte.

»Du kannst sagen, was du willst, es ist zu schön. Es tut dir gut. Ich lasse euch jungen Leute jetzt allein«, sagte sie und ging hinaus. Dabei hörten wir sie unentwegt »Wie wunderbar!« rufen.

»Entschuldige bitte meine Großmutter«, sagte Arash, »sie ist sehr alt und manchmal ein wenig wunderlich.«

»Hast du ihr deine Flöte gezeigt?«, rief seine Großmutter aus dem Nebenzimmer.

Arash errötete erneut.

»Welche Flöte?«, fragte ich.

»Es ist nicht so wichtig. Ich spiele ein wenig Flöte, nur so zum Vergnügen.«

»Ich kenne niemanden, der Flöte spielt. Spielst du mir etwas vor?«

»Sicher«, erwiderte er mit wenig Begeisterung.

Ich folgte ihm auf sein Zimmer, wo er eine silberne Flöte aus einem langen schwarzen Etui holte und mit seinen Fingern über das glatte Instrument huschte. Bald erfüllte eine traurige Melodie das Zimmer. Ich saß auf seinem Bett und lehnte mich an die Wand. Er stand vor mir, wiegte sich mit der Musik, als wäre sie ein Teil von ihm, als hätte er sie durch seine Gedanken ins Leben gerufen. Seine Augen starrten vor sich hin, als träumte er, als sähen sie etwas, das nur er sehen konnte. Der weiße Baumwollvorhang tanzte vor dem offenen Fenster, fing Wirbel von Sonnenlicht und Schatten ein. Ich hätte nie gedacht, dass Musik so schön sein konnte. Nachdem er sein Spiel beendet hatte, suchte er meinen Blick, doch ich hatte keine Worte mehr. Ich fand heraus, dass er das Stück selbst komponiert hatte, doch seine Bescheidenheit in dieser Sache war groß. Er erkundigte sich, ob ich ein Instrument spiele, ich verneinte. Dann wollte er wissen, wie alt ich sei. Dass ich erst dreizehn Jahre alt war, verblüffte ihn, er hatte mich für mindestens sechzehn gehalten. Ich dagegen war überrascht, dass er bereits achtzehn war.

Ich mochte die Art, wie er mich ansah und mit mir sprach. Er lehnte sich in seinem Stuhl zurück, legte einen Ellbogen auf die Armlehne, stützte sein Kinn mit der Hand, lächelte und hatte nur noch Augen für mich. Wenn ich ihn etwas fragte, schwieg er kurz, bevor er mir antwortete; daran merkte ich, dass ihm unser Gespräch wirklich wichtig war. Ich lud ihn ein, am nächsten Morgen einen Spaziergang mit mir zu unternehmen. Er willigte gern ein.

Am nächsten Morgen stand seine Großmutter unter dem Vordach und winkte uns hinterher.

»Es ist zum Verrücktwerden. Sie glaubt noch immer, du wärst meine Freundin, und lädt dich ein, zum Mittagessen zu uns herüberzukommen.«

»Ich komme gern, wenn es dir recht ist.«

Er sah mich fragend an.

»Ich meine, wenn die Einladung nur ein Einfall deiner Großmutter war und du nicht möchtest, dass ich komme, kannst du es mir sagen.«

»Natürlich will ich, dass du kommst.«

»Prima, ich würde dich nämlich gern noch einmal Flöte spielen hören.«

Wir spazierten zu einem ruhigen, abgelegenen Bereich des Strands. In einiger Entfernung sonnten sich ein paar Badegäste und badeten im Meer. Ich schlüpfte aus meinen Sandalen und streckte meine Zehen ins Wasser. Es fühlte sich weich und kühl an. Dann fragte ich Arash nach seiner Familie. Sein Vater war Geschäftsmann und seine Mutter Hausfrau.

Jeden Sommer reisten sie nach Europa, während er, sein Bruder und seine Großmutter ihre Tante in deren Ferienhaus besuchten. Sein Bruder hieß Aram und war zwei Jahre jünger als er.

»Das ist ja unglaublich! Aram ist dein Bruder?« Ich war überrascht.

»Ja. Kennst du ihn?«

»Ich bin ihm schon begegnet. Er scheint gern auszugehen, hängt immer mit den anderen herum. Dich dagegen habe ich bei Nedas Fest zum ersten Mal gesehen. Wo hattest du dich versteckt?«

Er erzählte, er ginge nicht so häufig aus wie sein Bruder und lese lieber ein Buch oder spiele Flöte. Er war nur zu Nedas Party gekommen, weil Neda eine Nachbarin aus Teheran und die Freundin seines Bruders war.

Arash war schon auf der Highschool als herausragender Schüler aufgefallen und hatte gerade das erste Jahr seines Medizinstudiums an der Universität von Teheran hinter sich. Ich erzählte ihm, dass ich ebenfalls eine gute Schülerin sei und wie er Medizin studieren wolle. Dann schlug ich ihm vor, mit mir schwimmen zu gehen, doch er wollte lieber am Strand sitzen und lesen.

Seine Großmutter, Irina, hatte ein Festmahl bereitet. Es war ein herrlicher Sommertag, deshalb hatte sie den Tisch im Garten gedeckt, der hinter dem Haus unter einer Trauerweide stand. Ein perfekt gebügeltes weißes Tischtuch lag darauf. Ich beobachtete sie, während sie mir Limonade eingoss. Ihr feines Silberhaar tanzte in der Brise. Sie häufte langkörnigen Reis, gegrillten Fisch und Salat auf meinen Teller, ich protestierte vergeblich gegen die Menge.

»Du solltest mehr essen, Marina, du bist zu dünn. Offenbar kocht deine Mutter nicht anständig für dich.«

Seit Irina entdeckt hatte, dass ich Russisch sprach, hatte sie kein Wort in Persisch mehr an mich gerichtet. Wie meine Großmutter war sie eine stolze Frau, und obwohl sie die persische Sprache beherrschte, benutzte sie diese nur, wenn es gar nicht anders ging. Mein Russisch war ein wenig eingerostet. Meine Eltern sprachen zu Hause Russisch, doch seit dem Tod meiner Großmutter lehnte ich es ab, Russisch mit ihnen zu sprechen, weil ich glaubte, dass diese Sprache etwas Besonderes war, das ich mit Großmutter geteilt hatte und das ich mit niemand anderem teilen wollte. Arashs Russisch war nicht besser als meines, ich brauchte daher keine Hemmungen zu haben. Es war schön, mich mit Irina auf Russisch zu unterhalten, sie erinnerte mich an meine Kindheit.

Nach dem Essen zog sich Irina zu einem Nickerchen zurück, während Arash und ich den Abwasch übernahmen. Ich machte mich am Spülbecken über das schmutzige Geschirr her, unterdessen füllte Arash die übrig gebliebenen Speisen in Plastikdosen und räumte sie in den Kühlschrank. Er kannte sich in der Küchenarbeit aus. Sobald die Reste versorgt waren, stellte er sich mit einem Geschirrtuch zu mir, und als ich ihm den ersten gespülten Teller reichte, begegneten sich unsere Augen, und ich musste gegen den überwältigenden Wunsch ankämpfen, die Hand auszustrecken und sein Gesicht zu berühren.

»Ich muss vor Sonnenuntergang mein Gebet verrichten«, sagte Arash, als wir am Abend im Garten hinter dem Haus saßen.

»Darf ich dabei zusehen?«

»Du hast vielleicht komische Einfälle«, meinte er. Doch er ließ es zu, und ich beobachtete ihn schweigend. Er stand nach Mekka gewandt und vollzog die rituellen Handlungen des Namaz, des muslimischen Gebets: Er schloss die Augen, rezitierte leise und auf Arabisch die Gebetstexte, verbeugte sich, kniete nieder, richtete sich wieder auf und berührte mit der Stirn seinen Gebetsstein.

»Warum bist du Muslim?«, fragte ich ihn, als er sein Gebet verrichtet hatte.

»Du bist die merkwürdigste Person, die mir je begegnet ist«, lachte er, doch dann erklärte er mir, er sei Muslim, weil er glaube, der Islam könne die Welt retten.

»Und was ist mit deiner Seele?«

Meine Frage überraschte ihn: »Ich bin sicher, der Islam wird auch meine Seele retten. Bist du Christin?«

»Ja.«

»Weshalb? Weil deine Eltern Christen sind?«

Ich sagte ihm, dass meine Eltern keine praktizierenden Christen seien.

»Weshalb dann?«, bohrte er weiter.

Ich merkte, dass ich darauf keine wirkliche Antwort geben konnte. Ich hätte mich mit dem Islam beschäftigt, erklärte ich ihm, dabei aber das Gefühl zurückbehalten, dass es nicht mein Weg sei. Warum ich so empfände, könne ich nicht sagen. Wahrscheinlich wusste ich mehr über Mohammed als über Jesus. Ich hatte den Koran fleißiger gelesen als die Bibel, doch Jesus stand mir viel näher. Bei ihm fühlte ich mich zu Hause. Arash lächelte mich an. Er hatte offenbar erwartet, ich würde ein starkes Argument vorbringen, aber das hatte ich nicht zu bieten. Mein Glaube war eine Herzenssache.

Ich erkundigte mich, ob seine Eltern religiös seien. Sein Vater stammte aus einer muslimischen Familie, er glaubte an Gott, aber nicht an Mohammed, Jesus oder andere Propheten. Irinas Familie war christlich, aber Irina war alles andere als religiös, und Irinas Mann, der Vater von Arashs Mutter, der schon vor Jahren gestorben war, war nie gläubig gewesen. Arashs Mutter glaubte an Christus, und obwohl sie nie zur Kirche ging, betete sie immer zu Hause. Es interessierte mich, wie seine Familie über seine religiöse Einstellung dachte, und er antwortete, er habe seit seinem dreizehnten Lebensjahr kein einziges seiner täglichen Gebete ausgelassen, doch seine Familie denke noch immer, er durchliefe nur eine besondere Lebensphase, und das würde sich schon geben.

Am nächsten Abend saß ich auf unserer Haustreppe und beobachtete den Sonnenuntergang. Als die Sonne die Wolken am Horizont streifte, tauchte sie sie in leuchtendes Rot. Dann schwächte sich das Rot ab zu einem romantischen Lila, und die Nacht rückte näher. Ich musste immer wieder an Arash denken. Ich war einfach glücklich, wenn er in der Nähe war – es war ein aufregendes, warmes Glücksgefühl, das sich über alles erhob und den Rest der Welt klein und unbedeutend erscheinen ließ. Ich schloss die Augen und lauschte der Nacht. Ich konnte das Flügelschlagen der jagenden Fledermäuse hören, im Hafen dröhnte ein Schiffshorn. Arash hatte mir Gedichte vorgelesen. Seine dunkle, sanfte Stimme machte die Werke von Hafis, Saadi und Rumi noch geheimnisvoller, als sie mir bei meiner eigenen Lektüre erschienen waren. Er las mit Nachdruck, als ob es seine eigenen Gedichte wären, als ob er selbst jedes Wort in ihre vollkommene Melodie eingefügt hätte. Vielleicht war das Liebe; vielleicht liebte ich ihn.

Ich wollte Arash meinen Gebetsfelsen zeigen und lud ihn deshalb ein, an einem Morgen zu uns zu kommen.

»Warum nennst du ihn Gebetsfelsen?«, erkundigte er sich, als wir vom Tor darauf zugingen.

»Ich habe dort als Kind einmal gebetet. Es war mit einem besonderen Gefühl verbunden, deshalb kehre ich immer wieder zu ihm zurück. Er ist mein geheimer Platz.«

Bald waren wir angekommen. Ich hatte den Ort noch niemandem gezeigt. Einen Moment lang stiegen Bedenken in mir auf, ob mein Vorhaben richtig sei. Es war schließlich nur ein alter Haufen moosbedeckter Steine.

»Denkst du jetzt, ich spinne?«, fragte ich.

»Nein. Ich glaube, du bemühst dich ebenso verzweifelt wie ich, Gott näherzukommen. Mein Weg ist die Flöte, und deiner das Beten auf diesem Fels.«

»Lass uns gemeinsam beten«, schlug ich vor, »vielleicht kannst du es fühlen. Es ist, als ob ein Fenster zum Himmel aufginge.«

Wir kletterten beide auf den Fels, streckten unsere

Hände zum Himmel, und ich sprach einige Verse des 23. Psalms:

»Der Herr ist mein Hirte,
nichts wird mir fehlen.
Er lässt mich lagern auf grünen Auen
und führt mich zum Ruheplatz am Wasser.
Er stillt mein Verlangen;
er leitet mich auf rechten Pfaden, treu seinem Namen.
Muss ich auch wandern in finsterer Schlucht,
ich fürchte kein Unheil; denn du bist bei mir,
dein Stock und dein Stab geben mir Zuversicht.«

»Ein wunderschönes Gebet!«, sagte er, als ich geendet hatte. »Was war das?«

Ich erklärte ihm, dass die Psalmen Davids ein Teil der Bibel seien. Er hatte nie von ihnen gehört. »Meine Großmutter hat sie mir immer vorgelesen, und dieser war mein Lieblingspsalm«, fügte ich hinzu.

Wir saßen beide auf dem Felsen. Er starrte vor sich hin.

»Hast du dich jemals gefragt, was mit uns geschieht, wenn wir sterben?«, fragte er.

Ja, ich hatte. Arash nannte den Tod ein Geheimnis, das niemals gelüftet würde; er sei einer jener Orte, über die wir, wenn wir sie einmal besuchten, nichts erzählen konnten. Und niemand konnte dem Tod entrinnen.

»Ich finde es grauenhaft, wenn jemand stirbt, den man liebt. Es hört nie auf zu schmerzen«, sagte ich.

»Ich habe noch nie jemanden verloren. Als mein Großvater starb, war ich zu jung, ich kann mich an nichts mehr erinnern.«

»Ich weiß noch, wie es war, als meine Großmutter starb.«

Tränen standen in seinen Augen. Und wieder wollte ich sein Gesicht berühren und seine Augenlinie mit meinen Fingern nachfahren. Überwältigt stand ich auf. Er sprang auf, stand mir gegenüber, und für einen kurzen Augenblick berührten seine Lippen die meinen. Wir fuhren auseinander, als ob uns ein Blitz getroffen hätte.

»Vergib mir«, sagte er.

»Warum tut es dir leid?«

»Es ist gegen das Gesetz Gottes. Ein Mann darf eine Frau erst berühren, wenn sie verheiratet sind.«

»Es ist in Ordnung.«

»Nein, das ist es nicht. Du sollst wissen, dass du mir wichtig bist und dass ich dich achte. Ich hätte es nicht tun sollen. Du bist so viel jünger als ich. Wir müssen warten.«

»Heißt das, du liebst mich?«

»Ja, ich liebe dich.«

Ich konnte nicht wirklich verstehen, warum er sich wegen unseres Kusses schuldig fühlte, doch ich wusste, es hatte mit seinen religiösen Überzeugungen zu tun. In diesem Sommer hatte ich immer wieder gesehen, wie Jungen und Mädchen sich an abgelegenen Orten küssten, und ich hatte mich immer gefragt, wie es sich anfühlte. Wenn es nach mir gegangen wäre, hätte ich ihn nochmals geküsst, doch ich wollte nichts falsch machen und ihn nicht verärgern. Er war älter als ich und wusste besser, was zu tun war. Ich vertraute ihm.

In jener Nacht schliefen meine Mutter und ich bei Tante Xenia. Ich wurde um sechs Uhr früh wach und lief auf Zehenspitzen in die Küche, um mir einen Tee zu bereiten. Mit der Tasse in der Hand ging ich ins Wohnzimmer und bekam einen Schrecken, als ich dort, fast eingemauert von Akten, meine Tante am Esstisch sitzen sah. Ich trat leise näher. Sie trug einen pinkfarbenen Morgenmantel mit Spitzenbesatz, der eher einem jungen Mädchen als einer sehr dicken Sechzigjährigen gestanden hätte, und machte sich Aufzeichnungen in ein kleines Notizbuch. Ich blieb stehen und wusste nicht, ob ich grüßen sollte, so vertieft schien sie in ihr Geschäft.

»Warum bist du schon so früh auf den Beinen, Marina? Bist du verliebt?«, fragte sie mich so laut, dass ich fast den Tee verschüttet hätte.

»Guten Morgen, Tante Xenia«, nuschelte ich.

»Für dich mag es ein schöner Morgen sein.«

Sie hatte nicht von ihrer Arbeit aufgesehen.

»Hast du vor, nach draußen zu gehen?«

»Ja.«

»Wo willst du hin?«

Meine Mutter fragte selten danach, wohin ich ging.

»Ich gehe ein wenig spazieren.«

»Weiß deine Mutter, dass du schon so früh ausgehst?«

»Keine Ahnung.«

Sie sah mich mit ihren blassblauen Augen an. »Das ist ja ein starkes Stück, du hast es faustdick hinter den Ohren.« Auch Tante Xenia hatte zunächst nichts mitbekommen. »Du bist nicht dumm. Schau mich nicht so an! Du weißt genau, was ich meine. Deine Mutter und meine Tochter sind aus demselben Holz. Gott hat sich nicht verausgabt, als Er die beiden schuf. Geh, hol mir bitte eine Tasse Tee.«

Ich tat, was sie verlangte. Leicht zitternd stellte ich den Tee vor sie auf den Tisch.

»Setz dich«, befahl sie und musterte mich von Kopf bis Fuß. »Wie alt bist du jetzt?«

»Dreizehn.«

»Du bist aber noch Jungfrau, oder?«

»Bitte, Tante …«, flüsterte ich beschämt.

»Gut«, lächelte sie. »Ich kenne dich viel besser als deine Mutter. Ich sehe dich an und begreife, aber sie sieht dich an und begreift nichts. Ich habe dich heute zum ersten Mal ohne Buch gesehen. Soll ich sie dir aufzählen?«

»Wen aufzählen?«

»Die Bücher, die du gelesen hast.«

Ich schwitzte.

»*Hamlet, Romeo und Julia, Vom Winde verweht, Betty und ihre Schwestern, Große Erwartungen, Doktor Schiwago, Krieg und Frieden* und viele andere. Und was hast du aus all den Büchern gelernt?«, fragte sie.

»Vieles, Tante.«

»Stell dich nicht dumm. Du hast doch nichts mit dieser Revolution zu tun, oder?«

»Tante Xenia, ich weiß nicht, wovon du sprichst. Welche Revolution?«

»Halt mich nicht zum Narren …«

Ich schüttelte den Kopf. Ich hatte keine Ahnung, worauf sie hinauswollte.

»Dann bin ich froh, dass du es von mir erfährst, denn mit Revolutionen kenne ich mich aus. Jetzt hör mal gut zu. Es geschieht etwas Schreckliches in diesem Land; es liegt in der Luft, ich kann es wittern, es riecht nach Blut und Unheil. Es hat Proteste und Aufstände gegen den Schah gegeben. Dieser Ayatollah – ich vergesse immer seinen Namen – kämpft schon seit Jahren gegen die Regierung, und ich sage dir, er führt nichts Gutes im Schilde. Eine Diktatur geht, und eine noch schlimmere kommt, so war es auch in Russland, nur heißt sie jetzt anders und wird noch gefährlicher sein, denn sie verschanzt sich hinter dem Namen Gottes. Es gibt inzwischen gebildete Leute unter den Anhängern dieses Ayatollah. Selbst Marie und ihr Mann finden ihn gut. Meine eigene Familie! Noch ist er im Exil, aber das hindert diese Leute nicht. Halt dich fern von ihm. Er sagt, der Schah sei zu reich. Der Schah ist der Schah. Er ist nicht perfekt, aber wer ist das schon? Der Ayatollah sagt, es gebe zu viele Arme im Iran. Aber überall auf der Welt gibt es Arme. Vergiss nicht, was in Russland geschah. Sie haben den Zaren ermordet, und glaubst du, dass sie nun besser dran sind? Glaubst du, dass die Menschen in Russland nun alle frei, reich und glücklich sind? Kommunismus ist keine Antwort auf soziale Probleme, und ebenso wenig ist Religion eine Antwort. Verstehst du, was ich meine?«

Ich nickte verwirrt und schockiert; sie wandte sich wieder ihrem Notizbuch zu.

Später am Morgen, als Arash und ich zu unserem gemeinsamen Spaziergang aufbrachen, stand Aram unter dem Vordach, rief uns und fragte, wohin wir gingen.

»Warum willst du das wissen?«, fragte Arash.

Aram sagte, er langweile sich und würde uns gern begleiten. Arash schickte ihn ins Bett zurück, doch Aram blieb beharrlich, zuletzt gaben wir nach. Auf dem Weg zum Strand erkundigte sich Aram, was Arash und ich den ganzen Tag über jeden Tag in der Woche zusammen machten. Arash war darüber verärgert, sodass daraus ein Streit zwischen den beiden erwuchs, über den ich lachen musste.

Am Strand sprang Aram mit mir ins Wasser, und während wir schwammen, blieb Arash, der wasserscheu war, am Strand zurück und las. Vom Wasser aus konnte ich sehen, dass er seiner Lektüre keine große Aufmerksamkeit widmete, sondern Aram und mich beobachtete.

Für den Rest des Tages war Arash schweigsam. Am Abend gingen wir in sein Zimmer, und ich lauschte mit geschlossenen Augen seinem Flötenspiel. Mitten in seinem Lieblingsstück hörte er plötzlich zu spielen auf. Ich öffnete die Augen und blickte ihn erstaunt an: »Stimmt etwas nicht?«

»Nein, alles in Ordnung.«

Er schaute zu Boden, vermied es, mich anzusehen.

»Arash, sag mir, was ist los?«

Er setzte sich zu mir aufs Bett. »Liebst du mich wirklich?«

»Ja, ich liebe dich. Sag, was ist mit dir?«

»Du schienst heute so glücklich mit meinem Bruder zu sein. Ihr hattet Spaß zusammen, und ich dachte, vielleicht… Ich weiß nicht…«

»Du dachtest, ich hätte Gefühle für ihn.«

»Hast du?«

»Das solltest du doch jetzt besser wissen. Er ist lustig, aber er ist nicht mein Typ.«

»Was meinst du mit ›mein Typ‹?«

»Du bist mein Typ, und er ist es nicht. Das ist alles. Ich liebe deinen Bruder nicht, ich liebe dich.«

»Verzeih mir. Ich weiß nicht, was mich gepackt hat. Aram war schon immer sehr beliebt. Die Mädchen mögen ihn. Ich will dich nicht verlieren.«

»Du verlierst mich nicht.«

Er sah noch immer nicht sehr glücklich aus. »Glaubst du mir etwa nicht?«, fragte ich.

»Doch, ich glaube dir.«

Er stand auf und ging zum Fenster. Draußen war es ziemlich windig, die Wellen tosten und überdeckten jedes andere Geräusch. Plötzlich sagte er, er habe mir etwas sehr Wichtiges mitzuteilen. Ich hatte keine Ahnung, worauf es hinauslief. Er erzählte, dass sich eine große Bewegung gegen den Schah gebildet habe, dass die Revolution Fortschritte mache und dass es viele Protestaktionen und Verhaftungen gegeben habe. Ich berichtete ihm, was mir Tante Xenia an diesem Morgen über die Revolution erzählt hatte.

Ich fragte ihn, warum es eine Revolution gegen den Schah geben würde. Der Schah, seine Familie und die Regierung seien korrupt, war seine Antwort. Sie seien Tag für Tag immer reicher geworden, während der Großteil der Iraner mit der Armut zu kämpfen habe. Ich erzählte ihm, Tante Xenia sei überzeugt davon, im Iran würde dasselbe geschehen wie in Russland.

»Die russische Revolution stand auf tönernen Füßen. Kommunismus war nicht die richtige Antwort auf ihre Probleme. Ihre Anführer glaubten nicht an Gott und wurden schnell selbst korrupt«, meinte Arash.

»Und wie können wir sicher sein, dass das, was nach dem Schah kommt, besser ist?«

Ob ich schon von Ayatollah Khomeini gehört hätte, war seine Antwort.

»Meine Tante hat von ihm gesprochen, aber ihr fiel der Name nicht ein. Wer ist Khomeini?«

Er sagte, Khomeini sei ein Mann Gottes, der vom Schah ins Exil geschickt worden war. Der Ayatollah wolle, dass das iranische Volk nach den Gesetzen des Islam lebe. Jeder solle an den Reichtümern des Landes teilhaben können, nicht nur eine kleine Clique. Khomeini sei schon seit vielen Jahren der Kopf der Bewegung gegen den Schah.

Ich verhehlte Arash gegenüber nicht, dass mir nicht wohl war bei dem Gedanken an diese Revolution. Soweit ich sehen konnte, war weder meine noch seine Familie reich. Unsere Verwandten hatten keine bedeutenden Stellungen in der Regierung, und dennoch führten wir ein Leben voller Annehmlichkeiten. Wir erhielten kostenlos eine gute Schulbildung, und ihm stand es offen, die Universität zu besuchen und Arzt zu werden. Wozu brauchten wir eine Revolution?

»Es ist nicht nur wegen uns, Marina«, entgegnete er aufgeregt. »Es ist wegen all denen, die in Armut leben. Die Regierung scheffelt Geld, indem sie Öl verkauft, das dem iranischen Volk gehört, und ein großer Teil des Geldes landet auf den Privatkonten des Schahs und seiner Regierungsbeamten. Wusstest du, dass seit Jahren alle, die den Schah und seine Regierung kritisieren, von der SAVAK, der Geheimpolizei, verhaftet werden, dass man sie foltert und sogar hinrichtet?«

»Nein.«

»Aber so sieht die Wahrheit aus.«

»Woher weißt du das alles?«

»Ich habe einige dieser politischen Gefangenen getroffen. Im Gefängnis tun sie ihnen entsetzliche Dinge an, schon allein die Berichte darüber machen einen krank.«

»Das ist ja schrecklich! Ich wusste das nicht.«

»Jetzt weißt du es.«

Ich fragte ihn, ob seine Eltern davon wüssten, dass er die Revolution unterstütze, aber er sagte, er könne es ihnen nicht sagen, sie würden es nicht verstehen. »In Revolutionen sterben viele Menschen«, sagte ich.

»Mir wird schon nichts geschehen. Du musst tapfer sein, Marina.«

Ich machte mir Sorgen. Ich wollte nicht, dass ihm etwas zustieß. Mich fröstelte. Er hielt meine Hände.

»Mach dir bitte keine Sorgen, Marina. Mir passiert nichts. Ich verspreche es dir.«

Ich versuchte, ihm zu glauben. Ich versuchte, tapfer zu sein. Ich war schließlich erst dreizehn Jahre alt.

In den Tagen, die mir mit Arash von diesem Sommer noch blieben, führten wir keine politischen Diskussionen mehr. Ich wollte die Revolution vergessen, vielleicht würde sie einfach vorübergehen. Arash spielte jeden Tag auf der

Flöte für mich, außerdem machten wir lange Spaziergänge und Fahrradtouren zum Strand, saßen auf der Schaukel im Garten und lasen Gedichte.

Arash musste zwei Wochen vor mir nach Teheran zurückkehren. Meine Mutter und ich fuhren normalerweise Anfang September zurück. Dadurch hatte ich genügend Zeit, mich auf die Schule vorzubereiten, die zum Herbstanfang am 21. September begann. Ich war zum Abschied gekommen, als Arash im weißen Paykan seines Vaters vom Haus seiner Tante losfuhr, mit seiner Großmutter auf dem Beifahrersitz und seinem Bruder auf dem Rücksitz. Sie winkten mir zu, und ich winkte zurück, bis sie nicht mehr zu sehen waren.

Am Donnerstag, dem 7. September, kehrte ich nach Teheran zurück und rief umgehend Arash an. Wir verabredeten uns für den 9. September um zehn Uhr morgens in einer Buchhandlung.

Als der Tag gekommen war, wachte ich schon vor dem Morgengrauen auf. Ich war nervös und ging auf meinen Balkon. In den frühen Morgenstunden war die sonst so betriebsame Straße menschenverlassen, und in der sanften Brise raschelten die staubigen Blätter der Ahornbäume. Ich hatte große Lust, Arash anzurufen und ihn zu bitten, früher zu unserem Rendezvous zu kommen, aber das war ein zu verrückter Einfall. Ich musste Geduld haben. Dann hörte ich ein seltsames Zischen. Ich spähte in die Dunkelheit. Auf der anderen Straßenseite bewegte sich etwas. Ich fixierte es. Eine dunkle Gestalt trat in den Schein der Straßenlaterne und begann mit einer Spraydose etwas an die Wand eines Ladens zu schreiben. Jemand rief »Halt!«, doch ich wusste nicht, woher die Stimme kam, denn die Worte hallten zwischen den Gebäuden wider. Die dunkle Gestalt rannte los.

Ich hörte ein lautes Prasseln wie Donner. Die Gestalt verschwand um eine Ecke, und die Schatten von zwei bewaffneten Soldaten tauchten auf. Ich rannte ins Zimmer.

Nach Sonnenaufgang kehrte ich auf den Balkon zurück. Die graue Mauer auf der gegenüberliegenden Straßenseite war mit großen roten Schriftzügen bedeckt: Nieder mit dem Schah.

Ich war etwas früher als verabredet im Buchladen und begann die Regale durchzustöbern. Um Viertel nach zehn spähte ich in die Runde; Arash war stets pünktlich. Ständig schaute ich auf meine Uhr. Jedes Mal, wenn die Tür aufging und jemand hereinkam, leuchtete die Flamme der Hoffnung in meinem Herzen auf, doch er war es nie. Ich wartete bis elf Uhr, wobei ich mir ständig vorsagte, dass kein Anlass zur Sorge bestehe, ihm sicher nichts passiert sei, er wahrscheinlich im Verkehr stecken geblieben sei oder vielleicht eine Autopanne habe.

Ich ging nach Hause, griff unverzüglich zum Telefon und rief bei Arash an. Aram war am Apparat. An der Art, wie er mich begrüßte, merkte ich, dass etwas nicht stimmte. Ich sagte ihm, dass Arash mich eigentlich in einem Buchladen hatte treffen wollen, aber nicht erschienen sei.

»Wo ist er, Aram?«, fragte ich so ruhig wie möglich.

Aram sagte, er wisse es nicht. Arash war am Morgen des Vortags weggegangen und hatte zum Abendessen wieder zurück sein wollen, doch er war nicht gekommen. Seine Eltern hatten überall angerufen, doch niemand wusste, wo er steckte. An dem Tag hatte es eine große Protestkundgebung gegen den Schah gegeben. Sie hatte am Jaleh-Platz stattgefunden und war von Anhängern Khomeinis organisiert worden. Die Armee hatte das Feuer auf die Menschenmenge eröffnet, es gab viele Verwundete. Ein Freund von Arash hatte Arashs Vater lediglich sagen können, dass er zusammen mit Arash auf den Jaleh-Platz gegangen war, sie sich dort jedoch getrennt hatten. Arashs Eltern hatten jedes Krankenhaus in Teheran angerufen. Sein Vater war zum Evin-Gefängnis gegangen, doch sie konnten ihn nirgends finden.

»Im Gefängnis tun sie den politischen Gefangenen entsetzliche Dinge an, schon allein die Berichte darüber machen einen krank.« Ich verdrängte den Gedanken und ließ mir von Aram das Versprechen geben, mich anzurufen, sobald er etwas hörte.

Ein leerer, kalter Raum tat sich zwischen mir und dem Zimmer auf, in dem ich mich befand, als ob das Leben mich ausgestoßen hätte. Das dumpfe Brummen der Autos auf der Straße kam mir fremd und ungewohnt vor. Ich kannte diesen Schmerz. Es war Trauer.

Am nächsten Morgen klingelte ich an der Tür von Arashs Familie. Aram öffnete. Wir umarmten uns, und keiner konnte sich von dem anderen lösen. Als ich meine Augen öffnete, sah ich Irina, die uns anstarrte. Ich musste stark sein. Ich ließ Aram los und umarmte Irina. Dann lieh ich ihr meinen Arm und führte sie ins Wohnzimmer, damit sie sich setzen konnte. Arashs Vater kam herein, Aram stellte mich vor. Arash sah seinem Vater sehr ähnlich.

»Danke, dass du gekommen bist«, sagte Arashs Vater. »Arash hat uns von dir erzählt. Ich wünschte, wir könnten uns unter besseren Umständen kennenlernen.«

Ich saß bei Irina und hielt ihre Hand. Sie weinte.

Als Arashs Mutter hereinkam, stand ich auf und küsste ihre Wangen. Ihr Gesicht war ganz kalt, ihre Augen geschwollen.

Überall hingen Familienfotos. Ich hatte kein Bild von Arash und mir.

Ich bat Aram, mir das Zimmer seines Bruders zu zeigen. Es war sehr schlicht eingerichtet. Weder Bilder noch Poster hingen an den Wänden. Sein schwarzes Flötenetui lag auf seinem Schreibtisch, daneben stand eine kleines weißes Schmuckdöschen. Aram nahm es und gab es mir.

»Vor einigen Tagen hat er es für dich gekauft«, sagte er.

Ich öffnete das Döschen und fand eine wunderschöne goldene Halskette darin.

Ich schloss es wieder und stellte es auf den Schreibtisch zurück.

»Ich habe in einer seiner Schreibtischschubladen einen Brief gefunden. Ich wollte nicht in seinen persönlichen Sachen herumstöbern, doch ich musste nach Hinweisen darüber suchen, wo er sich aufhielt«, sagte Aram und gab mir ein Blatt Papier.

Ich erkannte Arashs Handschrift. Der Brief war an seine Eltern, seine Großmutter, seinen Bruder und mich adressiert.

Darin schrieb er, er sei überzeugt, er müsse für das kämpfen, was er für richtig halte. Es sei seine Pflicht, etwas gegen all das zu tun, was schlecht war. Er erklärte, er habe die islamische Bewegung gegen den Schah mit allen Kräften unterstützt und sei sich bewusst, dass er sich auf etwas Gefährliches eingelassen habe. Er schrieb, er sei nie sehr mutig gewesen, doch nun müsse er die Angst überwinden, er wisse, dass ihn seine Überzeugungen das Leben kosten könnten. Wenn wir diesen Brief zu lesen bekämen, bedeute dies, dass er wahrscheinlich tot sei, schrieb er zum Schluss. Er bitte uns um Verzeihung und entschuldige sich für den Schmerz, den er uns zufüge.

Ich sah Aram an.

»Meine Eltern wussten nicht, wie tief er in diese blödsinnige Revolution verstrickt war, aber ich wusste es«, sagte er. »Ich versuchte, ihn aufzuhalten. Aber du kennst ihn, er hat nie auf mich gehört. Ich bin der kleine Bruder, der von nichts eine Ahnung hat.«

Ich saß auf Arashs Bett und gab Aram den Brief zurück. Ein blaues T-Shirt lag auf Arashs Kopfkissen. Ich nahm es. Er hatte es in diesem Sommer häufig getragen, es war eines seiner liebsten. Ich roch daran, es duftete noch nach ihm. Ich hatte das Gefühl, gleich würde er mit seinem warmen Lächeln im Gesicht in sein Zimmer treten und mit seiner lieben sanften Stimme meinen Namen sagen.

Ich hatte am Abend zuvor die Nachrichtensendung angesehen, doch die Kundgebung am Jaleh-Platz war nicht erwähnt worden.

Aber das hatte nichts zu sagen, denn alle Fernsehkanäle unterstanden der staatlichen Kontrolle und hatten über die meisten aktuellen Ereignisse und ihre Opfer nicht berichtet.

Ich konnte einfach nicht begreifen, warum der Schah seiner Armee befehlen sollte, auf Menschen zu schießen. Warum hörte er ihre Forderungen nicht an, warum sprach er nicht mit ihnen?

Ich trat ans Fenster, sah hinaus und fragte mich, ob Arash wohl einmal an mich gedacht hatte, als er an seinem Fenster stand und auf die stille Straße hinuntersah. Neben mir starrte Aram hinaus, und ich litt mit ihm. Er und sein Bruder waren zwar sehr verschieden gewesen, doch sie hatten sich sehr nahegestanden.

Im Wohnzimmer war mir ein Bild von den beiden aufgefallen: zwei kleine, vielleicht sieben und neun Jahre alte Jungen, die jeder einen Arm um den Hals des anderen gelegt hatten und lachten.

8

»Heute Abend gibt es warmes Wasser«, informierte mich Sarah. Es war meine erste Nacht in 246. Warmes Wasser gab es nur alle zwei bis drei Wochen, und das jeweils nur für zwei oder drei Stunden. Unsere Zelle sollte gegen zwei Uhr morgens mit dem Duschen an der Reihe sein. »Jede hat zehn Minuten in der Dusche. Ich wecke dich«, sagte sie.

Es war Schlafenszeit. In den Zellen ging das Licht um elf Uhr aus, doch im Flur brannte es die ganze Nacht. Sarah stellte mich dem Mädchen vor, das für die »Betten« zuständig war. Jede Gefangene erhielt drei Decken. Alle schliefen nebeneinander auf dem Fußboden und jede auf einem genau festgelegten Platz, der ab und zu gewechselt wurde. Es gab so viele Mädchen, dass manche sogar in den Fluren schliefen. Ich bekam einen Platz neben Sarah in der Zelle. Ich faltete eine Decke dreifach und benutzte sie als Matratze, die zweite Decke war mein Kopfkissen, die dritte meine Bettdecke. Als jede sich hingelegt hatte, war kein Stück Fußboden mehr frei. In der Nacht zu den Toiletten zu gehen entpuppte sich als Herausforderung; es war nahezu unmöglich, dorthin zu gelangen, ohne auf jemanden zu treten. Während des Schahregimes waren in beiden Stockwerken von 246 zusammen etwa fünfzig Personen inhaftiert. Jetzt war die Zahl der Häftlinge auf knapp sechshundertfünfzig gestiegen.

Wie versprochen, wurde ich von Sarah geweckt. Anfangs war ich orientierungslos und wusste nicht, wo ich war. Das war nicht mein Bett und nicht mein Zuhause. Es war das Evin-Gefängnis. Das Plätschern des Duschwassers vermischte sich mit den Stimmen der Mädchen. Sarah half mir beim Aufstehen, und ich humpelte zum Bad. In der Dusche waren die Wände und der Boden aus Zement. Sie waren dunkelgrün gestrichen, und eine Plastikabtrennung unterteilte den Raum in sechs Duschkabinen. Jeweils zwei Mädchen mussten sich für zehn Minuten eine Kabine teilen. Die Luft war schwer vom Dampf und roch nach billiger Seife. Ich schrubbte meine Haut und weinte.

Seit ich in jener Nacht, in der ich hingerichtet werden sollte, die Augenbinde abgenommen hatte, war mein Leben verwandelt. Ich hatte schon zuvor viele niederschmetternde Erfahrungen gemacht, doch sie hatten meinen Lebensnerv nicht zerstört. Ich hatte Menschen verloren, die ich geliebt hatte, man hatte mich inhaftiert und gefoltert, doch in jener Nacht hatte ich mich zu weit vom Leben entfernt. Meine Zeit in dieser Welt war abgelaufen, trotzdem war ich noch immer am Leben. Vielleicht war dies die Grenze zwischen Leben und Tod. Und ich war weder hier noch dort.

Nach dem Duschen kehrten wir zu unseren Schlafplätzen zurück. Wir lagen so dicht gedrängt, dass ich meine Nachbarn störte, wenn ich auf dem Rücken lag. Deshalb drehte ich mich zu Sarah und streckte meine Knie so gut ich konnte. Sarah machte die Augen auf und lächelte.

»Marina, ich sage das nicht, weil ich dir Böses wünsche, und es klingt vielleicht dumm in deinen Ohren; aber ich bin froh, dass du hier bei mir bist. Ich war so allein, bevor du kamst.«

»Ich bin auch froh, nicht allein zu sein.«

Sie schloss die Augen, und ich schloss meine. Ich hätte ihr gern von der Nacht der Hinrichtungen erzählt, doch ich konnte nicht. Es gab keine Worte, die es hätten beschreiben können. Und ich wollte ihr nicht von meiner Verurteilung zu lebenslanger Haft erzählen, sie wäre darüber nur traurig gewesen. Hatten sie wirklich vor, mich für immer im Evin-Gefängnis zu behalten? Das bedeutete, dass ich nie wieder meine Mutter in die Arme nehmen, Andre sehen, zur Kirche gehen oder noch einmal ans Kaspische Meer fahren würde. Nein, sie wollten mich quälen, wollten mich in Verzweiflung stürzen. Ich musste lange und mit aller Kraft beten. Ich musste Gott bitten, mich zu retten. Und nicht nur mich, auch Sarah. Wir würden bald nach Hause dürfen.

Es war, als hätten wir uns erst wenige Minuten hingelegt, da dröhnte der Ruf des Muezzins aus dem Lautsprecher in unserem Zimmer: »Allahu akbar. Allahu akbar …« Er rief zum Morgengebet, das vor Sonnenaufgang gesprochen werden musste. Sarah und die meisten anderen standen auf und eilten ins Bad zur rituellen Waschung von Händen, Armen und Füßen, wie es vor jedem Gebet vorgeschrieben war. Endlich konnte ich mich auf den Rücken legen. Jemand berührte mich an der Schulter, ich schlug die Augen auf. Es war Soheila.

»Willst du nicht zum Morgengebet gehen?«, fragte sie.

»Ich bin Christin«, antwortete ich lächelnd.

»Du bist die erste Christin, die mir hier begegnet! Wir hatten … nein, wir haben christliche Nachbarn. Sie wohnen direkt neben uns. Die Familie heißt Jalalian. Ich bin mit ihrer Tochter Nancy befreundet. Einmal haben sie uns zum türkischen Kaffee zu sich nach Hause eingeladen. Kennst du sie?«

Ich kannte sie nicht.

Sie entschuldigte sich, mich geweckt zu haben. Ob Christen nicht beteten, wollte sie wissen. Ich erklärte ihr, dass wir wie die Muslime beteten, doch dass die Zeiten für das Gebet bei uns nicht festgelegt waren.

Um sieben Uhr morgens mussten wir das Zimmer aufräumen. Ich war überrascht, wie schnell das geschah und wie rasch der Berg gefalteter Decken in der Ecke wuchs. Die beiden Mädchen, die Küchendienst hatten, legten dünne, etwa fünfzig Zentimeter breite Sets aus Plastik auf den Boden, die Sofreh genannt wurden, anschließend verteilten sie Blechlöffel, Plastikteller und Plastikbecher. Wir hatten weder Gabeln noch Messer. Dann gingen sie ins Foyer und kehrten mit einer großen zylindrischen Thermoskanne Tee zurück. Die Kanne war sehr schwer, und beide hielten je einen Henkel in Händen. Gemeinsam, unter Keuchen, schleppten sie die Kanne ins Zimmer. Danach holten sie unsere Ration Brot und Feta. Wir stellten uns hintereinander auf, nahmen unsere Essensration entgegen, setzen uns um die Sofreh-Sets und frühstückten. Ich war sehr hungrig und verschlang mein Frühstück in wenigen Sekunden. Das Brot war überraschend frisch. Ich erfuhr, dass das Gefängnis über eine eigene Bäckerei verfügte. Der heiße Tee jedoch roch sehr eigenartig. Sarah behauptete, die Wachen würden Kampfer hineingeben. Sie hatte gehört, dass durch Kampfergaben die Menstruation unterdrückt würde. In der Tat bekamen die meisten Mädchen ihre Periode hier nicht mehr. Doch Kampfer hatte Nebenwirkungen, zu denen auch das Aufblähen des Leibes und Depressionen zählten. Ich fragte sie, warum die Wachen die Menstruation unterdrücken wollten, und Sarah meinte, Damenbinden seien teuer. Nach dem Essen sammelten die beiden Mädchen, die Abwaschdienst hatten, das schmutzige Geschirr in Plastikeimern ein und trugen es in die Duschen, wo sie es mit kaltem Wasser abspülten.

Ich lernte die vielen Regeln schnell. Es war verboten,

durch die Absperrungen am Ende des Flurs zu gehen, es sei denn, die Schwestern riefen uns über Lautsprecher zu sich. Dies war normalerweise nur der Fall, wenn wir zu weiteren Verhören gerufen wurden oder wenn Besuchszeit war.

Besuchszeit war einmal im Monat, die nächste in zwei Wochen. Sarah hatte bisher noch keine Besuche gehabt, doch sie hoffte, ihre Eltern würden bald die Erlaubnis erhalten, sie zu sehen. Ich erfuhr, dass nur enge Familienmitglieder als Besucher zugelassen waren und dass sie uns Kleidung mitbringen durften. In jeder Zelle gab es einen Fernseher, doch es liefen nur Programme mit streng religiösen Inhalten. Wir hatten Bücher, aber auch diese drehten sich nur um den Islam.

Zum Mittagessen gab es gewöhnlich ein wenig Reis oder Suppe, zum Abendessen Brot mit Datteln. Angeblich war dem Reis und der Suppe ein wenig Hühnerfleisch beigegeben, doch falls sich mal ein winziges Stückchen Fleisch in einem der Näpfe fand, konnte sich die Finderin glücklich schätzen und zeigte es ihren Freundinnen. Die Zellensprecherin, die manchmal von den Mädchen, manchmal von den Aufseherinnen bestimmt wurde, war für die Essensausgabe und die Einteilung zum Putzdienst verantwortlich und meldete jede ernsthafte Erkrankung oder jedes schwerwiegende Problem im Büro der Schwestern.

Einmal saß ich in einer Zimmerecke und beobachtete die Mädchen beim Mittagsgebet. Es war etwa am zehnten Tag nach meiner Verhaftung. Sie hatten sich in Reihen aufgestellt und Mekka zugewandt. Als Arash damals im Ferienhaus seiner Tante sein Gebet verrichtete, hatte ich zum ersten Mal Gelegenheit gehabt, aus der Nähe einen Muslim beim Gebet zu beobachten. Damals hatte es mir sehr gefallen, wie er sich verbeugte, hinkniete und all die Dinge flüsterte, an die er leidenschaftlich glaubte. Ob er mit der neuen Regierung und all den schrecklichen Dingen, die sie im Namen Gottes tat, einverstanden gewesen wäre? Nein. Arash war gut und freundlich, er hätte so viel Unrecht niemals hingenommen. Vielleicht wären wir beide im Evin-Gefängnis gelandet.

Als mich eine Zimmergenossin ansprach, schreckte ich hoch. Es war Taraneh, ein zwanzigjähriges dünnes, zerbrechliches Mädchen mit großen dunkelbraunen Augen und kurzem dunkelbraunem Haar. Sie saß meist in einer Ecke des Zimmers und las im Koran. Jedes Mal, wenn sie ihr Gebet verrichtete, zog sie den Tschador über ihr Gesicht. Und wenn sie ihn wieder abstreifte, waren ihre Augen rot und geschwollen. Trotzdem lächelte sie immer.

»Du hast dagesessen wie eine Statue. Ich habe dich nicht einmal zwinkern sehen«, sagte sie.

»Ich habe nachgedacht.«

»Worüber?«

»Über einen Freund.«

Ich fragte sie, warum man sie verhaftet hatte. »Lange Geschichte«, war die Antwort.

»Es sieht so aus, als hätten wir noch viel Zeit zur Verfügung«, sagte ich.

»Ich nicht«, antwortete sie.

In mir wuchs die Angst. Sarah hatte mir gesagt, dass zwei Mädchen aus unserer Zelle zum Tod verurteilt waren, doch Taraneh hatte sie nicht erwähnt.

»Aber Sarah hat mir …«

»Keiner weiß davon«, flüsterte sie.

»Warum hast du es niemandem gesagt?«

»Warum sollte ich? Da wird man höchstens bemuttert und bemitleidet. Ich mag das nicht. Sag es bitte niemandem.«

»Warum hast du es mir gesagt?«

»Dich wollten sie doch auch hinrichten, nicht wahr?«

Ich wurde schwach. Ich konnte sie nicht belügen. Ich nahm all meine Kraft zusammen und erzählte ihr von jener Nacht der Hinrichtung und davon, wie Ali mich im letzten Augenblick weggeholt hatte. Sie fragte mich, warum Ali mich gerettet habe. Ich konnte es ihr nicht sagen. Dann fand sie einen Weg, mich nach dem zu fragen, was ihr eigentlich auf dem Herzen lag.

»Hat er dich je berührt?«

»Nein. Was meinst du damit?«

»Du weißt, was ich meine. Männer dürfen Frauen nicht berühren, bevor sie nicht verheiratet sind.«

»Nein!«

»Seltsam.«

»Warum?«

»Ich habe Dinge gehört.«

»Was für Dinge?«

»Einige Mädchen haben mir gesagt, sie seien vergewaltigt worden, und man drohte ihnen, wenn sie es irgendjemandem erzählten, würde man sie hinrichten.«

Ich hatte nur vage Vorstellungen davon, was es bedeutete, vergewaltigt zu werden. Ich wusste, es war das Schrecklichste, was Männer Frauen antun konnten, etwas, worüber man nie sprach. Und obwohl ich mehr wissen wollte, wagte ich nicht, danach zu fragen.

»Bevor sie dich zur Hinrichtung brachten, haben sie dich da berührt?«, fragte Taraneh.

»Nein!«

Sie bat um Verzeihung, sie wollte mich nicht beunruhigen. Ich kämpfte mit den Tränen. Ich sagte ihr, wie schmerzvoll es für mich sei, überlebt zu haben, während die anderen gestorben seien. Aber Taraneh meinte, es hätte für das Schicksal der anderen keinen Unterschied bedeutet, wenn ich ebenfalls gestorben wäre.

»Woher weißt du von meinem Todesurteil?«, fragte ich sie.

»Dein Name stand auf deiner Stirn, als du kamst.«

Ich begriff nicht.

»Nach meiner Verhaftung haben sie mich zwei Tage lang immer wieder geschlagen, doch ich habe ihnen nichts gesagt. Dann zog mich der Mann, der mich verhörte, eines Nachts nach draußen und nahm mir die Augenbinde ab ... Da lagen Leichen ... blutüberströmt. Sie waren hingerichtet worden ... zehn oder zwölf Menschen. Ich übergab mich. Er sagte, dasselbe würde mit mir geschehen, wenn ich nicht spräche. Er hatte eine Taschenlampe und richtete sie auf das Gesicht eines der Toten. Es war ein junger Mann. Sein Name stand auf seiner Stirn. Mehran Kabiri.«

Obwohl ich wusste, dass alles, was ich in der Nacht der Hinrichtung erlebt hatte, wirklich passiert war, hatte ich meine Erinnerungen daran bisher behandelt wie einen Albtraum und sie so weit ich konnte von mir ferngehalten. Jetzt waren sie in mein Leben zurückgekehrt. Mir stockte der Atem. Was in jener Nacht geschehen war, war womöglich das, was Taraneh bevorstand. Und ich konnte nichts dagegen tun.

Taraneh erzählte, sie habe gehört, die Wächter vergewaltigten die Mädchen, bevor sie hingerichtet wurden, da sie glaubten, Jungfrauen kämen bei ihrem Tod in den Himmel.

»Von mir aus können sie mich töten, Marina«, sagte sie, »aber ich will nicht vergewaltigt werden.«

Wir hatten eine Schwangere in unserer Zelle, Sheida. Sie war etwa zwanzig und zum Tode verurteilt, doch ihre Hinrichtung war aufgeschoben worden, weil es gegen die Gesetze des Islam verstößt, eine schwangere oder stillende Frau hinzurichten. Sheida hatte langes hellbraunes Haar und braune Augen. Ihr Ehemann wartete ebenfalls auf seine Hinrichtung. Wir ließen sie niemals allein, damit sie nicht allzu sehr ins Grübeln kam. Die meiste Zeit waren mindestens zwei Mädchen bei ihr. Doch obwohl sie immer sehr gefasst war, liefen ihr hin und wieder stumme Tränen übers Gesicht. Ich konnte mir vorstellen, was sie litt, da sie sich nicht nur um sich selbst sorgte, sondern zudem um ihren Mann und ihr ungeborenes Kind.

Eines Nachts wurden wir von Gewehrsalven geweckt. Alle setzen sich auf und starrten zum Fenster. Jede Kugel bedeutete ein erloschenes Leben, ein letzter Atemzug, ein geliebter Mensch, der einer Familie entrissen wurde, die auf ihn wartete und hoffte, er käme zurück nach Hause. Man würde sie in der nackten Erde vergraben, und ihre Namen würden in keinen Stein gemeißelt werden.

»Sirus …«, flüsterte Sarah.

»Sirus geht es gut. Ich weiß, dass er lebt«, log ich.

Sarahs dunkle Augen starrten wie Scheinwerfer in die Dunkelheit. Sie begann immer lauter zu schluchzen. Ich legte meine Arme um sie und hielt sie fest, doch sie stieß mich zurück und begann zu schreien.

»Pscht … Sarah! Hol tief Luft!« Einige Mädchen rückten näher, um sie zu beruhigen.

Sarah begann mit ihren Fäusten gegen ihren Kopf zu trommeln. Ich versuchte ihre Handgelenke festzuhalten, doch sie war überraschend stark. Zu viert schafften wir es, aber sie wehrte sich noch immer. Das Licht ging an, eine Minute später stürmten Schwester Maryam und eine andere Aufseherin, Schwester Masumeh, in unser Zimmer.

»Was ist hier los?«, fragte Schwester Maryam.

»Es ist Sarah. Sie weinte und schrie und fing an, mit aller Gewalt auf sich selbst einzuschlagen«, berichtete Soheila.

Schwester Maryam schickte Schwester Masumeh nach der Krankenschwester.

In weniger als zehn Minuten war die Krankenschwester da und gab Sarah eine Spritze in den Arm. Sarah hörte auf, um sich zu schlagen. Sie wurde ohnmächtig.

Schwester Maryam ordnete an, man solle Sarah ins Gefängniskrankenhaus bringen, damit sie sich nicht selbst verletzte. Gemeinsam mit der Krankenschwester hoben die Schwestern Sarah auf eine Decke und trugen sie fort.

Sarahs kleine Hand baumelte an einer Seite der Trage. Ich flehte zu Gott, er möge sie nicht sterben lassen. Ihre Familie wartete darauf, dass sie zurückkehrte, wie Arashs Familie auf seine Rückkehr gewartet hatte.

9

Wir warteten auf Arashs Rückkehr, obwohl wir wussten, dass er nicht zurückkommen würde.

Der Schah setzte einen neuen Premierminister ein, um das Land unter Kontrolle zu bekommen; er hielt Reden, erzählte dem Volk, er habe seinen Schrei nach Gerechtigkeit gehört und werde Reformen einleiten. Es war zwecklos. Es gab immer mehr Versammlungen und Kundgebungen gegen den Schah, und während das Schuljahr 1978/79 fortschritt, wuchs bei jedem von uns die Sorge, wie es weitergehen würde. Die Welt, in der ich aufgewachsen war, und die Gesetze, nach denen ich gelebt und die ich für unumstößlich gehalten hatte, zerfielen und lösten sich auf. Ich hasste die Revolution. Sie hatte Gewalt und Blutvergießen gebracht, und ich wusste, dass dies erst der Anfang war. Bald gab es Ausgangssperren, deren Einhaltung das Militär kontrollierte, an jeder Straßenecke standen Soldaten und Militärlastwagen. Ich war eine Fremde in meiner eigenen Welt geworden.

Eines Tages bebte unsere Wohnung von einem dumpfen Dröhnen, das immer lauter wurde und durch Mark und Bein drang. Ich blickte aus dem Fenster und sah einen Panzer, der die Straße entlangrollte. Ich hatte entsetzliche Angst – mir war nicht klar, dass Panzer einen solchen Lärm machten. Als das Getöse verebbte, sah ich, dass der Panzer tiefe Spuren im Straßenbelag hinterlassen hatte.

Wochen vergingen, und die Angst nahm zu. Viele Menschen, die wichtige Regierungs- oder Armeeposten bekleidet hatten, verließen das Land. Schließlich wurden im Spätherbst 1978 die Schulen geschlossen. Es folgte ein kalter Winter, in dem aufgrund von Streiks bei den Ölraffinerien und der politisch-ökonomischen Unsicherheit Benzin und Heizöl knapp wurden, sodass wir nur ein einziges Zimmer heizen konnten. An den Tankstellen bildeten sich kilometerlange Schlangen, wer tanken wollte, musste über Nacht im Wagen ausharren, bis er zu einer Zapfsäule kam. Ich saß zu Hause herum und konnte nur noch vor Kälte zittern, aus dem Fenster starren und mir Sorgen machen. Unsere Straße, die Schah-Reza-Straße, auf der sich immer Autos gestaut hatten, war nun die meiste Zeit verwaist. Auch die Bürgersteige, sonst voller Menschen, die einkauften, vor den Schaufenstern bummelten oder mit den Händlern feilschten, waren wie leer gefegt. Sogar die Bettler waren verschwunden. Von Zeit zu Zeit tauchten Trupps von zehn bis zwanzig Mann auf, steckten Autoreifen in Brand und schrieben »Tod dem Schah« oder »Lang lebe Khomeini« an die Fassaden, und wenn sie weg waren, hing dichter Rauch und der Gestank von brennendem Gummi in der Luft. Ein- oder zweimal zogen wütende Demonstranten durch die Straße, an der Spitze Männer, dahinter Frauen in schwarzen Tschadors. Mit erhobenen Fäusten skandierten sie Slogans gegen den Schah und die Vereinigten Staaten und schwenkten Plakate mit Bildern von Ayatollah Khomeini.

Einmal in der Woche besuchte ich Arashs Familie. Um mich keiner Gefahr auszusetzen – viele Menschen waren bereits von verirrten Kugeln verletzt und getötet worden –, hielt ich mich dicht an den Fassaden, ging so schnell ich konnte und achtete darauf, dass ich keiner Gruppe Protestierender oder Soldaten in die Arme lief. Im Bus suchte ich mir einen sicheren Platz. Aram stand meinetwegen höllische Ängste aus; er selbst setzte kaum noch einen Schritt vor die Haustür und bat mich, doch zu Hause zu bleiben. Ich hielt dagegen, dass die Gefahr, vor Langeweile zu sterben, wenn ich zu Hause bliebe, bedeutend größer wäre. Er bat mich, wenigstens kurz bei ihm anzurufen, bevor ich aus dem Haus ging.

»Wozu soll ich dich anrufen?«, frage ich ihn.

»Damit ich etwas tun kann, wenn du innerhalb einer bestimmten Zeit nicht hier bist.«

»Und was willst du dann tun?«

Er schien verwirrt.

»Losgehen und dich suchen.«

»Wo?«

In seinen Augen las ich den Schmerz, der in ihm aufstieg, und ich merkte, wie grausam ich war. Er sorgte sich um mich und wollte nicht, dass sich Arashs Geschichte wiederholte.

Ich nahm seine Hand: »Verzeih mir, Aram! Bitte! Ich weiß nicht, was mit mir los ist. Ich bin so dumm! Wenn ich nur wüsste, was ich denken soll. Ich rufe dich an. Versprochen.«

Er lächelte unsicher.

Damit Irina eine Beschäftigung hatte, bat ich sie, mir Stricken beizubringen. Wenn ich zu Besuch kam, saßen wir alle zusammen im Wohnzimmer, tranken Tee und hörten BBC, um herauszufinden, was in unserem Land vor sich ging, da die nationalen Fernsehsender und Radiostationen zensiert wurden. Manchmal drangen ferne Gewehrsalven bis zu uns, ihr Donner ließ uns erstarren, und wir lauschten angestrengt. Irina war sehr gebrechlich, und Arams Mutter verlor von Woche zu Woche an Gewicht. Sein sechsundvierzigjähriger Vater sah um Jahre gealtert aus. Sein Haar war ergraut, und in seine Stirn hatten sich tiefe Falten gegraben.

Sarah und ich telefonierten fast täglich, manchmal besuchte ich sie, oder sie kam zu mir. Im Gegensatz zu meinen Eltern unterstützten Sarahs Eltern die Revolution und beteiligten sich an diversen Kundgebungen, doch Sarah und Sirus ließen sie zu Hause. Sarah sagte, ihre Mutter trage einen schwarzen Tschador, wenn sie zu Demonstrationen ging. Es fiel mir schwer, mir ihre Mutter in einem Tschador vorzustellen: Sie war eine der bestgekleideten Frauen, die ich je kennengelernt hatte. Von Sarah wusste ich, dass Sirus einmal geplant hatte, sich heimlich davonzustehlen und an einer Kundgebung teilzunehmen. Sie hatte ihn gebeten, sie mitzunehmen, doch er hatte es abgelehnt: Sie sei zu jung, und es sei zu gefährlich. Ich flehte Sarah an, nicht an Demonstrationen teilzunehmen, und erinnerte sie an Arash. Doch sie meinte, es sei nun an der Zeit, die eigene Angst zu überwinden, man müsse gegen den Schah kämpfen, der sich an den Einkünften aus den Ölvorräten unseres Landes persönlich bereichere, Paläste baue, verschwenderische Feste feiere und gewaltige Geldsummen auf seine persönlichen Konten ins Ausland transferiere. Außerdem habe er alle, die ihn kritisiert hatten, einsperren und foltern lassen.

»Komm doch mit«, sagte Sarah. »Für Arash! Der Schah ist ein Dieb und Mörder, wir müssen ihn loswerden.«

Eines Tages brach eine Horde protestierender Menschen, die »Nieder mit dem Schah« brüllten, in das kleine Restaurant unter unserer Wohnung ein. Sie zertrümmerten die Fenster und nahmen alle Bierdosen und anderen alkoholischen Getränke mit, die sie finden konnten, schleppten sie auf die Straßenkreuzung und setzten sie in Brand. Die Bierdosen explodierten, unsere Fensterscheiben zitterten. Ich kannte die Besitzer des Restaurants sehr gut, seit Jahren waren wir Nachbarn der armenischen Familie. Keiner von ihnen wurde bei dem Einbruch verletzt, doch sie standen entsetzliche Ängste aus.

Die Präsenz des Militärs auf den Straßen nahm nach und nach erkennbar ab. Alle sagten, der Schah habe endlich begriffen, dass der Einsatz von Soldaten nur Öl ins Feuer der Revolution gießen würde. Die Leute glaubten auch, dass nun viele Soldaten den Befehl, das Feuer auf die Demonstranten zu eröffnen, verweigern würden. Obwohl manchmal Armeelastwagen vorbeifuhren, konnte ich nun keine Armeeangehörigen mehr beobachten, die mit Gewehren in die demonstrierenden Menschenmengen zielten.

Meine Eltern schienen nicht sonderlich beunruhigt über die Vorgänge im Land zu sein. Sie nahmen die islamische Bewegung auf die leichte Schulter und glaubten, es handele sich lediglich um eine unruhige Periode, nicht um eine Revolution.

Sie waren überzeugt, der Schah sei zu mächtig, um von einer Horde Mullahs und Religionsführer abgesetzt zu werden. Und obwohl meine Mutter mich immer zur Vorsicht ermahnte, wenn ich das Haus verließ, gab sie sich optimistisch, dass sich die dunklen Wolken bald wieder verziehen würden.

Am 16. Januar 1979 wurde der Schah gezwungen, ins Exil zu gehen, und er verließ den Iran. Die politischen Gefangenen wurden freigelassen. In jeder Straße wurde gefeiert. Ich sah von meinem Fenster aus, wie die Menschen tanzten, die Autos hupten. Am 1. Februar kehrte Khomeini nach langem Exil in der Türkei, im Irak und in Frankreich in den Iran zurück. Während des Anflugs auf Teheran fragte ihn ein Journalist im Flugzeug, wie er sich bei seiner Rückkehr fühle. Khomeinis Antwort war, er fühle nichts. Ich fand seine Worte abstoßend. Viele hatten ihr

Leben geopfert, um den Weg für seine Rückkehr zu ebnen, und gehofft, die Lage des Volks im Iran damit zu verbessern, und er fühlte nichts? Floss in seinen Adern kaltes Wasser anstelle von warmem Blut?

Die Armee stand, wie ich hörte, auch nach der Rückkehr von Khomeini noch loyal zum Schah. Und noch immer patrouillierten Panzer und Militärlastwagen in den Straßen. Etwa einen Monat lang war die Zukunft des Landes völlig ungewiss. Notstandsregierungen von Armeemitgliedern hatten die meisten Städte übernommen, und es gab nach wie vor Ausgangssperren. Ayatollah Khomeini forderte die Menschen auf, sie sollten jeden Abend um neun Uhr auf ihre Dächer gehen und eine halbe Stunde lang Allahu akbar rufen, um ihre Unterstützung für die Revolution zu demonstrieren. Anders als die meisten Leute, darunter selbst diejenigen, die keine großen Anhänger der Revolution waren, nahm meine Familie nicht an diesen Allahu-akbar-Kundgebungen teil. Ein Gefühl der Solidarität hatte das Land ergriffen. Die Menschen hofften auf eine bessere Zukunft und auf Demokratie.

Am 10. Februar 1979 kapitulierte die Armee vor dem Willen des iranischen Volkes, einen Tag darauf gab Ayatollah Khomeini die Einsetzung einer provisorischen Regierung mit Mehdi Bazargan als Premierminister bekannt.

Bald tauchten überall bewaffnete Revolutionswächter und Mitglieder der islamischen Revolutionskomitees auf, begutachteten jeden argwöhnisch und verhafteten Hunderte unter dem Vorwurf, Mitglieder der SAVAK zu sein. Sie wurden inhaftiert und ihr Besitz beschlagnahmt. Einige wurde hingerichtet, allen voran die hochrangigen Vertreter des alten Regimes, die das Land nicht verlassen hatten. Entsetzliche Fotoaufnahmen von ihren geschundenen, blutigen Leichen waren in den Zeitungen zu sehen. In diesen Tagen lernte ich, dass es besser war, auf den Boden zu blicken, wenn man an einem Zeitungskiosk vorbeikam.

Nicht lange nach der Revolution wurde Tanzen als gotteslästerlich angesehen und für ungesetzlich erklärt, und mein Vater verlor seine Anstellung beim Ministerium für Kunst und Kultur. Später begann er als Übersetzer und Bürokaufmann in Onkel Partefs Stahlfabrik zu arbeiten. Mein Vater hatte einen langen Arbeitstag, und wenn er nach Hause kam, war er müde und unglücklich. Ich sah ihn wie immer selten, vielleicht sogar noch seltener als zuvor; er las Zeitung oder sah fern und wirkte immer so ernst, als wollte er nicht gestört werden. Wir sprachen fast nie miteinander.

Die Schulen wurden wieder geöffnet, und wir kehrten in den Unterricht zurück. Unsere Schulleiterin, eine gebildete Frau und zu Zeiten des Schahs sehr eng mit dem letzten Bildungsminister befreundet, war verschwunden. Angeblich hatte man sie hingerichtet. Sie hatte die Schule viele Jahre geschickt geleitet, jeden Tag spürte man, wie sehr sie fehlte. Die meisten unserer Lehrer, hieß es, würden bald durch regierungstreues Lehrpersonal ersetzt werden. Am schlimmsten war unsere neue Schulleiterin, Khanum Mahmudi, eine neunzehnjährige Revolutionswächterin, eine fanatische junge Frau, die den kompletten islamischen Hidschab trug. Der Hidschab war noch nicht vorgeschrieben, doch eine Veränderung schien sich anzubahnen. Das Wort Hidschab kommt aus dem Arabischen und bezeichnet die vorschriftsmäßige Verhüllung des weiblichen Körpers. Eine der Formen des Hidschab ist der Tschador. Nachdem den Frauen vorgeschrieben wurde, sich in der Öffentlichkeit zu verhüllen, trugen die Frauen in den Großstädten, und besonders in Teheran, statt des Tschadors ein lockeres, langes, mantelartiges

Übergewand, die Abaya, und bedeckten ihr Haar mit großen Schals. Diese Bekleidung wurde, wenn sie nicht nachlässig war, als Hidschab akzeptiert.

Einige Monate lang gab es auch noch etwas Redefreiheit. An den Schulen verkauften unterschiedliche politische Gruppen unbehelligt ihre Zeitungen, und während der Pausen konnte man überall auf dem Schulhof politische Diskussionen hören. Nie zuvor hatte ich Marxisten getroffen, jetzt waren sie allgegenwärtig. Eine Gruppe der Volksmudschahedin erschien, was wörtlich »Gotteskämpfer für das Volk« bedeutet. Alle diese Gruppen waren während des Schahregimes verboten gewesen, hatten aber seit vielen Jahren im Untergrund bestanden. Ich wusste nichts über die Mudschahedin, obwohl es offenbar einiges zu erfahren gab. Einer meiner Freunde, ein Marxist, erzählte mir, die Mudschahedin seien abtrünnige Marxisten, die an Gott und den Islam glaubten. Als muslimische Sozialisten seien sie überzeugt davon, dass der Islam den Iran zu sozialer Gerechtigkeit führen und ihn vor der Verwestlichung schützen könne. In den Sechzigerjahren gegründet, hatten sie zu den Waffen gegriffen und für die Vertreibung des Schahs gekämpft. Dennoch waren sie keine Gefolgsleute Khomeinis: Jahre bevor der Name Ayatollah Khomeini bekannt wurde, hatten die Mudschahedin bereits zahlreiche Proteste gegen den Schah angeführt, und ihre Mitglieder, meist Studenten, waren im Evin-Gefängnis gefoltert und hingerichtet worden. Die Tatsache, dass sie eine islamische Gruppe waren, war für mich Grund genug, mich nicht ihrer Bewegung anzuschließen.

Aram besuchte eine Jungenschule namens Elburz, die neben meiner Schule lag. Etwa eine Woche nach Schulbeginn sprach er mich an, als ich mich gerade auf den Nachhauseweg machte. Mir blieb das Herz stehen – ich dachte, er hätte schlechte Nachrichten von seinem Bruder. Doch er sagte, er habe mich nur sehen wollen, und bot mir an, mich nach Hause zu begleiten. Ich stieß einen Seufzer der Erleichterung aus. Obwohl ich sicher war, dass Arash tot war, fürchtete ich mich vor dieser Nachricht.

Er erkundigte sich über meine Schule, und ich erzählte ihm von unserer neuen Schulleiterin, der Revolutionswächterin, und dass es mich nicht wundern würde, wenn sie ein Gewehr in der Tasche mit sich herumtrüge.

»Du bist bei keiner politischen Gruppe dabei, oder?«, fragte er. Seit dem Verschwinden seines Bruders war Aram auf traurige und bedrückende Art reifer geworden. Vor der Revolution hatte er nur Basketball und Partys im Kopf gehabt, doch jetzt machte er sich um alles und jeden Sorgen und gab mir ständig Ratschläge. »Mein Vater sagt, es seien gefährliche Zeiten angebrochen. Er denkt, die neue Regierung erlaube im Augenblick allen politischen Gruppierungen, zu tun und zu sagen, was sie wollten, um den Revolutionswächtern einen Überblick darüber zu verschaffen, wer ihre Freunde und wer ihre Feinde sind. Früher oder später aber würden sie jeden inhaftieren, der sich in irgendeiner Form gegen die Regierung gestellt hat.«

Tante Xenia hatte mich wenige Tage zuvor angerufen und mir genau dasselbe gesagt. Sie hatte mich gewarnt, ich solle vorsichtig sein. Doch ich war sehr neugierig, etwas über die verschiedenen Ideologien zu erfahren. Jeden Tag in der Pause besuchte ich Lesungen und Debatten, die von Schülern der elften oder zwölften Klasse, die in verschiedenen politischen Gruppierungen mitarbeiteten, veranstaltet wurden.

Absehen davon, dass sie nicht an Gott glaubten, fand ich die Ideen von Marx und Lenin sehr attraktiv. Sie wollten Gerechtigkeit für alle und eine Gesellschaft, in der jeder an den Reichtümern teilhatte, doch in der Realität hatten sich ihre Theorien als falsch erwiesen. Ich wusste genau, was in der Sowjetunion und in anderen kommunistischen Ländern passiert war. Kommunismus war nicht der richtige Weg. Auf der anderen Seite sah ich nun, wie eine islamische Gesellschaft aussah. Ich war überzeugt, dass die Vermischung von Religion und Politik gefährlich war. Jeder, der die islamische Regierung kritisierte, wurde beschuldigt, den Islam zu kritisieren und sich somit gegen Gott zu wenden. Und wer dies nicht einsehen und sich ändern wollte, verdiente es nach dieser neuen Logik nicht, zu leben.

Vor der Revolution waren der Glaube und die Überzeugung der Menschen nie ein politisches Ziel gewesen, zumindest nicht, solange ich zurückdenken konnte. Meine Schule wurde von Mädchen unterschiedlicher Glaubenszugehörigkeit besucht, aber von uns wurde erwartet, dass wir uns auf den Unterricht konzentrierten, höflich und respektvoll gegenüber Mitschülern und Lehrern waren und uns wie Damen verhielten. Jetzt schien es allerdings, als hätte sich diese Welt in vier reißende Strömungen aufgeteilt: den fundamentalistischen Islam, den Kommunismus, den linken Islam und die Monarchisten, und mir gefiel keine dieser Richtungen. Fast jeder gehörte einer dieser Gruppen an; ich nicht, und ich fühlte mich deshalb verloren und allein.

Gita war nun in der elften Klasse und Mitglied der Kommunistischen Partei, als Volksfedajin bekannt. Sarahs Bruder Sirus gehörte den Mudschahedin an, und Sarah unterstützte deren Ansichten und Ideen.

Im Mai 1979, drei Monate nach der erfolgreichen Islamischen Revolution, verbrachte ich eine Nacht allein zu Hause. Meine Eltern waren bei Freunden, und ich war zu Hause geblieben, um Hausaufgaben zu erledigen. Gegen acht Uhr schaltete ich den Fernseher ein. Wir hatten damals nur zwei Programme. Seit der Revolution kamen selten Sendungen, die es lohnte, anzusehen, doch ein Dokumentarfilm interessierte mich. Er handelte von der Anti-Schah-Demonstration auf dem Jaleh-Platz am 8. September. Obwohl ich genau wusste, dass Arash nicht mehr lebte, konnte ich mir noch immer nicht vorstellen, dass er an diesem Tag gestorben war; für mich war es der Tag, an dem er verschwand. Mit Tränen in den Augen rückte ich näher an den Bildschirm. Der Film war von schlechter Qualität, denn der Kameramann war die meiste Zeit gerannt und hatte abrupte Bewegungen gemacht, sodass es schwer war, den Bildern zu folgen. Soldaten zielten mit ihren Gewehren auf die Menge und feuerten. Menschen rannten, und ich sah, wie einige zu Boden fielen. Soldaten warfen die Leichen auf Militärlastwagen, und plötzlich, nur für einen kurzen Augenblick, erblickte ich ihn. Einer der Toten war Arash. Ich stand auf, Übelkeit und Entsetzen stiegen in mir auf, ich konnte nicht sprechen und nicht weinen. Ich ging in mein Zimmer, setzte mich auf mein Bett und versuchte nachzudenken. Vielleicht hatte ich es mir nur eingebildet. Was konnte ich tun? Ich musste die Wahrheit erfahren. Schnurstracks ging ich zum Telefon und rief Aram an. Er hörte die Panik in meiner Stimme. Ich wusste nicht, wie ich es ihm sagen sollte.

»Marina, was ist los?«

Ich schwieg.

»Sag etwas. Willst du, dass ich zu euch komme?«

»Nein«, hörte ich mich antworten.

»Bitte, sag mir, was ist los?«

»Gerade lief ein Dokumentarfilm über die Demonstration am 8. September. Soldaten haben Tote auf einen Lastwagen geworfen. Ich glaube, Arash war unter ihnen.« Jetzt hatte ich es gesagt.

Stille, entsetzliche Stille am anderen Ende der Leitung.

»Bist du dir sicher?«

»Nein, wie könnte ich? Es war ein Bruchteil einer Sekunde. Wie können wir es herausfinden?«

Aram schlug vor, wir sollten am nächsten Tag nach der Schule zum Fernsehsender gehen. Ich wollte schon morgens hingehen, doch er meinte, unsere Eltern würden sich Sorgen machen, wenn wir den Unterricht schwänzten, und er wollte es seinen Eltern erst sagen, wenn wir sicher wären, dass es stimmte.

Am nächsten Tag fuhren wir mit dem Bus zum Fernsehsender. Keiner von uns sagte etwas. Zuerst gingen wir zur Rezeption und erklärten einer Dame mittleren Alters unsere Situation. Sie war sehr freundlich und sagte uns, sie habe bei der Demonstration am 8. September einen Cousin verloren. Sie führte einige Telefonate und begleitete uns dann in ein kleines Büro zu einem bärtigen jungen Mann. Er trug eine dicke Brille und sah mich bei unserem Gespräch nie direkt an, doch er nickte pausenlos. Er ging mit uns in ein großes Zimmer, in dem allerhand technische Geräte standen. Dort erzählten wir unsere Geschichte einem knapp fünfzigjährigen Mann namens Aghaye Rezaii, der versprach, er werde die Filmaufnahmen für uns finden. Und er fand sie.

Aram und ich starrten auf den Bildschirm, und dann sahen wir es. Wir baten Aghaye Rezaii, das Bild anzuhalten. Es gab keinen Zweifel, es war Arash. Seine Augen waren geschlossen und sein Mund leicht geöffnet. Sein weißes T-Shirt war voller Blut.

Ich hatte das Gefühl, ein Stein hätte mir die Brust zerschmettert. Ich wünschte, ich hätte bei ihm sein können, als er so einsam war und voller Angst.

Lange konnten wir den Blick nicht vom Bildschirm abwenden. Schließlich sah ich Aram an. Seine Augen waren leer und abwesend, er versuchte wie ich diese entsetzliche Lücke zu begreifen, die der Tod gerissen hatte, den schrecklichen Fall vom Wissen ins Bodenlose und das fürchterliche Warten, wann der Aufprall auf den Boden und das Zerspringen in kleine, unbedeutende Stücke erfolgen würde. Ich berührte seine Hand. Er wandte mir den Kopf zu, sah mich an. Ich umarmte ihn. Aghaye Rezaii weinte mit uns.

»Ich muss meine Eltern anrufen. Ich muss es ihnen sofort sagen«, sagte Aram.

Innerhalb einer Stunde waren sie beide da, am Boden zerstört und gebrochen. Nach acht Monaten der Ungewissheit mussten wir der Realität von Arashs Tod ins Auge sehen. Sie dankten mir dafür, dass ich ihn gefunden hatte. Ja, sie bedankten sich. Mein Kopf war wie gelähmt. Ich konnte nichts denken. Sie boten mir an, mich nach Hause zu fahren, doch ich lehnte ab. Ich wollte allein sein.

Ich nahm den Bus, fand einen ruhigen Platz in einer Ecke und betete. Was konnte ich tun? Immer wieder betete ich »Gegrüßet seist du, Maria«. Ich betete so lange, bis es genug war, bis ich akzeptieren konnte, dass er gestorben und ich in jenem Augenblick nicht bei ihm gewesen war. Doch würde ich jemals wieder zur Ruhe kommen? Die Trauer, die meine Seele ergriffen hatte, wuchs ohne Erbarmen und dehnte sich rasch aus. Ich musste ihr Raum geben, sonst würde sie meine Seele zerstören und mich ins Leere stürzen.

Vor unserer Wohnungstür kämpfte ich mit zitternden Händen und versuchte, den Schlüssel ins Schlüsselloch zu stecken, doch es gelang mir nicht. Ich klingelte. Niemand öffnete. Die schwere, heiße Luft und der Verkehrslärm waren bedrückend. Ich holte tief Luft und versuchte noch einmal aufzuschließen. Die Tür sprang auf. Ich schloss sie hinter mir und lehnte mich an sie. Im Flur war es dunkel, kühl und still. Wie zerschlagen schleppte ich mich zur Treppe und begann hinaufzusteigen, doch nach den ersten Stufen brach ich zusammen. Eine Zeit lang fühlte ich nichts als den kühlen Stein an meiner Haut. Dann hörte ich, wie jemand meinen Namen rief. Etwas Warmes berührte mein Gesicht. Ich blickte auf. Meine Mutter starrte mich an und begann mich zu schütteln.

»Marina, steh auf!«

Sie zog mich an den Armen, und endlich gelang es mir, auf die Beine zu kommen. Ich stützte mich auf sie. Sie brachte mich in mein Zimmer. Sie sprach mit mir, doch ich konnte sie nicht verstehen. Ihre Worte waren wie ein Nebel, wie aufsteigender Dunst, der sich in der Sonne auflöste, die durchs Fenster in mein Zimmer fiel. Sie half mir, mich aufs Bett zu setzen. Ich musste verstehen, was geschehen war. Ich musste verstehen, warum Arash gestorben war. Ich starrte aus dem Fenster auf den blauen Himmel.

Als mir endlich bewusst wurde, wo ich war, stand meine Mutter mit einem Teller meines Lieblingsgerichts vor mir – Rindfleisch, gedünstet mit Sellerie und Reis. Draußen war es dunkel geworden, und das Licht in meinem Zimmer brannte. Ich starrte auf meine Armbanduhr. Es war nach neun. Zwei Stunden waren vergangen, und ich saß noch immer auf meinem Bett. Irgendwie hatte ich die Stunden übersprungen, als ob meine Trauer mich aus der Welt geschnitten hätte wie eine Schere einen Umriss aus einem Stück Papier.

»Er ist tot«, sagte ich laut. Ich hoffte, es würde mir verstehen helfen, warum es so gekommen war.

»Wer?«

Meine Mutter saß auf der Bettkante.

»Arash.«

Sie drehte sich weg.

»Er ist bei der Demonstration am 8. September erschossen worden. Er ist tot.«

»Schrecklich.« Sie seufzte und schüttelte den Kopf. »Ich weiß, du hast ihn sehr gemocht. Es tut weh, sehr weh, aber du wirst darüber hinwegkommen. Morgen wird es dir besser gehen. Ich hole dir einen Tee.«

Sie ging hinaus. Hin und wieder zeigte mir meine Mutter für einen kurzen Augenblick, dass sie mich liebte. Doch diese Momente hielten nie lange an, sondern leuchteten kurz auf wie Kometen und verschwanden dann in der Dunkelheit.

Nach einer Tasse Kamillentee schlief ich ein, aber ich wachte mitten in der Nacht auf, und meine Brust brannte. Ich hatte von Arash geträumt. Ich rannte zu meiner Kommode, schnappte meinen Engel und kroch unters Bett. Tiefe Schluchzer zerrissen meine Kehle, und je mehr ich mich bemühte, mich zu beruhigen, desto schlimmer wurde es. Ich zog mein Kopfkissen vom Bett und presste es mir auf das Gesicht. Ich wollte, dass mein Engel kam und mir sagte, warum Menschen sterben mussten. Ich brauchte ihn, ich musste wissen, warum Gott mir die Menschen nahm, die ich liebte. Ich rief ihn, doch mein Engel kam nicht.

Am 6. September 1979 starb Irina nach einem Herzinfarkt. Ich hatte bereits zwei geliebte Menschen vor ihr verloren, doch ich war noch nie auf einem Begräbnis gewesen. Irinas Begräbnis war das erste.

Am 9. September zog ich einen schwarzen Rock und eine schwarze Bluse an und schaute in den Spiegel. Ich hasste es, wie ich in Schwarz aussah: dünn, blass und niedergeschlagen. Ich versuchte Haltung zu bewahren, stellte mich aufrecht hin. Dann zog ich die schwarzen Sachen aus und schlüpfte in meinen braunen Lieblingsrock und eine cremefarbene Bluse. Darin hätte ich Irina besser gefallen.

Auf dem Weg zur Bushaltestelle machte ich bei einem Blumenladen halt und kaufte einen Strauß rosafarbener Rosen. Im Bus saß ich am Fenster und ließ die Straßen vorüberziehen. In der Stadt gab es keine Farben und kein Glück mehr. Die Menschen trugen nur noch dunkle Kleidung und blickten auf den Boden, als wollten sie einander aus dem Weg gehen, ebenso wie all dem, was um sie herum geschah. Fast jede Wand war bemalt mit brutalen Parolen, die Hass predigten.

Die russisch-orthodoxe Kirche in Teheran hatte keine Priester, deshalb wurde die Messe in einer griechisch-orthodoxen Kirche abgehalten und der Sarg anschließend auf dem russischen Friedhof beigesetzt. Ich war dankbar dafür, dass ich an Irinas Begräbnis teilnehmen durfte. Ich hatte gelernt, was für ein Geschenk es war, Abschied nehmen zu können.

Nach dem Begräbnis bat ich Aram, mir zu helfen, das Grab meiner Großmutter zu finden. Ich wusste nicht genau, wo es lag. Meine Eltern hatten mich nicht zu ihrer Beerdigung mitgenommen und nie mit mir ihr Grab besucht. Ich wollte es aufsuchen und ein kurzes Gebet für sie sprechen. Der Friedhof war nicht sehr groß und von einer Mauer aus Tonziegeln umgeben. Die Gräber lagen dicht beieinander, überall spross Unkraut. Es gab viele Grabsteine, es würde nicht einfach sein, den meiner Großmutter zu finden. Auf Zehenspitzen gingen wir zwischen den Grabsteinen hindurch, und der fünfte oder sechste, den wir lasen, war ihrer. Es war, als hätte sie mich gefunden. Ich hatte eine Rose für sie aufgespart.

Ich sah mich um. Jeder Grabstein war wie ein Buchdeckel, der für immer geschlossen worden war. Ich ging von einem zum anderen und versuchte, die Namen und die Geburts- und Sterbedaten zu entziffern. Einige Tote waren sehr alt geworden, andere waren jung gestorben. Ich wollte sie alle kennenlernen. All die vielen Geschichten, die niemals erzählt wurden. Ob der Engel alle diese Menschen kannte? Hatte er ihnen helfen können und ihren Herzen zugehört, als sie starben? Was waren ihre letzten Gedanken gewesen, bevor sie ihre Körper verließen? Was bedauerten sie am meisten? War es möglich, im Augenblick des Todes nichts zu bedauern? Was würde ich am meisten bedauern, wenn ich jetzt stürbe?

Arams Freunde und seine Verwandten schickten sich an, den Friedhof zu verlassen. Ich merkte, wie seine Eltern in unsere Richtung sahen, und ich wusste, sie dachten an Arash. Sie hatten es verdient, zu erfahren, wo er begraben war – und er hatte ein eigenes Grab verdient. Ich wollte eine Rose auf dem schmalen Stück Erde pflanzen, das seinen Leib bedeckte. Rosen in allen Farben. Und ich würde nie zulassen, dass Unkraut seinen Grabstein überwucherte. Ein Jahr war seit seinem Tod vergangen. Vier Jahreszeiten Getrenntsein und Schmerz.

Am 1. November 1979 forderte Ayatollah Khomeini das iranische Volk dazu auf, gegen die Vereinigten Staaten zu demonstrieren, die er den »Großen Satan« nannte: Die Vereinigten Staaten seien schuld an der Korruption auf der ganzen Welt und gemeinsam mit Israel die größten Feinde des Islam. Tausende Menschen gingen auf die Straße und umzingelten die amerikanische Botschaft.

Ich sah im Fernsehen die Berichterstattung über die Demonstrationen und fragte mich, wo der wütende Mob hergekommen war. Niemand, den ich kannte, hatte an der Demonstration teilgenommen. Ein Meer von Menschen hatte die Straßen um das von einer Mauer umgebene Botschaftsgelände überschwemmt.

Am 4. November 1979 hörten wir, dass eine Gruppe von Studenten der Universität, die sich »Jünger des Imam« nannten, in das Hauptgebäude der Botschaft eingedrungen war und sechsundsechzig Amerikaner als Geiseln genommen hatte [später reduzierte sich die Zahl auf zweiundfünfzig]. Sie wollten die Vereinigten Staaten zwingen, den Schah auszuliefern, der sich in den USA einer Krebsbehandlung unterzog. Der Schah sollte im Iran vor Gericht gestellt werden. Für mich und für jeden, mit dem ich sprach, klang das vollkommen verrückt. Die Menschen wussten, dass der Schah todkrank war. Die Geiselnahme war also sinnlos. Doch was war schon sinnvoll seit der Revolution?

10

Am Besuchstag waren alle sehr aufgeregt, und das erste Mal seit meiner Verhaftung hörte ich die Mädchen laut lachen. Die Schwestern riefen die Gefangenen in alphabetischer Reihenfolge über den Lautsprecher auf, gewöhnlich immer fünfzehn zu einem Termin. Die Aufgerufenen legten den Tschador an und meldeten sich im Büro. Taraneh und ich wanderten auf dem Flur auf und ab, denn wir wussten nicht, ob unsere Eltern eine Besuchserlaubnis erhalten hatten. Taraneh war schon seit über zwei Monaten inhaftiert, hatte bisher aber noch keinen Besuch bekommen. Ihr Familienname begann mit einem »B«, sie würde auf jeden Fall vor mir aufgerufen werden…

»… Taraneh Behzadi …«

Wir sprangen beide auf und jubelten. Sie war so aufgeregt, dass ich den Tschador und die Augenbinde für sie holen musste. Sie verschwand hinter der Absperrung, und ich ging weiter auf und ab. Die meisten Mädchen weinten, wenn sie aus dem Besucherraum zurückkamen. Taraneh kam nach etwa einer halben Stunde zurück, sie war gefasst und ruhig.

»Hast du deine Eltern gesehen?«, fragte ich sie.

»Ja.«

»Geht es ihnen gut?«

»Ja, ich glaube schon. Es gibt eine dicke Glasscheibe im Besucherraum, aber keine Telefone. Du kannst nicht mit ihnen sprechen. Aber wir haben uns mit Zeichensprache verständigt.«

Endlich wurde ich aufgerufen. Im Büro befahl man uns, die Augenbinden aufzusetzen. Ich ging mit den anderen Mädchen im Gänsemarsch nach draußen und zum Besuchergebäude. Bevor wir eintraten, mussten wir die Augenbinden abnehmen. In jeder Ecke standen bewaffnete Wachen. Eine dicke Glasscheibe teilte das Zimmer in zwei Hälften. Jenseits der Scheibe standen Männer und Frauen, manche in Tränen, pressten die Hände an die Scheibe und suchten das geliebte Gesicht ihrer inhaftierten Angehörigen. Rasch hatte ich meine Eltern entdeckt. Sie liefen auf mich zu und begannen zu weinen. Meine Mutter trug eine schwarze Abaya, die bis zu den Knöcheln reichte, und einen sehr breiten schwarzen Schal, der ihr Haar und ihre Schultern bedeckte. Sie hatte diese Kleidung bestimmt nur für ihren Besuch im Evin-Gefängnis gekauft. Alle Abayas, die sie vor meiner Verhaftung getragen hatte, waren kürzer gewesen – sie reichten bis knapp unters Knie –, und ihre Schals waren schmaler.

»Geht es dir gut?«, las ich von den Lippen meiner Mutter.

Ich nickte und kämpfte meine Tränen zurück.

Sie presste die Hände zusammen wie zum Gebet und sagte etwas.

»Was?« Ich runzelte die Stirn, verzweifelt versuchte ich sie zu verstehen.

»Alle beten für dich«, sagte sie langsamer und mit übertrieben deutlichen Mundbewegungen.

»Danke.« Ich verbeugte mich leicht.

»Wann lassen sie dich nach Hause?«, fragte sie, doch ich tat, als verstünde ich sie nicht. Ich würde es niemals fertigbringen, meinen Eltern zu sagen, dass ich zu lebenslanger Haft verurteilt war. Es hätte sie umgebracht. Sie hatten entsetzliche Angst und waren vollkommen niedergeschmettert, doch sie hatten wenigstens noch Hoffnung, dass ich eines Tages nach Hause zurückkehren würde. Ich wusste nicht, was ich ihnen sagen konnte. Ich wollte meine Mutter nur umarmen und sie nie mehr weggehen lassen.

»Sarah geht es gut«, sagte ich schließlich, nachdem ich sie eine Weile angestarrt hatte.

»Was?«

Ich schrieb mit den Fingern »Sarah« auf die Scheibe, und meine Mutter fuhr die Spur meiner Finger mit ihrem Finger nach.

»Sarah?«

»Ja.«

»Geht es ihr gut?«

»Ja.«

»Die Zeit ist um!«, brüllte ein Wächter.

»Sei tapfer, Marina!«, sagte meine Mutter.

Nach dem Besuchstag war es im Gefängnis immer sehr still. Wir saßen einsam in den Ecken und versuchten, nicht daran zu denken, wie wir vor unserer Inhaftierung gelebt hatten, doch es war ein hoffnungsloses Unterfangen, denn wir hatten nichts als unsere Erinnerungen. Wir vermissten unsere Familien und unser früheres Leben. Wir hatten keine Zukunft, nur die Vergangenheit.

Am Tag danach verteilte man kleine Pakete an uns mit den Kleidern, die unsere Eltern mitgebracht hatten. Ich öffnete mein Paket. Röcke, Hosen, nagelneue Unterwäsche und einen Pullover. Alles roch nach Zuhause, nach Hoffnung. Taraneh strich mit den Fingern über einen verwaschenen roten Wollpullover. »Er bringt mir Glück«, sagte sie, »er hat mir immer Glück gebracht.« Sie erzählte von ihrer Mutter, die den Pullover vor Jahren gestrickt hatte, als sie selbst gerade stricken gelernt hatte. Auch Taranehs Schwestern hätten ihn gern gehabt und waren sehr traurig, als Taraneh ihn schließlich erhielt. Ihre Mutter hatte ihnen erklärt, sie habe den Pullover eben nur einer ihrer Töchter schenken können und es sei nur gerecht, dass die jüngste ihn bekam. Sie versprach, den drei Schwestern Taranehs genau den gleichen Pullover zu stricken, doch sie hatte ihr Versprechen nicht gehalten. Taraneh glaubte, dass ihr immer nur Gutes widerfahren war, wenn sie den Pullover getragen hatte, und fragte sich, ob er noch dieselbe magische Kraft besaß.

»Taraneh, eines Tages werden wir nach Hause zurückkehren«, sagte ich.

»Ich weiß.«

»Dann tun wir alles, was wir immer gern getan haben.«

»Wir machen lange Spaziergänge, ja?«

»Ja, und wir fahren in unser Ferienhaus.«

»Wir gehen einkaufen.«

»Wir kochen, backen und essen alles, worauf wir Lust haben!«

Wir lachten.

In dieser Nacht konnte ich nicht einschlafen. Ich überlegte, wie es Ali wohl gelungen war, mein Urteil zu mildern. Vielleicht konnte er auch etwas für Taraneh tun. Vielleicht konnte er auch Sarah helfen. Doch er hatte mir gesagt, dass er weggehen würde, und im Grunde wollte ich ihn nie mehr wiedersehen. Er machte mir Angst. In gewisser Hinsicht war es einfacher für mich, mit Hamed klarzukommen, denn bei ihm wusste ich, was ich zu erwarten hatte. Bei Ali war das anders. Er hatte mich nie geschlagen – trotzdem empfand ich eine tief sitzende Angst, wenn er in meiner Nähe war. Ich dachte an die Nacht, in der ich hingerichtet werden sollte. Die Erinnerung daran hatte ich immer weggeschoben, mein Kopf verweigerte sich den entsetzlichen Bildern. Doch ich wusste, es gab sie, klar und deutlich. Und ich erinnerte mich an Alis Blick, als er mich in die Zelle brachte. An die Leidenschaft darin. Es gab mir das Gefühl, als ob ich einer Falle säße – am Grund eines gefrorenen Ozeans. Aber um Taranehs willen musste ich mit ihm sprechen.

Ich ging am Morgen zum Büro und klopfte. Schwester Maryam saß hinter ihrem Schreibtisch und las in Papieren. Sie sah mich fragend an.

»Gibt es irgendeine Möglichkeit, Bruder Ali zu sprechen?«, fragte ich.

Ihre Augen loteten die meinen aus. »Warum willst du ihn sehen?«

Ich erzählte ihr, wie er mir das Leben gerettet hatte und dass ich ihn nun bitten wolle, eine Freundin vor dem Tod zu bewahren.

»Wen?«, fragte Schwester Maryam.

Ich zögerte.

»Taraneh?«

»Ja.«

»Bruder Ali ist nicht hier. Er ist an der Front und kämpft gegen die Iraker.« Im September 1980 hatte der Krieg zwischen dem Iran und dem Irak begonnen.

»Wann kommt er zurück?«

»Das weiß Gott allein. Doch selbst wenn er hier wäre, könnte er nichts für sie tun. Du hast sehr großes Glück gehabt. Wenn jemand von einem islamischen Gericht zum Tode verurteilt wird, kann nur der Imam selbst das Urteil aufheben. Doch der Imam mischt sich normalerweise nicht in solche Dinge ein. Er vertraut den Gerichten und ihren Entscheidungen. Der Einzige, der vielleicht etwas für sie tun kann, ist derjenige, der sie verhört.«

»Und wir können nichts tun?«

»Bete.«

Ich versuchte, nicht an das glückliche Leben vor der Revolution zu denken, nicht daran, wie es war, bevor all diese schrecklichen Dinge passierten, als ob die schönen Erinnerungen verblassen könnten wie alte Fotos, die man zu oft in die Hand genommen hatte. Doch manchmal atmete ich mitten in der Nacht den Duft der wilden Zitronenbäume und hörte das Rauschen ihrer kräftigen Zweige in der klaren, salzigen Brise. Ich spürte die warmen Wellen des Kaspischen Meers, die meine Füße umspielten, und den feuchten Sand, der meine Zehen umschloss und kleben blieb. In meinen Träumen lag ich im Bett in unserem Ferienhaus und beobachtete, wie der Mond aufging. Ich setzte meine Schritte auf den Fußboden, doch er knackte nicht. Ich ging umher, doch es war niemand da, und ich rief Arash, doch aus meiner Kehle drang kein Laut.

Die ganze Zeit über dachte ich an Andre. Ich hatte vor meiner Verhaftung gerade erst meine Gefühle für ihn entdeckt und war noch unsicher. Ich fürchtete mich, mir meine Verliebtheit einzugestehen, aus Angst, ihn zu verlieren – und ich wollte Arash nicht betrügen. Jetzt, da ich mit der Möglichkeit meines Todes konfrontiert war, wusste ich, dass ich in Andre verliebt war. Ich wünschte mir nichts mehr in der Welt, als bei ihm zu sein. Doch liebte er mich? Ich glaubte daran. Er war meine Hoffnung. Für ihn wollte ich überleben. Zu ihm wollte ich zurückkehren.

Mitte März bekam Sheida in der Nacht Wehen, und man brachte sie ins Gefängniskrankenhaus. Am nächsten Tag kehrte sie mit einem schönen, gesunden Jungen zurück, dem sie den Namen ihres Ehemanns, Kaveh, gab. Wir umringten sie und das Baby. Wir waren stolz, eine Mutter in unserem Zimmer zu haben, und nannten sie von da an Mutter Sheida. Das Baby war bald ein sehr verwöhntes Kind, es hatte viele eifrige Tanten, die sich um es kümmerten. Und obwohl der dunkle, sorgenvolle Schatten nie ganz aus Sheidas Gesicht verschwand, leuchtete es jetzt ein wenig. Das Baby gab nicht nur seiner Mutter, sondern uns allen Hoffnung.

Als Kaveh zwei oder drei Wochen alt war, wurden etwa siebzig Gefangene von 246 nach Qezel Hessar überstellt, ein Gefängnis in der Stadt Karaj, ungefähr fünfundzwanzig Kilometer von Teheran entfernt. Die meisten Mädchen sagten, die Haftbedingungen in Qezel Hessar seien besser als im Evin-Gefängnis, deshalb waren alle, die verlegt wurden, recht glücklich. Ich war froh, dass keine meiner engen Freundinnen auf der Liste stand. Nach der Überstellung war es nicht mehr ganz so gedrängt im Zimmer, doch das blieb nicht lange so. Täglich kamen neue Mädchen hinzu, und schon nach kurzer Zeit schliefen wir enger aneinandergepresst denn je.

Mindestens einmal pro Woche schallten Militärmärsche aus den Lautsprechern und verkündeten uns, dass die Armee eine wichtige Schlacht gewonnen habe und unsere Truppen kurz davor stünden, den Krieg gegen den Irak siegreich zu beenden. Doch keine von uns interessierte sich sehr dafür; nicht nur, weil der Krieg weit weg von Teheran stattfand, auch, weil man sich im Evin-Gefängnis wie auf einem anderen Planeten fühlte, man war in einer fremden Welt mit unbegreiflichen Gesetzen, die jede von uns grundlos zu Folter und Hinrichtung verdammen konnten.

Eines Abends, wir saßen beim Abendessen bei Brot und Datteln, kam Sarah in die Zelle und setzte sich in eine Ecke, ohne ihren Tschador abzunehmen, etwas zu sagen oder jemanden anzusehen. Erschrocken ging ich zu ihr und legte ihr die Hand auf die Schulter.

»Sarah?«

Sie reagierte nicht.

»Sarah, wo warst du? Wir haben uns Sorgen gemacht.«

»Sirus ist tot«, sagte sie mit ruhiger Stimme. Ich suchte, aber ich fand keine Worte für sie.

»Ich habe zwei Kugelschreiber«, flüsterte sie.

»Was?«

»Ich habe sie gestohlen. Sie wissen es nicht.«

Sie zog einen schwarzen Kugelschreiber aus ihrer Tasche, schob ihren rechten Ärmel hinauf und begann auf ihr Handgelenk zu schreiben: »Sirus ist tot. Einmal fuhren wir im Sommer ans Kaspische Meer und spielten am Strand Beach Ball. Alles war so bunt. Die Wellen schlugen…« Ich bemerkte, dass noch mehr auf ihrem Arm geschrieben stand. Die Schrift war klein, aber lesbar. Es waren ihre Erinnerungen. Ihre Erinnerungen an Sirus, ihre Familie, ihr Leben.

»Hast du einen Zettel oder etwas, um darauf zu schreiben?«, fragte sie.

»Ich finde etwas Papier für dich, Sarah. Wo warst du?«

»Ich habe keinen Platz mehr. Bitte, besorge mir Papier.«

Ich trieb ein Stück Papier für sie auf, doch es reichte nicht. Sie begann auf die Wände zu schreiben. Sie schrieb immer wieder dieselben Dinge, über unsere Grundschule und unsere höhere Schule, über die Spiele, die wir gespielt, und die Bücher, die wir gelesen hatten, über unsere Lieblingslehrer, die Neujahrsfeiern, die Sommerferien, ihr Haus, ihre Nachbarn, ihre Eltern und über alles, was Sirus gemocht hatte.

Als wir eines Nachts endlich wieder warmes Wasser hatten, weigerte sie sich zu duschen.

»Sarah, du musst dich waschen. Ob du duschst oder nicht, die Schrift verbleicht. Wenn du dich wäschst, kannst du wieder schreiben. Wenn du nicht stinken willst, dann dusche!«

»Meine Kugelschreiber schreiben bald nicht mehr.«

»Ich besorge dir neue, wenn du duschst.«

»Versprichst du es?«

Ich wollte kein Versprechen geben, von dem ich nicht sicher war, dass ich es halten konnte, deshalb ging ich ins Büro und erklärte Schwester Maryam die Lage. Ich sagte ihr, dass Sarah nichts Politisches schrieb, sondern nur ihre Erinnerungen an ihre Familie festhielt.

Schwester Maryam gab mir zwei Kugelschreiber, und ich lief schnell zu Sarah mit dem Gefühl, als hätte ich gerade den größten Schatz der Welt gehoben.

Als Sarah in der Dusche ihre Kleider auszog, konnte ich nicht glauben, was ich sah. Ihre Beine, ihre Arme und ihr Bauch waren vollgeschrieben.

»An meinen Rücken bin ich nicht rangekommen. Ich dusche nur, wenn du mir versprichst, meinen Rücken zu beschreiben«, sagte sie.

»Ich verspreche es dir.«

Dann wusch sie die Worte von ihrer Haut. Sarahs Buch. Ein lebendes, atmendes, fühlendes, schmerzendes Erinnerungsbuch.

Drei Monate nach meiner Ankunft in 246 wurde ich über Lautsprecher gerufen. Meine Freundinnen schauten mich ängstlich an. Mit zitternden Händen verhüllte ich mein Haar mit dem Schal.

»Bestimmt bedeutet es etwas Gutes«, sagte Taraneh mit Hoffnung in den Augen.

Ich holte tief Luft und öffnete die Tür in den Flur. Schwester Maryam erwartete mich im Büro. Ich fühlte ihre Aufregung.

»Wer lässt mich rufen?«, fragte ich.

»Bruder Hamed will dich sehen.«

»Wissen Sie, warum?«

»Nein, aber mach dir keine Sorgen. Ich bin sicher, er will nur wissen, wie du dich eingelebt hast.«

Ich legte meine Augenbinde um und folgte einer anderen Schwester in ein anderes Gebäude. Dort wartete ich in einem Flur, bis Hamed mich holte. Ich folgte ihm in ein Zimmer. Er schloss die Tür hinter uns und befahl mir, die Augenbinde abzunehmen. Er war unverändert. Seine Augen waren kalte, dunkle Höhlen. In der Ecke des Raums standen das Folterbett, ein Schreibtisch und zwei Stühle. Eine Peitsche aus schwarzen Elektrokabeln hing am Kopfende des Bettgestells. Mein Atem wurde schneller, ich begann zu keuchen.

»Marina, wie nett, dich zu sehen«, sagte er lächelnd. »Setz dich und sag mir, wie ist das *Leben* so?«

Seine Worte waren wie Wespenstiche.

»Das Leben ist schön«, sagte ich und lächelte zurück.

»Du bist ziemlich schnell abgehauen in der Nacht damals, weißt du noch? Hast du dich je gefragt, was aus den anderen geworden ist?«

Mein Herz schlug so rasend, dass ich das Gefühl hatte, mein Kopf würde jeden Augenblick platzen. »Ich bin nicht abgehauen. Ali hat mich geholt. Und ich weiß genau, was mit den anderen passiert ist. Ihr habt sie umgebracht.«

Auf dem Bettgestell waren Blutspuren, ich konnte meine Augen nicht davon lösen.

»Nun ja, ich kann dich zwar nicht leiden, aber du amüsierst mich. Hast du dir je gewünscht, du wärst in jener Nacht mit ihnen gestorben?«

»Ja, das habe ich.«

Er lächelte noch immer.

»Du weißt, dass du zu lebenslanger Haft verurteilt bist, nicht wahr?«

»Ja.«

Wenn er jetzt anfängt, mich zu schlagen, hört er erst auf, wenn ich tot bin.

»Und es macht dir nichts aus? Ich denke doch, die letzten Monate waren nicht gerade spaßig für dich, oder? Stell dir mal vor, das geht immer so weiter.«

»Gott wird mir beistehen«, sagte ich.

Er stand auf, ging für eine Minute im Zimmer umher, kam dann zu mir zurück und schlug mir mit dem Handrücken so voller Gewalt auf die rechte Wange, dass ich dachte, mein Hals sei gebrochen. Mein rechtes Ohr klingelte.

»Jetzt ist Ali nicht mehr da, um dich zu beschützen.«

Ich verbarg mein Gesicht in meinen Händen.

»Nimm ja den Namen Gottes nie wieder in den Mund! Du bist unrein und Seines Namens nicht wert. Ich muss meine Hände waschen, weil ich dich berührt habe. Langsam glaube ich, lebenslänglich ist genau das Richtige für dich. Du wirst lange leiden müssen, und es wird keine Hoffnung geben.«

Es klopfte an die Tür. Hamed öffnete und ging hinaus. Ich konnte keinen klaren Gedanken mehr fassen. Was wollte er von mir?

Ein Mann, den ich nie zuvor gesehen hatte, kam herein.

»Guten Tag, Marina. Mein Name ist Mohammad. Ich bringe dich nach 246 zurück.«

Ich sah ihn an. Ich war sprachlos, ich konnte kaum glauben, dass Hamed mich so ohne Weiteres gehen ließ.

»Ist alles in Ordnung mit dir?«, fragte Mohammad.

»Ja.«

»Leg die Augenbinde um, damit wir gehen können.«

Er brachte mich ins Büro von 246, wo Schwester Maryam mich unverzüglich aufforderte, die Augenbinde abzunehmen.

Schwester Masumeh saß hinter dem Schreibtisch und las.

»Warum ist dein Gesicht so rot?«, fragte Schwester Maryam.

Schwester Masumeh sah auf.

Ich erzählte ihnen, was geschehen war.

»Gott sei Dank habe ich Bruder Mohammad gefunden! Er und Bruder Ali sind enge Freunde. Sie arbeiteten im selben Gebäude. Ich rief an und erzählte ihm, dass Hamed dich geholt hat. Er versprach mir, er würde dich finden und zurückbringen«, sagte Schwester Maryam.

»Du hast Glück gehabt, Marina. Hamed braucht keinen besonderen Grund, um jemanden zu prügeln, wenn ihm danach ist«, flüsterte Schwester Masumeh.

»Wie du siehst, ist Schwester Masumeh nicht die beste Freundin von Hamed«, wandte sich Schwester Maryam an mich, »aber sie hat gelernt, ihre Zunge im Zaum zu halten. Obwohl sie zu den »Jüngern des Imam« gehörte, an der Geiselnahme in der amerikanischen Botschaft beteiligt war und den Imam persönlich kennt, hatte sie Schwierigkeiten mit Hamed. Die Einzigen, die ihm meines Wissens hier die Stirn bieten können, sind Bruder Ali und Bruder Mohammad.«

»Hab keine Angst, Marina. Da Hamed jetzt weiß, dass du Bruder Mohammad im Rücken hast, wird er dich in Ruhe lassen«, sagte Schwester Masumeh.

Alle in Zimmer sieben freuten sich, als ich zurückkehrte, und wollten wissen, was geschehen war. Doch als sie den geschwollenen roten Fleck auf meiner Wange sahen, wussten sie, dass ich nur schlechte Nachrichten brachte. Ich hatte keine Hoffnung, entlassen zu werden, aber ich war entschlossen, nicht aufzugeben. Denn das war es, was Hamed wollte. Er hatte versucht, mich moralisch zu vernichten. Beinahe wäre es ihm gelungen. Beinahe.

Ich dachte über die Dinge nach, die Schwester Maryam mir über Schwester Masumeh gesagt hatte. Man konnte sich kaum vorstellen, dass sie zu den Geiselnehmern in der US-Botschaft von Teheran gehörte. Ich erinnerte mich an die Fernsehberichte, die ich zur Zeit der Geiselnahme gesehen hatte. Ich hatte Angst um die Geiseln gehabt. In ihrem Heimatland gab es Familien, Menschen, die sie liebten, die sie brauchten, die wollten, dass sie zurückkamen. Für zweiundfünfzig der Amerikaner hatte die Geiselhaft 444 Tage gedauert, am 20. Januar 1981 waren sie freigelassen worden. Jetzt war meine Lage noch viel schlechter als ihre. Sie waren US-Bürger, das bedeutete, sie waren jemand. Zumindest hatte ihre Regierung sich darum bemüht, sie zu retten, und die Welt wusste um das Schreckliche, das ihnen widerfuhr. Wusste die Welt von uns? Versuchte irgendjemand, uns zu retten? Im Innersten meines Herzens erkannte ich, dass die Antwort auf diese Fragen ein »Nein« war.

In Gedanken war ich immer wieder in der Kirche. Ich roch den Duft der Kerzen, die vor dem Bild der Heiligen Jungfrau brannten und deren Lichter in der Hoffnung flackerten, unsere Bitten mögen erhört werden. Hatte sie mich vergessen? Ich erinnerte mich daran, dass Jesus gesagt hatte, die kleinste Hoffnung könne Berge versetzen. Ich wollte keinen Berg versetzen, ich wollte nur nach Hause gehen dürfen.

Am Morgen meines Geburtstags erwachte ich sehr früh. Noch nicht einmal der Muezzin hatte gerufen. Ich war jetzt siebzehn Jahre alt. Als ich jünger war, mit zehn oder mit elf, träumte ich immer davon, so alt zu sein. Damals glaubte ich, wer siebzehn wäre, könnte tun und lassen, was er wollte. Stattdessen war ich nun eine politische Gefangene und zu lebenslänglicher Haft verurteilt. Taraneh berührte meine Schulter, ich drehte mich um. Sie lag neben mir.

»Alles Gute zum Geburtstag«, flüsterte sie.

»Danke. Woher wusstest du, dass ich wach war?«

»Ich habe es an deiner Art zu atmen gehört. Wenn man so lange so dicht neben anderen geschlafen hat, weiß man, ob sie wirklich schlafen oder nur so tun.«

Sie fragte, ob man in meiner Familie Geburtstage feierte, und ich erzählte ihr, dass meine Eltern immer einen Kuchen und ein kleines Geschenk für mich kauften. In Tarанehs Familie waren Geburtstage sehr wichtig. Sie machten dann große Feste und überschütteten einander mit Geschenken. Mit ihren Schwestern stand sie in einer Art Wettbewerb: Sie nähten Kleidung füreinander, und jedes Jahr wurden die Stücke ausgefallener.

»Sie fehlen mir, Marina«, sagte sie.

Ich legte meinen Arm um sie. »Du wirst entlassen werden, und alles wird sein wie früher.«

Nach dem Essen bildeten Taraneh, Sarah und einige andere Freundinnen einen Kreis um mich. Sarah überreichte mir ein gefaltetes Stück Stoff. Ich öffnete es. Es war ein Kopfkissenbezug aus kleinen Stoffquadraten. Er war wunderschön. Jede Freundin hatte ein kleines Stoffstück von einem Kleidungsstück oder ihrem Schal dafür gegeben. Ich wusste, von wem jedes der einzelnen Quadrate stammte. Im Gefängnis war es Brauch, kleine genähte Taschen zu verschenken, wie sie an den Haken unter dem Regal in unserem Zimmer hingen, in denen wir unsere persönlichen Gegenstände verstauten. Ich war die Erste im Zimmer, die einen Kopfkissenbezug geschenkt bekam.

Nach dem Abendessen aßen wir Geburtstagskuchen nach Gefängnisart, aus Brot und Datteln. Ich tat so, als bliese ich Kerzen aus.

»Du hast vergessen, dir etwas zu wünschen!«, sagte Taraneh.

»Ich hole es jetzt nach: Ich wünsche uns allen, dass wir unseren nächsten Geburtstag zu Hause verbringen.«

Alle klatschten begeistert.

Zwei oder drei Tage später wurden die Häftlinge aus dem zweiten Stock von 246 über Lautsprecher aufgerufen, den Hidschab anzulegen und sich im Hof zu versammeln. Wir durften tagsüber zu bestimmten Zeiten nach draußen gehen, doch noch nie war uns der Hofgang befohlen worden. Wir waren beunruhigt. Als wir alle im Hof standen, erhielten wir den Befehl, uns um einen markierten Bereich in der Mitte des Hofs zu versammeln. Vier bewaffnete Revolutionswächter kamen aus dem Gebäude. Sie eskortierten zwei Mädchen. Eine war eine Freundin, sie schlief in unserem Zimmer und war neunzehn Jahre alt. Die andere war aus Zelle fünf. Beide trugen den Tschador. Man befahl ihnen, sich in der Mitte des Hofs auf den Boden zu legen. Einer der Wächter fesselte sie mit einem Seil an Hand- und Fußgelenken. Dann wurde verkündet, dass sie eine homosexuelle Beziehung unterhalten hätten und nun nach den Gesetzen des Islam dafür bestraft würden. Wir waren alle starr vor Schreck. Zwei Wächter begannen die Mädchen auszupeitschen. Wir waren Zeuginnen. Viele sahen weg, verdeckten ihr Gesicht und beteten, doch ich konnte meine Augen nicht schließen. Ich sah, wie die Peitschen in die Höhe schwangen, ihre Kontur verloren und mit schrillem, durchdringendem Jaulen die Luft zerschnitten. Dann folgte eine Sekunde Stille, in der das Herz auszusetzen schien, der Atem stockte. Die beiden Mädchen schrien nicht, doch ich wünschte, sie hätten es getan. Unter jedem Peitschenhieb erbebten ihre schmalen Körper. Ich erinnerte mich an die entsetzlichen Schmerzen, die ich hatte, als man mich auspeitschte. Nach dreißig Peitschenhieben band man sie los, stellte sie auf die Beine und brachte sie fort. Wir blieben zurück und fragten uns, was mit unseren Kameradinnen geschehen war. Gelobt sei, was hart macht, so heißt es. Doch dafür muss man einen hohen Preis zahlen.

Eines Tages war ich an der Reihe, Sheida bei der Wäsche zu helfen. Stoffwindeln in kaltem Wasser zu waschen war keine leichte Aufgabe. Wir hatten sie morgens gewaschen und zum Trocken im Hof aufgehängt. Normalerweise durften wir unsere Wäsche erst am folgenden Tag abnehmen, doch bei Sheida machte man eine Ausnahme. Sie hatte die Erlaubnis, auch am Abend nach draußen zu gehen. Sie ging einige Schritte vor mir. Es war Frühling, in der Ferne zwitscherten Vögel. Die Sonne war gerade untergegangen, und der Himmel glühte rosarot. Am Ende des Hofs hingen fünf Wäscheleinen; sie waren an den Gitterstäben der Fenster aus dem ersten Stockwerk festgeknotet, überspannten den Hof bis zur anderen Wand und waren mit bunten Kleidungsstücken behängt. Sheida verschwand hinter den Stoffbahnen, ich folgte ihr, wobei ich die Kleider, Hosen, Pullover, Hemden und Tschadors zur Seite streifte. Dann hörte ich ihren Schrei:

»Marina! Schnell! Eine Schere! Lauf! Beeil dich!«

Ich sah noch aus den Augenwinkeln, wie Sheida jemanden festhielt, der vor den Zellengittern eines Fensters hing. Ich rannte ins Büro und trommelte an die Tür. Schwester Maryam öffnete.

»Eine Schere! Schnell! Im Hof!«

Sie schnappte sich eine Schere von ihrem Schreibtisch, und wir rannten hinunter zu Sheida. Sie hielt noch immer ein Mädchen in die Höhe. Es war Sarah. Sie hatte sich an einem kurzen Strick aus Schals aufgehängt. Der Strick war an der obersten Querstange eines vergitterten Fensters festknotet. Wenn die kleine, schmale Sarah nur ein wenig größer gewesen wäre, hätte sie es nicht tun können. Ihr Körper zuckte. Schwester Maryam schnitt den Strick ab. Sarah atmete, aber ihr Gesicht war blau angelaufen.

Wir blieben bei ihr, bis Schwester Maryam die Krankenschwester geholt hatte. Sarah war bewusstlos. Wir sprachen mit ihr, streichelten ihr Gesicht, doch sie reagierte nicht.

Man brachte Sarah weg.

Mit jeder Minute, die verging, verlor ich ein wenig mehr die Hoffnung. Es war Frühling, die Luft war leicht und duftete nach Blüten. Vor den Mauern des Evin-Gefängnisses ging das Leben weiter.

Ob Andre noch an mich dachte? Ob er mich inzwischen vergessen hatte?

Der Besucherraum war mit Telefonen ausgestattet worden, und ich hatte mich bei meinen Eltern nach ihm erkundigt.

Er hätte sie die ganze Zeit über immer wieder besucht, erzählte meine Mutter, und er dächte noch immer an mich; doch vielleicht sagte sie das nur, damit ich nicht traurig war.

Jeder Tag glich dem vorhergehenden, das machte es noch schwerer, unsere Einsamkeit und Verzweiflung auszuhalten. Der Tag begann vor Sonnenaufgang mit dem Morgengebet. Frühstück kam gegen acht, anschließend mussten wir im Fernsehen die religiösen Sendungen ansehen.

Wir durften die ausliegenden Bücher lesen, die ausschließlich vom Islam handelten, oder wir konnten die engen Flure auf und ab wandern.

Wir sprachen so gut wie nie über Politik oder über unser

Engagement und unsere politischen Betätigungen vor unserer Zeit im Evin-Gefängnis.

Einige Mädchen waren dafür bekannt, dass sie Informationen weitergaben. Es waren nicht viele, eine oder zwei in jedem Zimmer, doch wir vermieden es, über Dinge zu sprechen, die diejenigen, die uns verhörten, nicht wissen sollten.

Etwa eine Stunde am Tag war es erlaubt, in den kleinen Innenhof des Gebäudes zu gehen. Wir mussten dazu unseren Hidschab anlegen, denn auf dem Dach waren ständig männliche Wachen postiert, die uns beobachteten, doch es war nicht vorgeschrieben, im Hof den Tschador zu tragen, mit Abaya und Schal waren wir ausreichend bedeckt. Draußen gab es nichts zu tun, als im Kreis umherzugehen oder an den Wänden zu sitzen und den Ausschnitt vom Himmel über uns zu betrachten. Dieser schmale blaue Fleck war das Einzige, was wir von der Außenwelt sehen konnten. Er erinnerte uns an die Orte, an denen wir gelebt hatten, an unser Zuhause, wo wir hingehörten.

Ich saß meist mit Taraneh an der Wand. Wir lehnten am rauen Putz, beobachteten die vorbeiziehenden Wolken und träumten uns mit ihnen davon. Wir stellten uns vor, wir säßen auf einer Wolke und könnten in alle Richtungen schauen, wir berichteten einander von den vertrauten Plätzen, die wir von dort oben sehen konnten: die Straßen in der Nachbarschaft, unsere Schulen, unser Zuhause, wo unsere Mütter aus dem Fenster sahen und sich fragten, wie es wohl ihrer verschleppten Tochter ginge.

»Wie bist du in Schwierigkeiten geraten und hier gelandet?«, fragte mich Taraneh eines Tages, als wir wieder einmal die warme Frühlingssonne tankten und von zu Hause träumten. Wir hatten bisher noch nie über die Ereignisse gesprochen, die zu unserer Verhaftung geführt hatten.

Der Hof war voller Mädchen. Die meisten gingen ziemlich schnell und entschlossen, als ob sie ein Ziel hätten. Schwarze, dunkelblaue, braune und graue Abayas rieben sich aneinander, Gummipantoffeln huschten über das Pflaster.

Ich stellte fest, dass mein Blickwinkel dem eines Bettlers am Straßenrand einer belebten Straße glich, wenn ich hier saß, nur war mein Blickfeld noch viel kleiner und eingeschränkter als das eines Bettlers. Im Augenblick bestand meine Welt aus einem rechteckigen Gebäude ohne Dach mit zwei Reihen vergitterter Fenster, hinter denen dunkle Zellen lagen. Bevölkert wurden sie von jungen Frauen, die im Kreis gingen. Es war wie in einer sehr merkwürdigen Science-Fiction-Geschichte mit dem Titel: »Planet der gefangenen Mädchen«. Ich musste lachen.

»Was ist?«, fragte Taraneh.

»Es ist fast so, als wären wir Bettlerinnen, die auf einem ganz anderen Planeten am Straßenrand sitzen.«

Taraneh lächelte.

»Verglichen mit uns, ist ein Bettler ein König«, sagte sie.

»Alles fing damit an, dass ich den Mathematikunterricht verließ …«

11

Anfang 1980 wurde Abu'l-Hasan Banisadr der erste frei gewählte Präsident der Islamischen Republik Iran. Vor der Revolution war er jahrelang in der Anti-Schah-Bewegung engagiert. Er war zweimal im Gefängnis, bevor ihm die Flucht nach Frankreich gelang, wo er sich Ayatollah Khomeini anschloss. Einige hofften, er würde den Iran in die Demokratie führen. Doch während das Schuljahr 79/80 langsam voranschritt, schien das Leben für mich in Dunkelheit zu versinken. Nach und nach wendete sich alles zum Schlechteren. Unerfahrene, fanatische junge Frauen ersetzten eine nach der anderen die meisten unserer Lehrerinnen. Der Hidschab wurde zur Pflicht, und Frauen mussten entweder lange Kleider in dunklen Farben tragen und ihr Haar mit langen Schals verhüllen, oder sie mussten den Tschador anlegen. Politische Gruppierungen, die in Opposition zur islamischen Regierung arbeiteten oder sie gar kritisierten, wurden per Gesetz verboten. Feinstrumpfhosen, Eau de Cologne, Parfüm, Make-up oder Nagellack wurden als »satanisch« abgestempelt, wer sie trug, wurde streng bestraft. Vor dem Unterricht mussten sich die Schüler jetzt jeden Tag aufstellen und gehässige Slogans wie »Tod für Amerika« und »Tod für Israel« brüllen.

Jeden Morgen standen unsere Schulleiterin Khanum Mahmudi und ihre Stellvertreterin Khanum Kheirkhah mit einem Eimer Wasser und einem Waschlappen an der Schulpforte und kontrollierten jeden, der die Schule betrat.

Wenn sie ein Mädchen mit Make-up erwischten, wurde sie so lange geschrubbt, bis ihr die Haut brannte. Eines Morgens griff sich Khanum Mahmudi eine gute Freundin von mir heraus, Nasim, und warf ihr vor, ihr Augenbrauenbogen sei verdächtig perfekt – sie habe sich wohl die Augenbrauen gezupft. Nasim weinte und bestritt es, aber die Schulleiterin schimpfte sie eine Hure. Nasim war eine Naturschönheit, die meisten von uns verteidigten sie und bezeugten, dass ihre Brauen schon immer diesen schönen Schwung hatten. Entschuldigt hat sich die Schulleiterin bei Nasim nie.

Wut und Frustration schwollen Tag für Tag mehr in mir an. Am meisten litt ich im Unterricht, besonders in den Mathematikstunden. Unsere neue Mathematiklehrerin war eine junge Revolutionswächterin, die keine Qualifikation für den Mathematikunterricht hatte. Sie verbrachte die meiste Zeit damit, die Propaganda der islamischen Regierung im Klassenzimmer zu verbreiten und über den Islam und die perfekte islamische Gesellschaft zu reden, die dem Einfluss des Westens und der moralischen Korruption widerstehe. Als sie wieder einmal kein Ende finden konnte, die Großtaten zu preisen, mit denen Khomeini unser Land beglückt hatte, hob ich die Hand.

»Ja?«, fragte sie.

»Ich möchte nicht unhöflich sein, Miss, aber könnten wir bitte zu unserem Unterrichtsstoff zurückkehren?«

Sie zog die Augenbrauen hoch und sagte herausfordernd: »Wenn dir mein Unterricht nicht gefällt, kannst du das Klassenzimmer gern verlassen.«

Alle Augen waren auf mich gerichtet. Ich packte meine Bücher und ging hinaus. Als ich den Flur hinunterging, hörte ich hinter mir das Geräusch vieler Füße. Ich drehte mich um: Fast alle Klassenkameradinnen waren mir gefolgt und hatten das Klassenzimmer verlassen. Ich stand mit etwa dreißig Mitschülerinnen im Flur.

In der Mittagspause herrschte helle Aufregung. Es hieß, ich hätte einen Streik begonnen. Fast der gesamte Nachmittagsunterricht fiel aus, weil neunzig Prozent der Schüler im Hof blieben und sich weigerten, in die Klassenzimmer zurückzukehren. Khanum Mahmudi kam mit einem Megafon in den Hof und forderte uns auf, ins Schulgebäude zurückzugehen; wir missachteten ihren Befehl. Sie sagte, sie würde unsere Eltern anrufen, doch niemand rührte sich. Schließlich drohte sie mit Schulverweis für jeden. Sie könne das gern tun, war unsere Reaktion. Schließlich wählten die Schülerinnen mich und zwei andere zu ihren Vertretern, um mit der Schulleiterin zu sprechen. Wir sagten ihr, wir gingen erst in unsere Klassenzimmer zurück, wenn unsere Lehrer versprächen, sich auf ihren Unterrichtsstoff zu konzentrieren und die Politik beiseitezulassen.

Als ich an diesem Tag nach Hause kam, rief mich meine Mutter zu sich. Das war sehr ungewöhnlich – sie sprach sonst selten vor dem Abendessen mit mir. Sie stand in der Küche und hackte Petersilie.

Ich stand in der Tür: »Ja, Mama?«

»Deine Schuldirektorin hat angerufen.« Sie sah mich nicht an, sondern heftete ihre Augen weiter auf das Schneidebrett. Das Messer sauste ruhig und genau auf und ab. Petersilienschnipsel bedeckten ihre Finger, sie waren ganz grün.

»Was hast du da nur angestellt?«, fragte sie mit einem schnellen Blick aus den Augenwinkeln, der so scharf war wie ihr Messer.

Ich erzählte ihr, was geschehen war.

»Bring das wieder in Ordnung«, sagte sie, »ich will nicht,

dass sie mich noch einmal anruft. Versuche mit ihnen auszukommen. Diese Leute werden nicht lange an der Regierung sein. Jetzt geh und erledige deine Hausaufgaben.«

Ich ging in mein Zimmer und schloss die Tür hinter mir. Es war erstaunlich, dass ich ihrem Ärger so leicht entkommen war. Wahrscheinlich verabscheute meine Mutter die neue Regierung ebenso sehr wie ich, und daher reagierte sie weniger streng, als ich erwartet hatte.

Der Streik dauerte noch zwei Tage. Wir gingen zwar zur Schule, aber nicht in unsere Klassenzimmer. Stundenlang spazierten wir in kleinen Gruppen im Hof herum oder saßen da und unterhielten uns. Unsere Gespräche drehten sich in erster Linie um das, was wir in den letzten Monaten erlebt hatten. Wir mochten kaum glauben, dass sich das Leben so dramatisch verändert hatte. Noch ein Jahr zuvor war es für uns völlig unvorstellbar, dass unsere Kleidung einmal unser Leben gefährden würde oder dass wir einmal dafür streiken würden, Mathematikunterricht zu bekommen. Am dritten Tag des Streiks rief Khanum Mahmudi die Schülervertreterinnen in ihr Büro.

Mit vor Wut rotem Gesicht teilte sie uns mit, sie würde uns ein letztes Mal warnen: Wenn wir nicht in unsere Klassenzimmer zurückgingen, bliebe ihr nichts anderes übrig, als die Revolutionswächter in die Schule zu rufen und ihnen die Sache zu übergeben. Wie uns bestimmt bekannt sei, würden die Wächter nicht lange diskutieren, die Situation sei ernst, und es sei möglich, dass Menschen dabei zu Schaden kämen. Sie warnte uns: Wir hätten uns gegen die islamische Regierung gestellt, das konnte die Todesstrafe bedeuten. Sie gab uns eine Stunde Zeit, in unsere Klassenzimmer zurückzukehren.

Das war deutlich. Die Revolutionswächter standen in schlechtem Ansehen. In den vergangenen Monaten hatten sie die Menschen zu Hunderten verhaftet, und von vielen hatte man nie wieder gehört. Ihr einziges Verbrechen war es gewesen, antirevolutionär, gegen den Islam oder gegen Khomeini zu sein.

Der Streik wurde abgebrochen.

Es waren nicht nur die Revolutionswächter, vor denen man sich in Acht nehmen musste; ebenso gefährlich war die Hisbollah, Gruppen fanatischer Zivilisten, die mit Messern und Knüppeln bewaffnet waren und gegen jede Art von öffentlichem Protest einschritten. Sie lauerten überall und waren innerhalb weniger Minuten einsatzbereit. Besonders erbarmungslos gingen sie mit Frauen um, die sich nicht ordentlich verhüllten. Viele Frauen waren angegriffen und geschlagen worden, weil sie Lippenstift getragen hatten oder ein paar Haarsträhnen unter ihren Schals hervorguckten.

Etwa einen oder zwei Monate nach dem Streik bat mich unsere Chemielehrerin Khanum Bahman, nach dem Unterricht einen Moment im Klassenzimmer zu bleiben, und erzählte mir von der Namensliste, die sie auf Khanum Mahmudis Schreibtisch gesehen hatte. Khanum Bahman war eine der wenigen Lehrerinnen, die schon vor der Revolution an unserer Schule unterrichtet hatten, sie kannte mich sehr gut. Bei unserem Gespräch heftete sie ihre Augen auf die Tür, um sicherzugehen, dass niemand uns ertappte. Sie flüsterte beinahe, und ich musste mich zu ihr hinunterbeugen, um sie richtig zu verstehen.

In gewisser Weise war ich also darauf vorbereitet. Ich wusste, dass ich Schwierigkeiten bekommen würde, nach allem, was ich gesagt und getan hatte. Meine Abneigung gegen die neuen islamischen Gesetze war niemandem ein Geheimnis, und nichts von dem, was man frei sagte, blieb damals folgenlos. Doch obwohl ich all das wusste, waren die Gefahren, in die ich mich möglicherweise begab, undeutlich und fern. Irgendwie glaubte ich, schlimme Dinge könnten nur anderen zustoßen.

Ich dankte Khanum Bahman dafür, dass sie mir von der Liste erzählt hatte. Sie sagte, ich müsse das Land verlassen, und fragte, ob ich Verwandte im Ausland hätte. Ich erklärte ihr, dass meine Familie nicht reich sei und es sich nicht leisten könne, mich irgendwohin zu schicken. Sie fiel mir ins Wort, erhob die Stimme.

»Marina, ich glaube, du verstehst mich nicht. Es geht hier um Leben und Tod. Wenn ich deine Mutter wäre, würde ich versuchen, dich hier rauszubekommen, selbst wenn ich dafür hungern müsste.« Sie hatte Tränen in den Augen.

Ich mochte sie und wollte sie nicht bekümmern, ich sagte ihr also, ich würde mit meinen Eltern darüber sprechen, obwohl ich nicht die Absicht hatte. Was hätte ich ihnen sagen sollen? Dass man mich bald verhaften würde?

Mein Bruder und seine Frau hatten das Land kurz nach der Revolution verlassen und waren nach Kanada emigriert. Ihnen war klar geworden, dass es für sie in einer islamistischen Republik keine Zukunft gab. Kurze Zeit nach ihrer Auswanderung sprach die iranische Regierung ihren Bürgern das Recht ab, in andere Länder auszuwandern. Ich mochte den Namen »Kanada« – es klang weit entfernt und sehr kalt, aber friedlich. Mein Bruder und seine Frau hatten Glück, dort zu sein. Sie konnten ein normales Leben führen und sich über normale Dinge Sorgen machen. Meine Eltern hatten erwogen, mich zu meinem Bruder zu schicken, doch sie fanden keinen Weg dazu. Ich musste bleiben und das Beste hoffen.

An diesem Nachmittag beobachtete ich zu Hause vom Balkon aus die Straße. Das neue Regime hatte nur Zerstörung und Gewalt gebracht. Die Schule, sonst mein Lieblingsplatz im Leben, war zu einer Art Hölle geworden, und ich hatte gehört, dass die Regierung plante, die Universitäten zu schließen, um sie umzustrukturieren. Sie nannten es »islamische Kulturrevolution«. Und Arash war tot. Es war nichts mehr geblieben.

Der Sommer 1980 verlief fast ruhig. Ich war froh, dass ich nicht zur Schule gehen musste und wir in unser Ferienhaus fuhren. Im Juli verbrachten Aram und seine Familie eine knappe Woche im Ferienhaus ihrer Tante. Ich hatte mich sehr einsam gefühlt und fieberte ihrer Ankunft entgegen, doch als sie da waren, merkte ich, dass ich immer an Arash denken musste und ihn nun noch mehr vermisste. Aram und ich verbrachten die meiste Zeit im Haus beim Kartenspiel oder unserem Lieblingsspiel Master Mind. Manchmal gingen wir gemeinsam am Strand spazieren, doch wir konnten nicht schwimmen, denn nun war es Frauen verboten, sich in der Öffentlichkeit im Badeanzug zu zeigen. Die meisten unserer Freunde, deren Familien Ferienhäuser in der Gegend besaßen, hatten das Land verlassen, auch Neda. Wir trafen nur wenige alte Freunde, doch alle fürchteten sich vor den Revolutionswächtern und den Mitgliedern der islamischen Komitees, die überall lauerten und es nicht gern sahen, wenn Jungen und Mädchen zusammentrafen; nach den neuen Landesgesetzen war das unmoralisch.

Im September 1980 begann der Krieg gegen den Irak. Ich war wieder in Teheran. Ich saß gerade bei einer Freundin in der Küche, wir tranken Tee und aßen Reiskekse. Sie zeigte mir ihre neuen Puma-Laufschuhe; sie waren rot und hatten weiße Streifen an den Seiten. Plötzlich unterbrach ein zweifaches tiefes Donnern unser Gespräch. Es klang wie eine Explosion. Wir waren allein zu Hause.

Es donnerte wieder.

Wir sahen aus dem Fenster, doch wir entdeckten nichts. Meine Freundin wohnte im fünften Stock eines Fünf-Parteien-Wohnhauses nahe dem Jaleh-Platz. Wir beschlossen, aufs Dach zu gehen. Im Flur stießen wir auf einige Nachbarn, die ebenfalls aufs Dach hinauf wollten. Oben angekommen, hatten wir einen guten Blick über die Stadt. Es war ein wolkenloser, sonniger Tag, und Teheran war in leichten Dunst gehüllt.

»Da drüben!«, brüllte jemand.

Ein paar Meilen Richtung Süden jagten zwei Kampfflugzeuge gen Osten. Am westlichen Horizont stiegen Rauchsäulen zum Himmel auf. Ein Nachbar hatte ein Radio mitgebracht und schaltete es ein. Es dauerte nicht lange, da verkündete ein aufgeregter Reporter, irakische MIGs hätten den Flughafen von Teheran bombardiert. Verschiedene Einheiten der irakischen Armee hatten die Grenze zum Iran überschritten und waren ins Land vorgedrungen. Wir waren im Krieg.

Ich kannte den Ersten und Zweiten Weltkrieg und den Amerikanischen Bürgerkrieg aus Büchern. Ich hatte von Bomben gelesen, die Städte zerstörten und nichts als Schutt und Leichen zurückließen. Doch diese Kriege waren Geschichten aus Büchern. Selbst wenn die Geschichten stimmten, es war vor langer Zeit geschehen. Jetzt sah die Welt anders aus. Es war niemandem erlaubt, Städte zu zerstören und Tausende von Menschen zu töten.

»Denen zeigen wir's!« Der Mann mit dem Radio schüttelte die Faust. »Wir erobern Bagdad und steinigen Saddam! Diese Hunde!«

Jeder stimmte zu.

Als ich nach Hause kam, war meine Mutter dabei, große Kreuze aus selbstklebendem Kreppband an den Fenstern zu befestigen, damit im Falle eines Bombenangriffs die Scheiben nicht zersprangen. Im Radio habe man dazu aufgefordert, Vorkehrungen zu treffen, doch man habe gleichwohl versprochen, der Krieg würde nicht länger als einige Tage oder höchstens Wochen dauern und unsere Armee würde die Iraker im Handumdrehen besiegen. Meine Mutter hatte zudem einige schwarze Kartons gekauft, um nachts die Fenster zu verdunkeln, damit kein Licht herausdrang und den MIGs als Angriffsziel dienen konnte. Ich war nicht sehr besorgt. Es würde schon nicht so schlimm werden.

Die Tage vergingen. Mehrmals am Tag heulten Luftsirenen, doch wir hörten selten Explosionen. In den Radio- und Fernsehsendern wurden den ganzen Tag Militärmärsche gespielt, man meldete, die Luftwaffe habe Bagdad oder andere irakische Städte angegriffen und die Iraker zurückgeworfen. Alle Männer, jung und alt, auch Teenager, wurden aufgefordert, sich zur Armee zu melden und Märtyrer zu werden. Dies sei immerhin ein schneller und garantierter Weg zum Himmel. In diesem Krieg kämpfe das Gute gegen das Böse. Die Stadt Khorramshahr an der Grenze zum Irak war fast vollständig zerstört und dann besetzt worden.

Rasch waren alle Grenzen geschlossen, nur wer eine Sondererlaubnis besaß, konnte nunmehr das Land verlassen. Dennoch zahlten jeden Tag Menschen hohe Summen an Menschenschmuggler und verließen den Iran, um dem Militärdienst oder der Gefangennahme durch die Revolutionswächter zu entgehen. Sie riskierten ihr Leben, um nach Pakistan oder in die Türkei zu gelangen.

Irgendwann im Spätherbst erfuhr ich durch Schulfreunde von einer geplanten Protestkundgebung und beschloss hinzugehen. Obwohl ich wusste, wie gefährlich es war, schien es mir das Richtige zu sein. Die Kundgebung sollte um vier Uhr nachmittags am Ferdosi-Park stattfinden, nur zehn Minuten Fußweg von unserer Schule entfernt.

Als Gita, Sarah und ich am Tag der Kundgebung nach Unterrichtsschluss aus der Schule traten, füllten Hunderte meist junger Männer und Frauen die Straße. Wir schlossen uns ihnen an und marschierten Richtung Ferdosi-Park. Jeder war angespannt, schaute nach rechts und links im Wissen, dass möglicherweise die Revolutionswächter oder die Hisbollah oder beide den Zug angreifen würden. Mein Herz begann zu rasen. Die Straße war ein brodelnder, überschäumender Strom. Ich sah, wie die Händler ihre Läden schlossen und weggingen. Am Ferdosi-Park sprach eine junge Frau durch ein Megafon zur Menge und geißelte die gewalttätigen Angriffe der Hisbollah auf Frauen: »Wie lange wollen wir noch zusehen, wenn Verbrecher und Mörder, die sich hinter dem Namen Gottes verstecken, unsere Mütter, Schwestern und Freunde angreifen und damit ungestraft davonkommen?«, fragte sie. Neben uns stand eine alte Frau, die ein Schild aus weißem Karton vor sich hielt. Sie hatte sich ihren weißen Tschador um die Hüfte gebunden und zeigte unverhüllt ihr schütteres graues Haar. In der Mitte des Kartons klebte ein Foto von einem jungen Mädchen, dessen Lächeln das ganze Gesicht erstrahlen ließ, und darunter stand: »Hingerichtet im Evin-Gefängnis«.

Plötzlich erfüllte ein lautes Dröhnen wie Donner die Straße. Die Menschen begannen zu rennen.

»Auf den Dächern!«, schrie jemand.

Ich sah hinauf, oben standen überall Revolutionswächter. Ein junger Mann neben uns fiel auf den Boden und stöhnte. Er presste seine Hände gegen den Bauch. Ein schmaler roter Blutfaden quoll zwischen seinen Fingern hervor, lief seine Hand hinunter und tropfte auf das Straßenpflaster. Ich starrte ihn an und konnte mich nicht bewegen. Die Menschen schrien und rannten in alle Richtungen. Rauch lag in der Luft, meine Augen brannten. Ich sah mich um, meine Freunde hatte ich verloren. Ich konnte den verletzten Mann nicht einfach liegen lassen. Ich kniete mich neben ihn, sah ihm in die Augen und erblickte dort die Ruhe des Todes. So war auch Arash gestorben – als Fremder. Irgendwo gab es jemanden, der diesen Mann liebte und wartete, dass er nach Hause kam.

»Marina!«, hörte ich eine vertraute Stimme.

Gita ergriff meine Hand und zog mich davon. Die Luft war voller Tränengas. Bärtige Männer in Zivilkleidung schwangen Holzknüppel, schlugen damit nach der fliehenden Menge. Die Leute schrien. Wir rannten durch den Wahnsinn, der um uns herrschte.

Als ich nach Hause kam, schloss ich mich im Badezimmer ein. Ich wünschte, ich wäre erschossen worden. Ich wollte nicht mehr leben. Welchen Zweck hatte all das Leiden? Ich ging ins Schlafzimmer meiner Eltern und zog die Schublade auf, in der meine Mutter ihre Arznei aufbewahrte. Gefäße und Schachteln aller Größen und Formen quollen heraus: Hustensäfte, Magenmittel, Aspirin und verschiedene Schmerzmittel. Ich wühlte, fand eine fast volle Packung Schlafmittel und hastete zurück ins Badezimmer. Der Tod im Glas. Ich musste nur den Deckel aufmachen und die kleinen Pillen schlucken. Dann würde der Engel kommen und mich holen, und ich würde ihm sagen, ich hätte genug Menschen sterben sehen. Ich füllte einen Becher mit Wasser und öffnete den Deckel der Verpackung. Doch tief im Innersten wusste ich, dass es nicht der richtige Weg war, diese Tabletten zu schlucken. Wo wären wir, wenn jeder, der an das Gute glaubte, angesichts des Leidens auf der Welt den Entschluss fasste, sich selbst zu töten? Ich schloss die Augen und blickte in die Augen des Engels. Ich wollte, dass meine Großmutter, dass Arash und Irina stolz auf mich waren, ich wollte etwas tun in meinem Leben, das gut und sinnvoll war. Ich hatte gesehen, wie sich das Leben eines jungen Mannes in einer größer werdenden Blutlache auf dem Straßenpflaster verflüchtigte. Ich konnte mich davor nicht verstecken; der Tod war kein Versteck. Nachdem ich den Deckel der Packung wieder geschlossen hatte, legte ich sie in die Schublade meiner Mutter zurück. Vielleicht konnte ich doch etwas tun? Ich rannte in ein Geschäft, kaufte einen Bogen weißen Bristolkarton und verfasste darauf einen Bericht über den Angriff der Revolutionswächter auf eine friedliche Kundgebung.

Am nächsten Tag ging ich früher zur Schule als sonst. Die Flure waren leer. Ich hängte den Karton in einem der Flure an die Wand, stellte mich davor und tat, als würde ich ihn lesen. Innerhalb von einer halben Stunde hatte sich eine dicke Traube von Schülerinnen gebildet, die die Geschichte ebenfalls lesen wollten. Es dauerte nicht lange, bis Khanum Mahmudi erschien. Sie war vor Zorn rot angelaufen im Gesicht und stürmte mit wütenden Schritten durch den Flur.

»Macht Platz!«, brüllte sie.

Wir traten zur Seite. Sie las ein paar Zeilen und fragte, wer das geschrieben habe. Als niemand antwortete, riss sie den Karton von der Wand und brüllte: »Lügen!«

»Das sind keine Lügen«, widersprach ich, »ich habe es mit eigenen Augen gesehen!«

»Du hast das also geschrieben!«

Ich sagte ihr, dass die Revolutionswächter das Feuer auf unschuldige Leute eröffnet hatten.

»Unschuldige? Auf solche Kundgebungen gehen nur antirevolutionäre Elemente, Feinde Gottes und des Islam. Mach dich auf etwas gefasst!«, sagte sie und deutete mit dem Finger auf mich. Ich war wütend. Wie konnte sie es wagen, mich als Lügnerin zu bezeichnen!

Einige Tage darauf gründeten meine Freundinnen und ich eine kleine Schülerzeitung. Jede Woche schrieben wir kurze Artikel zu aktuellen politischen Themen, die uns berührten, schrieben sie von Hand ab und brachten sie in der Schule in Umlauf.

Die Regierung hatte einige unabhängige Zeitungen verboten, deren Mitarbeiter beschuldigt wurden, Feinde der Islamischen Revolution zu sein. Ich hatte das Gefühl, das Land ging langsam unter: Mit jedem Tag wurde es schwieriger zu atmen. Doch wir blieben optimistisch, denn wir glaubten, sie könnten unmöglich jeden von uns niedermachen.

Von Anfang an machte das islamische Regime den Krieg mit dem Irak für alles verantwortlich. Die Preise stiegen. Fleisch, verderbliche Waren, Babynahrung und Speiseöl wurden rationiert. Meine Mutter ging gewöhnlich um fünf Uhr morgens zum Laden und reihte sich in die Schlange ein, um unsere Zuteilung zu holen, gegen Mittag kehrte sie zurück. Auf dem Schwarzmarkt konnte man so gut wie alles kaufen, doch es war so teuer, dass Familien mit kleinen oder mittleren Einkommen nicht daran denken konnten, dort einzukaufen, und die Rationen waren sehr schmal.

In Teheran hatte man das Gefühl, der Krieg sei weit weg. Jetzt heulten die Sirenen kaum noch, und selbst wenn sie es taten, geschah nichts. Doch die Städte nahe der iranisch-irakischen Grenze zahlten einen hohen Preis. Die Zahl der Gefangenen stieg ständig. Täglich veröffentlichten die Zeitungen Dutzende Fotos von jungen Männern, die an der Front gefallen waren. Und die Regierung bemühte sich, den größtmöglichen Nutzen aus den Gefühlen der Menschen zu ziehen und sie zu Racheakten anzustiften. In den Moscheen schrien die Mullahs in die Lautsprecher, dass es bei diesem Krieg nicht allein darum gehe, den Iran zu beschützen, sondern darum, den Islam zu beschützen. Saddam sei kein echter Muslim, sondern ein Gefolgsmann des Teufels.

Langsam wurde fast alles, was ich mochte, für ungesetzlich erklärt. Westliche Romane, meine Zuflucht und mein Trost, wurden für »satanisch« erklärt und waren kaum noch aufzutreiben. Im Spätwinter 1981 teilte Khanum Mahmudi mir schließlich mit, ich müsse ab sofort auch im Unterrichtsfach Religion Zensuren bekommen. Religiöse Minderheiten waren bislang vom islamischen oder zoroastrischen Religionsunterricht befreit gewesen. Jetzt musste ich entweder am islamischen Religionsunterricht teilnehmen oder meiner Schule Zensuren von meiner Kirche vorlegen. Obwohl ich früher freiwillig am islamischen Religionsunterricht in der Schule teilgenommen hatte, weigerte ich mich diesmal. Ich wusste genug über den Islam. Unterrichtsnoten von meiner Kirche nachzuweisen hörte sich wie ein praktischer und fairer Vorschlag an, doch in meinem Fall war das nicht so. Die russisch-orthodoxe Kirche in Teheran hatte schon lange keinen Priester mehr. Meine Mutter rief eine Bekannte an, die regelmäßig in die Kirche ging, und diese nahm mich in eine römisch-katholische Kirche mit. Obgleich nur ein paar Häuserblocks von unserer Wohnung entfernt, war mir diese Kirche vorher nie aufgefallen, denn sie hatte keine bunten Bleiglasfenster zur Straße hin und sah ebenso grau und langweilig aus wie die Regierungsgebäude und ausländischen Botschaften in der Nachbarschaft. Die Priester boten mir an, mir beim Studium der Religion zu helfen und meine Bemühungen zu benoten.

Einmal in der Woche ging ich in die Kirche zum Religionsunterricht. Ich musste an einer Eisentür klingeln, durch die man von der Straße in den Hinterhof der Kirche gelangte, dann summte der Türöffner, und ich wurde eingelassen. Ich schloss die Tür hinter mir und ging einen schmalen Weg zwischen der Kirche und der Ziegelsteinmauer entlang, die den Hof umschloss. Der Boden war asphaltiert. Das Pfarramt und die Wohnung des Priesters befanden sich in einem separaten Anbau. Der Priester begrüßte mich herzlich, dann lasen wir gemeinsam die Bibel und diskutierten darüber. Nach der Unterrichtsstunde öffnete ich die schwere Holztür, die vom Hof in die Kirche führte. Die Tür knarrte immer, und das Knarren breitete sich in der tiefen Stille aus und hallte von den hohen Gewölben zurück. Ich liebte es, auf einer Kirchenbank zu sitzen und das gerahmte Bild von Maria zu betrachten: ihr langes, rosafarbenes Kleid, ihren blauen Umhang, der das Haar bedeckte, und das friedvolle Lächeln auf ihrem Gesicht. Vor ihrem Bildnis flackerten die Kerzen. Sie wusste, was es hieß, jemanden zu verlieren. Sie hatte es selbst erlebt. In gewisser Weise fühlte ich mich hier zu Hause.

12

Am frühen Nachmittag des 1. Mai 1982 wurden Taraneh und fünf weitere Mädchen über Lautsprecher zum Büro gerufen.

Stille senkte sich über das Gefängnis. Jeder wusste, dass die fünf anderen Mädchen der Gruppe zum Tode verurteilt waren, aber ich war die Einzige, die von Taranehs Todesurteil wusste.

Taraneh saß wie immer in einer Ecke und las den Koran. Sie war die Einzige aus unserem Zimmer, die gerufen wurde.

Alle waren wie versteinert und starrten sie an. Sie stand auf, als ob sie einen kleinen Spaziergang unternehmen wollte, um sich die Beine zu vertreten.

Ich ging auf sie zu, doch sie blickte mich an und schüttelte kaum merklich den Kopf. Sie nahm ihre kleine Tasche, die an einem Haken hing, holte ihre größere Tasche vom Regalbrett, kam auf mich zu und drückte mir alles in die Hände.

»Du weißt ja, ich besitze nicht viel. Das ist alles. Kümmere dich darum, dass es sicher zu meinen Eltern gelangt.«

Ich nickte. Sie legte ihren Tschador an und ging zur Tür hinaus. Ich wusste, dass meine Freundin in den Tod ging.

Ich hätte mir die Kehle blutig schreien oder mit dem Kopf gegen die Wand rennen können, bis mir der Schädel geplatzt wäre, es hätte sie nicht gerettet.

Lange stand ich mit Taranehs Taschen in den Händen

in der Mitte des Raums, bis meine Beine nachgaben. Den ganzen Tag über sprach niemand ein Wort. Wir wahrten die Stille, als ob wir damit das Leben bewahren oder ein Wunder vollbringen könnten. Wir warteten, beteten und schrien innerlich, unsere Lippen bewegten sich, ohne dass ein Laut herausgedrungen wäre.

Der Tag ging still zu Ende.

Wir horchten auf die Gewehrschüsse, und bald hörten wir sie – als würden gläserne Wolken vom Himmel herabfallen.

13

Ungefähr viereinhalb Monate nach meiner Verhaftung wurde ich über Lautsprecher gerufen.

»Marina Moradi-Bakht, leg deinen Hidschab an und komm ins Büro.«

Ich hatte keine Ahnung, warum sie mich riefen. Vielleicht hatte Hamed wieder Sehnsucht nach mir. Ich bedeckte mein Haar mit meinem Schal und ging ins Büro.

Schwester Maryam begrüßte mich mit einem Lächeln. »Bruder Ali ist zurück«, sagte sie, »er will dich sehen.«

Ich setzte meine Augenbinde auf und folgte ihr in ein anderes Gebäude. Dort wartete ich im Flur. Mein Atem ging schwer, als hätte ich Steine in der Kehle.

»Komm mit, Marina«, sagte Alis Stimme, und ich gehorchte. Er schloss die Tür hinter uns und befahl mir, mich hinzusetzen und die Augenbinde abzunehmen. Er war größer, als ich ihn in Erinnerung hatte, doch das lag vielleicht daran, dass er dünner geworden war.

Ich sah mich um. Der Raum war fensterlos, und es gab keine Folterbank. An einer Wand hing ein Bild von Ayatollah Khomeini, der Ali zufolge die Anordnung gegeben hatte, mein Leben zu schonen. Ein Gestrüpp dunkler Brauen lag über dem finsteren Blick des Ayatollah, und seine Augen starrten mich grimmig an. Er sah ganz und gar wie ein böser alter Mann aus. Neben dem Bild von Khomeini hing ein Bild des Präsidenten, Ayatollah Khamenei, der verglichen mit dem Imam geradezu freundlich wirkte.

Ali holte hinkend einen Stuhl hinter dem metallenen

Schreibtisch vor und musterte dabei mein Gesicht. Ich hatte fast vergessen, wie er aussah. Auf seiner rechten Wange war eine frische Narbe.

»Du siehst viel besser aus als bei unserer letzten Begegnung«, sagte er und lächelte. »Wie ist es dir ergangen?«

»Ganz gut. Und dir?«

»Bist du nur höflich, oder willst du das wirklich wissen?«

»Ich will es wissen«, sagte ich, was aber nicht aufrichtig war. Ich wollte nur aus diesem Zimmer entkommen. Ich wollte nur in meine Abteilung zurück, nach 246.

Er sagte, er sei vier Monate im Krieg gewesen und habe an der Front gegen die Iraker gekämpft, bis er am Bein verwundet worden sei. Ich sagte, das tue mir leid, und das war die Wahrheit. Ich wünschte niemandem, weder ihm noch anderen, verletzt zu werden.

Während er mich eingehend betrachtete, verwandelte sich sein Lächeln in einen ernsten Gesichtsausdruck.

»Marina, ich muss etwas Wichtiges mit dir besprechen. Hör mir bitte genau zu und unterbrich mich nicht, bis ich alles gesagt habe.«

Ich nickte verdutzt. Dann sagte er mir, er sei vor allem wegen mir an die Front gegangen. Er hatte geglaubt, seine Gefühle für mich würden sich ändern, wenn er mich nicht sähe, doch er habe sich getäuscht. Er habe diese Gefühle seit dem Augenblick, als er mich zum ersten Mal gesehen habe. Er habe versucht, sie von sich fernzuhalten, doch dadurch seien sie nur noch stärker geworden. In der Nacht, als er mich ins Badezimmer brachte, habe er gefühlt, dass er mich um jeden Preis retten müsse. Das habe ihm große Angst gemacht. Als ich nicht mehr aus dem Badezimmer kam, habe er mich gerufen, und da ich nicht antwortete, sei er schließlich hereingekommen, um nach mir zu sehen, und habe mich auf dem Fußboden liegend gefunden. Einen

Augenblick lang habe er geglaubt, ich sei tot, doch dann fühlte er meinen Puls. Er wusste, dass mein Name auf der Exekutionsliste stand und dass Hamed mich nicht mochte. Er versuchte ihn zu überzeugen, doch Hamed blieb stur. Es habe deshalb nur noch einen Weg für ihn gegeben, mein Leben zu retten, und das war der Weg zu Ayatollah Khomeini. Alis Vater war viele Jahre ein enger Freund des Ayatollah gewesen. Ali ging also zum Imam und bat um mein Leben. Ich sei so jung, und man solle mir eine Chance geben, mich zu ändern. Der Ayatollah sagte, die schweren Vorwürfe gegen mich würden das Urteil rechtfertigen, doch Ali bat ihn inständig. Zuletzt lenkte der Ayatollah ein und minderte meine Strafe zu lebenslanger Haft. Ali eilte ins Evin-Gefängnis zurück, fragte die Wächter, wo ich sei, und diese berichteten, Hamed habe mich zur Hinrichtung abgeholt. Er sagte, er habe gebetet, als er zur Hinrichtungsstätte eilte.

Panik stieg in mir auf.

Nach dem Gespräch mit dem Ayatollah habe er sich entschlossen, mich nach 246 zu schicken und wegzugehen. Da ich vom Imam begnadigt worden war, konnte Hamed mir nichts mehr antun. Ali versuchte daraufhin, mich zu vergessen, doch stattdessen musste er immer an mich denken, und als er verwundet wurde, freute er sich darüber, da er so einen Grund hatte, zurückzukehren. Sein Vater, sagte er, habe ihm immer geraten, Entscheidungen, die sein Leben beträfen, zu überschlafen und gründlich darüber nachzudenken. Inzwischen habe er seinen Wunsch, mich zu heiraten, überschlafen und mehr als vier Monate darüber nachgedacht.

»Ich möchte, dass du mich heiratest, Marina, und ich verspreche dir, ich werde ein guter Ehemann sein und gut für dich sorgen. Antworte jetzt nicht. Ich möchte, dass du darüber nachdenkst«, sagte er entschlossen.

Ich gab mir Mühe, zu begreifen, was ich gerade gehört hatte, doch es gelang mir nicht. Es ergab keinen Sinn. Wie kam er überhaupt auf die Idee, mich zu heiraten? Ich wollte ihn nicht heiraten. Ich wollte nicht einmal im selben Raum mit ihm sein.

»Ali, du musst verstehen, dass ich dich nicht heiraten kann«, sagte ich mit zitternder Stimme.

»Warum nicht?«

»Aus vielen Gründen!«

»Lass mich sie hören. Vergiss nicht, ich habe vier Monate darüber nachgedacht, aber wer weiß, vielleicht habe ich etwas vergessen. Sag mir, welche Gründe hast du?«

»Ich liebe dich nicht, und ich war nicht für dich bestimmt.«

»Ich habe nicht erwartet, dass du mich liebst. Liebe kommt mit der Zeit, wenn du mir eine Chance gibst. Du sagst, du wärst nicht für mich bestimmt. Für wen bist du dann bestimmt? Für Andre?«

Ich hielt den Atem an. Woher wusste er von Andre?

Er sagte mir, er sei einmal bei mir gewesen, als ich schlief, und im Schlaf hätte ich Andres Namen gerufen. Er habe Nachforschungen angestellt und wisse genau, wer Andre sei und wo er lebe. Obwohl es keine politische Akte zu Andre gebe, könne er notfalls eine solche anlegen.

Obwohl ich wusste, dass ich manchmal im Schlaf sprach, konnte ich kaum glauben, was er sagte. Vielleicht war ich vor meiner Verhaftung beobachtet worden, und sie kannten Andre daher? Ich hatte Andre in die Sache mit hineingezogen. Was konnte ich nun tun?

»Möchtest du, dass er hier landet?«, fragte Ali. »Vielleicht auf einer Folterbank? Lass ihn sein Leben leben. Du musst akzeptieren, dass sich dein Leben vom Zeitpunkt deiner Verhaftung an vollkommen geändert hat. Und vergiss deine Eltern nicht. Ich bin sicher, du willst sie nicht in Gefahr bringen. Warum sollten sie für dich büßen? Ich verspreche dir, ich werde dich glücklich machen. Du wirst lernen, mich zu lieben.«

Ich sagte ihm, er habe kein Recht, mir das anzutun, doch er beharrte darauf. Ob ich vergessen hätte, dass er es gewesen sei, der mich vor dem sicheren Tod bewahrt habe? Als Feindin des Islam hätte ich keinerlei Rechte. Er sei sich sicher, er würde mir einen Gefallen tun. Ich wisse nur nicht, was das Beste für mich sei.

Ich suchte verzweifelt nach einer Ausflucht. Der Tod würde viele Probleme lösen, dachte ich.

»Ich kenne dich zu gut«, sagte er und riss mich aus meinen Gedanken, »ich weiß genau, was du gerade denkst. Du denkst an Selbstmord. Ich kann es in deinen Augen sehen, doch ich weiß auch, dass du es nicht tun wirst. Du gibst nicht so schnell auf. Es wäre gegen deine Natur. Du bist ein Kämpfer wie ich. Lass die Vergangenheit ruhen, und wir können ein wunderbares Leben zusammen haben. Und um sicherzugehen, verspreche ich dir, wenn du dich absichtlich gefährdest, werde ich deinen Andre hinrichten lassen. Er wird für dich bezahlen.«

Wie hätte ich mir ein »wunderbares Leben« mit ihm vorstellen sollen? Er drohte mit Andres Hinrichtung und der Verhaftung meiner Eltern.

»Ich gebe dir drei Tage Bedenkzeit, doch denk daran, mach keine Dummheiten. Ich meine das alles sehr ernst.«

Ich hatte Andre und meine Eltern in Gefahr gebracht, ich musste alles tun, um sie zu schützen. Und ich musste mir immer wieder sagen, dass ich zu lebenslanger Haft verurteilt war. Es gab keinen Ausweg für mich. Fast wünschte ich, ich wäre Andre niemals begegnet.

14

Das erste Mal hatte ich Andre bei einer Sonntagsmesse in meiner neuen katholischen Kirche getroffen. An diesem Tag ging ich nach dem Gottesdienst in das kleine Pfarrbüro, um ein wenig mit den Priestern zu plaudern. Während ich wartete, kam der Organist herein, Andre. Obwohl ich bei der Messe in einer der hinteren Kirchenbänke gesessen war, hatte ich bemerkt, dass er sehr hübsch war. Jetzt stand ich einer bekleideten Version von Michelangelos David gegenüber. Er hatte ein ovales Gesicht, eine lange, aristokratische Nase, goldblonde Locken fielen über seine breite Stirn, und seine Augen hatten die Farbe des Kaspischen Meers an einem ruhigen Tag. Er war schön. Ich wurde rot, sah zu Boden und hoffte, man würde meine Gedanken nicht so leicht lesen können, wie ich befürchtete. Wir machten uns miteinander bekannt.

Die Kirche betreute eine sehr kleine Gemeinde, jeder Neuankömmling erregte große Aufmerksamkeit und weckte Neugier. Er fragte mich, ob ich Studentin sei, und als ich ihm sagte, dass ich die zehnte Klasse besuchte, wurde er puterrot. Ich erzählte ihm von meinem russischen Familienzweig, und er sagte, er studiere Elektrotechnik an der Universität von Teheran, doch seit alle Universitäten geschlossen seien, um sich der islamischen Kulturrevolution zu unterziehen, unterrichte er Englisch, Physik und Mathematik an einer armenischen Schule.

Während wir uns unterhielten, fühlte ich, wie ich von einer Welle getragen wurde und vor Aufregung zu zit-

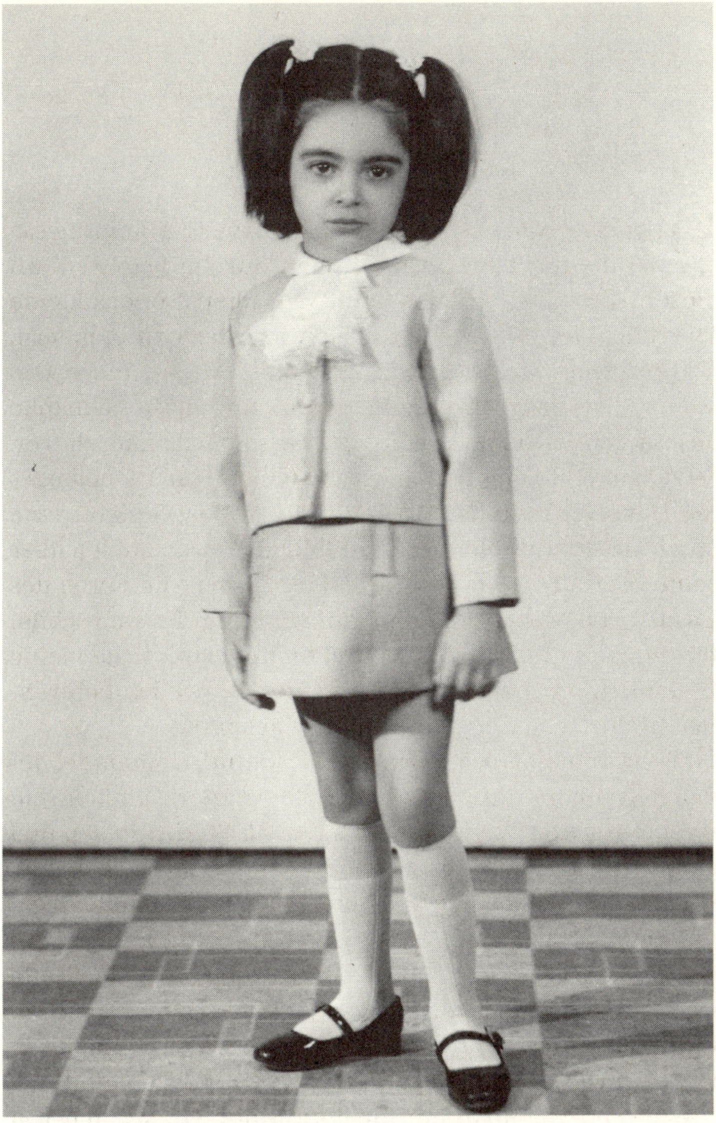

Marina mit vier oder fünf Jahren

Marinas Großmutter Xenia (Ort und Jahr unbekannt)

Xenia (links), ihre Schwester und deren Ehemann (1912)

Xenia, ihr Ehemann Esah und die gemeinsame Tochter Tamara (Sankt Petersburg, um 1918)

Marinas Eltern wenige Jahre nach der Hochzeit

Marina mit etwa drei Jahren im Tanzstudio ihres Vaters (Teheran, um 1968)

Marina im elterlichen Ferienhaus am Kaspischen Meer

Marina mit etwa sechs Jahren vor dem Ferienhaus ihrer Eltern

Marina als Acht- oder Neunjährige vor dem Ferienhaus ihrer Tante Xenia

Marina mit acht oder neun Jahren am Kaspischen Meer

Marina in der Nähe von Tante Xenias Ferienhaus, auf dem Weg zu Arash (Sommer 1978)

Marina vor einem Hotel während der Reise nach Zahedan (März 1987)

Marina während der Reise nach Zahedan (März 1987)

Marina nach ihrem Umzug in die Universitätsstadt Zahedan

Marina, ihre Eltern und Andre vor dem Haus in Teheran

Marina mit 19 Jahren im Garten des Ferienhauses ihrer Eltern (1984)

Marina, ihre Mutter und Andre im Garten von Tante Xenias Ferienhaus (Sommer 1984, einige Monate nach Marinas Entlassung aus dem Evin-Gefängnis)

Marina und Andre im Garten von Tante Xenias Ferienhaus (Sommer 1984)

Marina, ihre Eltern und Andre im Vorgarten des Hauses in Teheran

Marina und Andre bei ihrer Hochzeit (18. Juli 1985)

Marina und Andre bei ihrer Hochzeit (18. Juli 1985)

Marina an ihrem ersten Hochzeitstag (Juli 1986)

Marina hinter ihrem Haus in Zahedan (1986 oder 1987)

Marina Nemat 2006

tern begann. Er blieb gelassen und sprach ganz sanft. Ich machte ihm ein Kompliment zu seinem Orgelspiel, und er erwiderte, er sei noch Anfänger. Als die Regierung nach der Revolution die Jungenschule übernahm, die zur Kirche gehörte, wurden viele Priester, die an der Schule unterrichtet hatten, deportiert und als Spione angeklagt. Andre hatte die Schule zwölf Jahre lang besucht. Der Priester, der jahrelang die Orgel gespielt hatte, wartete auf seine Deportation. Er unterrichtete Andre, der zuvor noch nie ein Instrument gespielt hatte, ein paar Stunden auf der Orgel. Als der Priester fort war, übernahm Andre seine Aufgabe.

»Hast du nicht Lust, in unserem Chor zu singen?«, fragte Andre. »Wir suchen neue Mitglieder.«

Ich sagte, ich könne nicht singen.

»Lass es doch auf einen Versuch ankommen. Es macht Spaß. Unsere nächste Chorstunde ist am Mittwochabend um sechs Uhr. Oder hast du schon etwas anderes vor?«

»Nein.«

»Gut, dann sehen wir uns am Mittwochabend.«

Er stand auf und gab mir die Hand.

Als er weg war, konnte ich endlich wieder frei atmen.

Aram begleitete mich noch immer mindestens einmal in der Woche von der Schule nach Hause. Er war in der zwölften Klasse, es war sein letztes Schuljahr.

»Wir wollen den Iran in den nächsten Monaten verlassen und hoffen, in die Vereinigten Staaten gehen zu können«, teilte er mir an einem warmen, sonnigen Frühlingsnachmittag mit. Ich hatte gewusst, dieser Tag würde kommen. Wir waren mehr als zwei Jahre lang gute Freunde gewesen. Ich wollte ihn nicht verlieren, aber wegzugehen und fern von all den schmerzlichen Erinnerungen, die wir teilten, ein neues Leben anzufangen, war bestimmt das Beste für ihn.

Ich sagte ihm, dass ich mich für ihn freute. Er blieb stehen und sah mich an; in seinen Augen standen Tränen. Er sagte, er wünschte, ich könne mitkommen. Er machte sich Sorgen um meine Sicherheit.

Viele seiner Mitschüler waren verhaftet und ins Evin-Gefängnis gebracht worden. Angeblich kam niemand mehr lebend von dort zurück. Ich nannte ihn paranoid, doch er bestritt das heftig.

»Aram, du brauchst dir keine Sorgen zu machen«, beharrte ich.

»Das hat Arash auch immer gesagt… Hey, warte einen Augenblick, mir ist gerade etwas eingefallen. Nein, das glaube ich nicht… Andererseits…«

Er blieb mitten auf dem engen Gehweg vor einem kleinen Lebensmittelgeschäft stehen. Kisten und Körbe voller Früchte und Gemüse nahmen einen Teil des Gehwegs ein.

»Du wirst dich doch nicht umbringen, oder?«, sagte er plötzlich, fast unter Tränen.

Nein, beruhigte ich ihn, ich hätte nicht vor, Selbstmord zu begehen.

Eine dicke Frau, die an uns vorbei in den Laden gehen wollte, hatte es satt, auf das Ende unserer Unterhaltung zu warten, und schob uns beide mit einem »Verzeihung« so heftig auf die Seite, dass wir beinahe in einer großen Kiste mit Zwiebeln gelandet wären. Aram rang mit dem Gleichgewicht, dann sah er mich an. Ich machte den Weg frei, wich an den Straßenrand aus und versicherte ihm erneut, dass es mir gut gehe. Als wir weitergingen, ergriff ich seine Hand. Er stieß mich zurück.

»Was tust du da? Willst du uns ins Gefängnis bringen?« Mit hochrotem Kopf spähte er um sich.

»Tut mir leid, ich bin ein Idiot! Ich hatte es vergessen.« Ich schluckte meine Tränen hinunter.

»Verzeih mir, Marina. Ich wollte nicht grob sein. Aber ich könnte es nicht ertragen, wenn man dich auspeitschen würde, nur weil du meine Hand gehalten hast.«

»Tut mir leid.«

»Und siehst du, das ist ein weiterer Grund, warum man von hier weggehen sollte. Sich an der Hand zu halten ist doch kein Verbrechen. Wenn du das Leuten aus einem normalen Land erzählst, denken sie, du machst einen schlechten Witz.«

Wenige Minuten später fiel mir ein, dass ich ihn fragen wollte, ob er jemanden kenne, der vom Russischen ins Persische übersetze. Ich erzählte ihm, dass meine Großmutter vor ihrem Tod ihre Lebensgeschichte aufgeschrieben und mir gegeben hatte. Er fragte mich, warum ich nicht meine Eltern um eine Übersetzung bat. Doch meine Großmutter hatte ihre Lebensgeschichte mir anvertraut, weil sie vielleicht nicht wollte, dass sie in die Hände meiner Eltern gelangte. Ich wollte Hilfe von jemandem, der mich nicht kannte. Aram erinnerte sich an eine Freundin von Irina, die ein wenig seltsam war, aber viele Sprachen beherrschte und Persisch wie Russisch fließend sprach. Er versprach, sie anzurufen.

Wir hatten fast die Hälfte meines Nachhausewegs geschafft, als ein Unwetter heraufzog. Dunkle Wolken bedeckten den Himmel. Es war seltsam, wie sehr sich ein sonniger Tag innerhalb weniger Minuten verändern konnte. Wir hörten den ersten Donner rollen. Es begann zu regnen. Der Weg nach Hause war noch weit, und wir konnten uns nirgendwo unterstellen. Zuerst fiel der Regen langsam, ich sah jeden einzelnen Tropfen auf den Boden fallen. Anfangs hofften wir noch, nach Hause zu kommen, bevor der Sturm losbrechen würde, doch nein – es war zu spät. Man hörte das Donnergrollen, Regentropfen prasselten nun wild durcheinander. Ein kräftiger Wind bog die Bäume und peitschte den Regen zu grimmigen Wellen auf. Es war unmöglich, weiterzugehen. Die vertraute Straße verlor ihr Gesicht, ihre warmen Farben verschwanden. Wir waren verwirrt, weil wir nicht weiterkamen, den Sturm aber irgendwie überstehen mussten. Wir schlossen die Augen und glaubten fest daran, dass er schnell vorübergehen würde.

Am nächsten Tag rief Aram mich an. Er hatte mit Irinas Freundin Anna gesprochen, und Anna war bereit, mich zu empfangen. Wenige Tage später begleitete mich Aram zu Anna, die in einem Haus in einer ruhigen Nebenstraße der Takht-Tavus-Straße wohnte. Wir klingelten an der Tür, die in den Vorgarten führte, ein Hund begann zu bellen. »Wer ist da?«, rief eine Frau auf Persisch. Wir antworteten, Anna öffnete uns die Tür. Sie war über siebzig, groß und dünn, mit wunderschönem dichtem schwarzem Haar, das ihr über die Schultern fiel. Sie hatte große graue Augen, trug eine weiße Seidenbluse und Jeans und begrüßte uns auf Russisch. Ein Deutscher Schäferhund folgte ihr. Ihr kleines, zweistöckiges Haus beherbergte einen Dschungel von tropischen Pflanzen. Wir mussten Blätter zur Seite biegen, um ihr ins Wohnzimmer folgen zu können, wo ein farbenprächtiger Papagei auf einer Stange saß, ein Paar Kanarienvögel in einem Käfig sangen und eine schwarze Katze sich an meinen Beinen rieb. Die Luft roch nach nasser Erde, und an jeder Wand im Raum standen volle, überquellende Bücherregale.

»Wo ist der Text?«, fragte sie, als wir uns setzten. Ich reichte ihn ihr, und sie überflog die Seiten.

»Ich brauche etwas Zeit, um das zu übersetzen.«

Sie stand auf und brachte uns zur Tür. »Irina mochte dich sehr gerne, Marina. Komm morgen Nachmittag um halb fünf, bis dahin bin ich fertig.«

Am nächsten Tag öffnete Anna, kaum dass wir geklingelt hatten, die Tür und gab mir die Aufzeichnungen meiner Großmutter und die Übersetzung.

»Nun geh, meine Liebe. Deine Großmutter war eine traurige, aber eine starke Frau«, sagte sie und schloss die Tür vor unserer Nase.

»Ich habe dir ja gesagt, sie ist ein wenig merkwürdig«, meine Aram und brach in Lachen aus.

Sobald ich zu Hause war, las ich die Übersetzung. Es waren etwa vierzig Seiten, alle in schöner Handschrift geschrieben und grammatikalisch einwandfrei. Hätte ich nicht gewusst, dass Persisch nicht die Muttersprache der Übersetzerin war, wäre es mir nicht aufgefallen.

Mit achtzehn Jahren hatte sich meine Großmutter Xenia Muratowa in einen hübschen dreiundzwanzigjährigen Mann namens Andrej verliebt. Er hatte goldblondes Haar, große blaue Augen und war Kommunist. Xenia hatte ihn angefleht, nicht zu Demonstrationen gegen den Zaren zu gehen, doch er hatte nicht auf sie gehört. Er wollte, dass Russland über sich hinauswuchs und die Armut besiegte. Xenia schrieb, er habe schöne, aber fantastische Vorstellungen gehabt, und er sei sehr naiv gewesen. Nach einer Weile war sie zu Demonstrationen mitgegangen, um ihn zu beschützen. Während einer dieser Demonstrationen forderten Soldaten die Versammelten auf, sie sollten sich zerstreuen, doch niemand hörte auf sie, und so eröffneten sie das Feuer.

»Die Menschen begannen zu rennen«, schrieb Xenia. *»Ich drehte mich um. Er lag blutend auf dem Boden. Ich hielt ihn in meinen Armen, bis er starb. Die Soldaten hatten Mit-*

leid mit mir und ließen es zu, dass ich ihn zu seiner Mutter brachte. Ich zog seinen Körper durch die Straßen von Moskau. Ein paar junge Männer kamen mir zu Hilfe; sie trugen ihn für mich, und ich ging hinter ihnen her und sah, wie sein Blut auf den Boden tropfte. Seit diesem Tag habe ich nie mehr ruhig geschlafen. Ich wache noch immer nachts auf und sehe sein Blut auf meinem Bett.«

Einige Monate später begegnete Xenia ihrem künftigen Ehemann – meinem Großvater Esah. Er war Juwelier und ein netter junger Mann. Sie wusste nicht mehr, wie oder wann sie sich in ihn verliebt hatte. Er machte ihr bald einen Heiratsantrag, und sie nahm an. Sie heirateten und bekamen eine Tochter namens Tamara. Nicht lange danach wurden sie gezwungen, Russland zu verlassen und in den Iran zu gehen. Für Xenia war die Reise besonders strapaziös, denn sie war mit ihrem zweiten Kind schwanger, meinem Vater. Im Iran lebte die Familie erst in Mashhad, wo mein Vater geboren wurde, dann in Rasht, wo Esah Verwandte hatte. Dort blieben sie nicht lange, sondern zogen nach Teheran um. Teheran unterschied sich sehr von Moskau, und Xenia hatte Heimweh. Sie vermisste ihre Freunde und ihre Familie, aber sie kam darüber hinweg, denn sie war sehr glücklich mit Esah. Doch ihr Glück währte nicht lange. Eines Morgens verließ Esah das Haus und kam nie wieder zurück. Diebe hatten ihn ermordet und den Schmuck geraubt, den er verkaufen wollte, um ein Haus zu erwerben.

Danach war das Leben für Xenia sehr einsam und traurig. Sie sehnte sich nach Russland zurück, doch sie hatte alles verloren. Ihr Zuhause und ihr Leben waren von einer blutrünstigen Revolution zerstört worden. Sie konnte nirgendwo hin und glaubte, sie müsse für immer eine Fremde bleiben.

Sie eröffnete eine Pension und arbeitete hart. Mit den Jahren wurden ihre Kinder erwachsen, und Tamara heiratete einen Russen und kehrte mit ihm nach Russland zurück. Dann begegnete Xenia Peter, einem Ungarn, der sich in ihrer Pension eingemietet hatte. Er half ihr und leistete ihr Gesellschaft. Der Zweite Weltkrieg hatte gerade begonnen, da hielt er um ihre Hand an. Sie wollten heiraten, doch es gab keine Zukunft für die beiden. Die Staaten bildeten Bündnisse, Ungarn stellte sich auf die Seite Hitlers. Alle Ungarn, die im Iran lebten, wurden als Kriegsgefangene in ein besonderes Lager nach Indien deportiert. Dort starb Peter an einer Infektionskrankheit.

Am Ende der Lektüre war ich in Tränen aufgelöst. Ich wusste, wie traurig, hilflos und einsam meine Großmutter sich gefühlt haben musste. Revolutionen hatten unser beider Leben zerstört. Die kommunistische und die Islamische Revolution hatten beide in eine schreckliche Diktatur geführt. Mein Leben schien eine verdrehte Kopie ihres Lebens zu sein. Ich konnte nur hoffen, dass es die Zukunft besser mit mir meinte. Ich musste mir immer wieder klarmachen, dass sie überlebt hatte, und ich wollte es ihr nachtun.

Am darauffolgenden Mittwoch ging ich zur Chorprobe. Ich stand neben einer Frau mit einer wundervollen Stimme. Nach den Proben kam Andre zu mir. Ich trug Bluejeans und ein schlichtes T-Shirt und wünschte mir, ich wäre hübscher gekleidet. Obwohl der Hidschab vorgeschrieben war und ein Verstoß gegen die Kleiderordnung mit Auspeitschung und Gefängnis geahndet wurde, konnten Frauen unter dem Hidschab tragen, was sie wollten. Und wenn ich in die Kirche ging oder Freunde und Verwandte besuchte, durfte ich den Hidschab dort ablegen.

»Du hast eine wunderschöne Stimme«, sagte Andre zu mir.

»Nein. Ich stand neben Frau Asudi. Sie hat die schöne Stimme«, lachte ich.

Ich fragte ihn, wo er herstamme, und er erzählte mir, dass seine Eltern aus Ungarn eingewandert seien, er und seine Schwester waren jedoch in Teheran geboren. Seine Schwester war einundzwanzig und gerade zum Studium nach Budapest zurückgekehrt. Er war zweiundzwanzig.

Ein Ungar, was für ein seltsamer Zufall! Doch als ich ein wenig darüber nachdachte, war es gar nicht so seltsam. Die Christen waren im Iran eine so kleine Minderheit, dass sie irgendwie alle zusammenhingen.

»Hättest du Lust, Orgelspielen zu lernen?« fragte Andre.

»Ist das schwer?«

»Überhaupt nicht. Ich bringe es dir bei.«

»Gerne. Wann fangen wir an?«

»Vielleicht gleich jetzt?«

Trotz der erschreckenden Geschehnisse bei der Kundgebung am Ferdosi-Platz nahm ich an vielen anderen Demonstrationen teil, die von unterschiedlichen Gruppen organisiert wurden, angefangen von den Kommunisten bis zu den Mudschahedin. Das war das Mindeste, was ich tun konnte, um meine Ablehnung gegenüber der Regierung und ihrer Politik zu zeigen. Meinen Eltern, Aram oder Andre erzählte ich nichts davon. Alle Kundgebungen verliefen mehr oder weniger gleich: Junge Menschen versammelten sich auf einer Hauptstraße, Plakate, die die Regierung anprangerten, wurden in die Luft gehalten, die Menge zog los, man brüllte Slogans, und nach wenigen Momenten war alles mit Tränengas vernebelt, die Augen tränten, und die Kehle brannte. Dann hörte man Gewehrschüsse. Die Revolutionswächter waren eingetroffen. Jeder rannte so schnell er konnte und zog den Kopf ein. Der Nebel löste sich auf, alles wurde deutlich sichtbar. Die Farben stachen hervor. *Vermeide Militärgrün. Halte dich von Bartträgern fern.* Es war ein Irrtum zu glauben, durch die angrenzenden Gassen entkommen zu können; die Wahrscheinlichkeit, dort festgenommen oder verprügelt zu werden, war viel größer. Je breiter die Straße, desto größer war die Chance zu überleben. Einige Male musste ich mich hinter stinkenden Mülltonnen oder Kisten mit vergammeltem Obst und Gemüse verstecken. Nach dem Erschossenen vom Ferdosi-Platz sah ich selbst niemanden mehr durch Schüsse sterben, doch nach jeder Demonstration hörte ich von irgendjemandem, er oder sie habe Leute zu Boden fallen oder Blut auf dem Pflaster gesehen. Jedes Mal, wenn ich nach einer Kundgebung sicher zu Hause angelangt war, raste mein Herz vor Aufregung. Ich hatte es wieder geschafft. Vielleicht war ich immun gegen Schüsse und geschwungene Knüppel.

Etwa zwei Wochen vor den Sommerferien besuchte mich eines Abends Gita, die ein Jahr früher ihren Schulabschluss gemacht hatte und nun darauf wartete, dass die Universitäten nach der islamischen Kulturrevolution wieder die Tore öffneten. Eine ihrer Freundinnen mit Namen Shahrzad wollte mich treffen. Shahrzad, so erzählte sie, war eine Studentin und zur Zeit des Schahs drei Jahre als politische Gefangene inhaftiert gewesen. Shahrzad hatte von dem Streik gehört, den ich in der Schule ausgelöst hatte, und wusste, dass ich einige Bücher ihrer Gruppe gelesen hatte. Sie hatte sogar ein paar der Artikel gelesen, die ich für meine Schülerzeitung verfasst hatte. Ich fragte Gita, warum mich Shahrzad treffen wollte, und sie sagte, Shahrzad wollte mich für die Fedajin werben. Ich sagte Gita, dass ich mich nicht den Fedajin anschließen wolle; ich glaubte an Gott und ging zur Kirche, ich hatte also nicht viel mit ihrer Gruppe gemeinsam.

»Unterstützt du die Regierung?«, fragte mich Gita.

»Nein, das tue ich nicht.«

»Du kannst nur für oder gegen sie sein.«

»Selbst wenn ich gegen sie bin, bin ich deshalb noch lange keine Kommunistin. Ich respektiere dich und deine Überzeugungen, doch ich will nicht in politische Dinge hineingezogen werden.«

»Ich denke, du bist längst darin verstrickt, selbst wenn du es nicht glaubst. Gib ihr eine Chance. Sie will nur ein paar Minuten mit dir sprechen. Wir holen dich morgen von der Schule ab.«

Ich hatte keine Lust, mit Gita zu streiten, also stimmte ich einem Treffen mit Shahrzad zu.

Am nächsten Tag, ich war kaum aus dem Schultor getreten, kamen Shahrzad und Gita auf mich zu. Gita machte uns miteinander bekannt, doch sie ließ uns sofort allein, da sie, wie sie meinte, noch woanders hingehen musste. Shahrzad sah anders aus als die Mädchen, die ich bisher getroffen hatte. Sie hatte sehr traurige Augen und sah sich ständig nervös um.

»Nach allem, was ich gehört habe, bis du die geborene Anführerin«, sagte sie, während wir den Weg zu mir nach Haus einschlugen. »Das ist nicht vielen in die Wiege gelegt. Andere hören auf dich. Ich habe auch deine Artikel in der Schülerzeitung gelesen. Sie sind gut. Du kannst eine Situation differenziert betrachten. Die Islamische Revolution ist dabei, unser Land zu zerstören, und du kannst etwas dagegen tun.«

»Shahrzad, ich respektiere deine Überzeugungen, doch wir haben nichts gemeinsam.«

»Ich denke, doch. Wir haben denselben Feind, also sind wir Freunde.«

Ich sagte ihr, dass ich das anders sähe. Ich sei es gewohnt, zu sagen, was ich denke, und wenn eine kommunistische anstelle einer islamischen Regierung an der Macht wäre, würde ich wahrscheinlich ebenso handeln.

Sie fragte mich, ob ich etwas ändern wolle, und ich erwiderte, dass das, was ich ändern wolle, nicht mit ihren Zielen übereinstimmte. Plötzlich blieb sie stehen und starrte auf einen jungen Mann, der uns gerade überholt hatte, verabschiedete sich rasch und verschwand um die Ecke. Ich habe sie nie mehr wiedergesehen.

Ich wollte neue Kleider. Keine ausgewaschenen Jeans, abgetragenen Pullover und Turnschuhe mehr. Doch es gab ein Problem. Die Inflationsrate war nach der Revolution in die Höhe geschnellt, und ich wusste, dass meine Eltern für Extraausgaben nichts übrig hatten. Heranwachsende Mädchen arbeiteten gewöhnlich nicht, ich musste mir also etwas einfallen lassen, um Geld zu verdienen. Hübsche Schuhe waren besonders teuer.

Meine Eltern, Tante Xenia sowie mein Onkel Ismael und seine Frau trafen sich alle paar Wochen, um zusammen Rommé zu spielen. Sie spielten um Geld und nahmen das Spiel sehr ernst. Ich hatte ihnen häufig dabei zugesehen und die Spielregeln gelernt. Eines Abends, als die Frau meines Onkels krank war und nicht mitspielen konnte, bot ich mich an, ihren Platz einzunehmen. Tante Xenia war begeistert, und jeder gab mir ein wenig Geld, damit ich mitspielen konnte. Und wie ich mitspielte! Am Ende des Abends hatte ich meine hundert Toman in zweitausend verwandelt. Am nächsten Tag unternahm ich einen Einkaufsbummel und kaufte mir von meinem eigenen Geld modische Hosen, Blusen sowie drei Paar Schuhe mit hohen Absätzen, und noch einen Tag später ging ich in den Kleidern, die ich von meinem Gewinn gekauft hatte, in die Kirche: Ich trug eine schwarze Hose, eine weiße Seidenbluse und ein Paar spitze schwarze Schuhe.

Wenn meine Eltern zu Lebzeiten meiner Großmutter mit Freunden und Verwandten bei uns zu Hause Karten spielten, hatte diese immer den Kopf geschüttelt und mir gesagt, es sei nicht recht, um Geld zu spielen; es würde Familien und Freundschaften auseinanderreißen, deshalb habe Gott daran keinen Gefallen. Es sei eine Sünde. Ich hatte das im Kopf und fühlte mich schuldig. Doch ich war mir sicher, Gott würde angesichts meiner Lage ein Auge zudrücken. Und nur, um auf der sicheren Seite zu sein, beichtete ich im Beichtstuhl, dass ich um Geld gespielt hatte.

Ich fand es wunderbar, wie meine neuen modischen Schuhe leise klackten, als ich das Kirchenschiff hinunterging bis zum Chorgestühl, und dass die anderen Chormitglieder mit flüsternden Stimmen sagten, wie wunderbar ich aussähe. Als Andre mich sah, blieb sein Blick an mir hängen, und ich merkte, wie er mich während der Messe aus den Augenwinkeln betrachtete.

Andre hielt beharrlich daran fest, mir das Orgelspielen beizubringen, doch je mehr ich es versuchte, desto deutlicher wurde mir, dass ich keine musikalische Begabung besaß. Er verbrachte den größten Teil seiner Freizeit in der Kirche und reparierte dort alles Mögliche, angefangen von den Orgelpfeifen bis zu Haushaltsgeräten und Mobiliar, und er fragte mich häufig, ob ich ihm nicht Gesellschaft leisten wollte. Ich genoss die Zeit mit ihm. Er erzählte mir von seinem Leben, seiner Familie, seinen Freunden. Sein Vater Mihaly, von Beruf Zimmermann, war vor dem Zweiten Weltkrieg als junger Mann in den Iran gekommen, um an einem Palast zu arbeiten, der damals für den Schah gebaut wurde. Mihaly hatte seine Verlobte Juliana in Budapest zurückgelassen in der Hoffnung, dorthin zurückzukehren, wenn sein Auftrag beendet war. Doch der Krieg kam dazwischen. Während in Europa der Krieg tobte und Ungarn sich mit Deutschland verbündete, waren die Alliierten in den Iran gekommen, um die Russen von Süden her mit Nachschub zu unterstützen. Und wie Peter, der Verlobte meiner Großmutter, war Mihaly in ein Lager nach Indien deportiert worden. Doch er hatte überlebt. Nach dem Krieg kehrte er in den Iran zurück und ging nicht in sein Heimatland, weil Ungarn inzwischen ein kommunistischer Staat geworden war. Die Ungarn durften damals ihr Land nicht verlassen, Juliana konnte nicht zu Mihaly kommen. Sie war gezwungen, in Ungarn zu bleiben, doch als 1956 während des antikommunistischen Aufstands die ungarischen Grenzen geöffnet wurden, konnte sie nach Österreich fliehen und schließlich zu dem Geliebten in den Iran reisen, von dem sie achtzehn Jahre getrennt gewesen war. Sie heirateten unverzüglich und bekamen zwei Kinder: Andre, und fünfzehn Monate später eine Tochter. Juliana starb früh, als Andre vier und seine Schwester zweieinhalb Jahre alt waren. Nach ihrem Tod kam eine unverheiratete, knapp sechzigjährige Schwester von Mihaly in den Iran und half ihrem Bruder, die Kinder aufzuziehen. Mit der Zeit erwies sie sich als wunderbarer Ersatz für die Mutter, die sie verloren hatten.

Eines Tages, als wir auf der Orgelbank in der leeren Kirche saßen, erzählte ich Andre von meinen Schwierigkeiten in der Schule: von dem Streik, der Liste, die Khanum Bahman im Zimmer der Direktorin gesehen hatte, von der Schülerzeitung und davon, dass Khanum Mahmudi mich nicht mochte. Seine großen blauen Augen wurden vor Schreck riesengroß.

»Das hast du alles gemacht?« Ungläubig schüttelte er den Kopf.

»Ja. Mein Problem ist, dass ich den Mund nicht halten kann.«

»Ich wundere mich nur, warum sie dich nicht schon längst verhaftet haben.«

»Ich weiß. Ich wundere mich auch.«

Er berührte meine Hand, und mein Herz machte einen Sprung. Seine Hand war eiskalt.

»Du musst das Land verlassen«, sagte er.

»Andre, sei realistisch. Bei all den Schwierigkeiten, in denen ich stecke, habe ich keine Chance, einen Pass zu bekommen, und illegal über die Grenze zu gehen ist nicht nur gefährlich, man braucht dazu auch viel Geld. So viel werden meine Eltern nicht aufbringen können.«

»Wissen deine Eltern von alldem?«

»Einiges wissen sie, aber nicht alles.«

»Du willst mir also sagen, du wartest, bis sie dich verhaften?«

»Habe ich eine andere Wahl?«

»Verstecke dich.«

»Sie finden mich. Wo könnte ich mich auch verstecken? Soll ich etwa andere in Gefahr bringen?«

Ich merkte, dass ich immer lauter sprach: Meine Stimme hallte unter dem Gewölbe wider. Einen Augenblick saßen wir schweigend nebeneinander, dann legte er seinen Arm um meine Schulter. Ich lehnte mich an ihn, fühlte die Wärme, mit der sich sein Körper mir zuneigte. Wenn ich an seiner Seite war, hatte ich das starke Gefühl, am richtigen Platz, zu Hause, angekommen zu sein nach einer langen, gefahrvollen Reise. Ich war drauf und dran, mich neu zu verlieben, und hatte Schuldgefühle deswegen – ich wollte Arash nicht betrügen. Doch die Liebe ging ihre eigenen Wege; es war wie am Ende des Winters, wenn der Frühling langsam in die Erde eindrang. Die Temperaturen stiegen mit jedem Tag an, neue Knospen sprossen an den Zweigen, jeden Tag stand die Sonne länger am Himmel, und bevor ich wusste, wie mir geschah, war die Welt wieder voller Wärme und Farben.

Ende Juni 1981, wenige Tage nachdem meine Mutter und ich in unser Ferienhaus gereist waren, um dort den Sommer zu verbringen, rief mich Aram an und fragte mich, ob ich gehört hätte, dass das Parlament unter dem Einfluss von Ayatollah Khomeini Präsident Banisadr abgesetzt hatte, weil dieser die Exekution politischer Gefangener abgelehnt und Briefe an Khomeini geschrieben hatte, in denen er vor einer Diktatur warnte. Ich wusste davon nichts, denn in dem Ferienhaus hatten wir nur ein altes, nicht sehr taugliches Radio und konnten keine BBC-Nachrichten empfangen; die Sendungen der lokalen Fernsehstationen interessierten uns nicht. Einige Tage später informierte mich Aram darüber, dass es Banisadr gelungen war, nach Frankreich zu fliehen, viele seiner Freunde waren jedoch verhaftet und hingerichtet worden.

Am 28. Juni, kurz bevor wir uns zum Abendessen setzten, schaltete meine Mutter zufällig den Fernseher ein, und so erfuhren wir, dass es an jenem Tag einen Bombenanschlag auf eine Versammlung in der Zentrale der Islamischen Republikanischen Partei gegeben hatte. Die Bombe tötete mehr als siebzig Parteimitglieder, darunter viele Regierungsmitglieder wie Ayatollah Mohammed Beheschti, den Vorsitzenden des Revolutionsrats und Generalsekretär der Partei.

Die Regierung gab bekannt, die Bombe sei von den Mudschahedin gelegt worden.

Anfang August übernahm Mohammad Ali Radschai das Amt des Staatspräsidenten. Er war weithin bekannt als einer der Führer der islamischen Kulturrevolution. Seine Präsidentschaft dauerte zwei Wochen: Am 30. August 1981 detonierte eine Bombe im Amtszimmer des Ministerpräsidenten, tötete Radschai, den Ministerpräsidenten und den Polizeipräsidenten von Teheran. Auch dieses Attentat wurde den Mudschahedin zugeschrieben, doch es gab zugleich Gerüchte, nach denen beide Attentate die Folge interner Machtkämpfe zwischen den verschiedenen Fraktionen innerhalb der Regierung waren.

Im Land schien die Trauer zum Dauerzustand zu werden: An jeder Straßenecke tönten religiöse Lieder und Musik aus Lautsprechern, Männer, die sich selbst in der Tradition der Schia mit Eisenketten die Hüften oder den Rücken peitschten, gingen in Gruppen durch die Straßen, gefolgt von wehklagenden und weinenden Frauen. Die aktuellen Ereignisse schockierten mich so, dass ich mich immer tiefer in meine Bücher vergrub, in denen mir in der Regel eine Welt begegnete, die vernünftiger, menschlicher und vorhersehbarer war.

Gegen Ende der Sommerferien beschloss ich, nicht mehr in die Schule zu gehen. Welchen Zweck hätte es gehabt. Ich konnte mich den neuen Spielregeln nicht anpassen und hätte nur noch mehr Ärger mit Khanum Mahmudi und den Lehrern bekommen.

Als wir in Teheran zurück waren, beobachtete ich die Stimmungslage meiner Mutter, denn ich wollte einen günstigen Moment abpassen, um ihr meine Entscheidung mitzuteilen. Ich war mir sicher, es würde nicht leicht sein, sie zu überzeugen. Sie war sehr stolz auf den Bachelor-Abschluss meines Bruders und hatte immer voller Hochachtung von allen gesprochen, die eine gute Schulbildung besaßen. Doch sie konnte mich nicht zwingen, die Schule zu besuchen. Ich wusste, mit jedem Tag, den ich länger zur Schule ginge, würde sich meine Lage verschlimmern.

Wir hatten einige Möbelstücke für das Zimmer gekauft, das früher das Tanzstudio meines Vaters gewesen war: vier große, samtbezogene Sessel in Olivgrün, zwei schwarze Beistelltische, einen Esstisch mit acht passenden Stühlen und ein Sideboard. Doch der Bereich für die Wartenden mit dem runden Tisch in der Mitte und den vier schwarzen Lederstühlen war unverändert geblieben. Dort stand ein Ölheizgerät zwischen zwei Stühlen, um das Zimmer im Winter zu wärmen. Meine Mutter hatte schon immer gerne gestrickt, seit dem Sieg der Revolution tat sie dies besonders häufig und saß die meiste Zeit auf dem Stuhl links neben dem Zimmerofen und strickte Pullover für uns. Sie stickte auch Tischdecken und Bettüberwürfe. Als ich an diesem Tag ins Zimmer trat, saß sie, Brille auf der Nasenspitze, strickend auf ihrem Lieblingsplatz. Ich setzte mich ihr gegenüber und wartete eine Weile. Es fiel mir schwer, einen Anfang zu finden.

»Mama?«

»Ja, was gibt es?«

Sie sah nicht auf.

»Ich kann nicht in die Schule zurückgehen. Zumindest nicht in diesem Jahr.«

Sie ließ das Strickzeug auf ihren Schoß fallen und starrte mich über den Rand ihrer Brille an. Obwohl sie etwa sechsundfünfzig Jahre alt war und sich ein paar Falten um ihre Augen und auf ihrer Stirn zeigten, war sie noch immer eine schöne Frau.

»Wie bitte?«

»Ich kann nicht mehr in die Schule gehen.«

»Bist du verrückt?«

Ich sagte ihr, dass sie uns nichts Brauchbares an der Schule beibrachten. Wenn ich zu Hause bliebe, müsste ich mich nicht mit den Revolutionswächtern herumschlagen, die jetzt unsere Lehrer waren. Ich versprach ihr, alle Schulbücher der elften Klasse zu Hause durchzuarbeiten und zu den Prüfungen zu gehen.

»Du weißt, ich kann das«, sagte ich. »Ich weiß wahrscheinlich mehr als die neuen Lehrer.«

Sie seufzte und senkte den Blick.

»Mama, bitte, lass mich zu Hause bleiben.«

Ich schniefte.

»Ich werde darüber nachdenken«, sagte sie. Ich rannte in mein Zimmer.

Als meine Mutter am nächsten Morgen in mein Zimmer kam, waren meine Augen fast zugeschwollen, so viel hatte ich in der Nacht geweint. Als hätten sich all mein Kummer und meine Frustrationen Bahn gebrochen. Meine Mutter stand an der Balkontür und sah auf die Straße hinab.

»Du kannst zu Hause bleiben«, sagte sie, »aber nur für ein Jahr.« So hatte sie es mit meinem Vater abgesprochen.

Anfang September rief mich Aram eines Abends an, um sich von mir zu verabschieden; am nächsten Tag würde er den Iran verlassen. Mir kam es vor, als ob er weinte.

»Ich werde dich vermissen. Pass auf dich auf«, sagte ich mit verhaltener Stimme. Ich hatte ihm nichts von Andre erzählt, jetzt schien es mir an der Zeit, dass er es erfuhr. Ich sagte ihm, ich hätte in unserer Kirche jemanden getroffen, den ich sehr gerne mochte.

»Warum hast du mir nichts davon gesagt? Ich dachte, wir hätten keine Geheimnisse voreinander«, sagte er.

»Ich war mir nicht sicher. Ich wollte niemals wieder so viel Nähe mit jemandem.«

Er hatte Verständnis für mich.

Alle Männer mussten nach ihrem Schulabschluss Militärdienst leisten, es sei denn, sie bekamen einen Studienplatz an der Universität oder die Regierung befreite sie aus medizinischen oder anderen Gründen offiziell davon. Arams Vater hatte eine solche Ausnahme für ihn erwirkt, da man seinen Bruder als Märtyrer ansah und er das einzig verbliebene Kind der Familie war. Er musste nicht in den Krieg, weil seine Familie bereits einen Sohn geopfert hatte. Aram hielt es für eine Ironie, dass sein toter Bruder ihm das Leben rettete. Die Regierung hatte Aram einen offiziellen Reisepass ausgestellt, und er konnte das Land auf legalem Weg verlassen.

Im November 1981 rief mich Sarah an: Sie müsse mich unverzüglich sprechen. Ihre Stimme zitterte, doch sie wollte am Telefon nichts sagen. Ich lief zu ihr, sie erwartete mich schon an der Tür. Ihre Eltern und ihr Bruder waren nicht zu Hause. Wir gingen in ihr Zimmer, und sie ließ sich aufs Bett fallen. Ihre Augen waren rot geweint und geschwollen.

Sie berichtete, dass zwei Tage zuvor Revolutionswächter zu Gita gekommen waren, um sie zu verhaften; da sie Gita jedoch nicht antrafen, hätten sie ihre Mutter und zwei Schwestern Gitas mitgenommen und ihrem Vater gesagt, wenn Gita sich nicht innerhalb einer Woche stellte, würde man eine ihrer Schwestern hinrichten. Gita sei daher ins Evin-Gefängnis gegangen und habe sich gestellt. Die Mutter und die Schwestern habe man freigelassen. »Marina … du weißt, wie dickköpfig sie ist. Sie werden sie töten. Sie kann ihre Zunge nicht im Zaum halten. Wahrscheinlich sind wir die Nächsten. Gut, zuerst werden sie Sirus schnappen, aber Sirus meint, dass sie jeden, der offen Kritik an der Regierung geübt hat, verhaften werden.«

Sirus hatte recht. Ich wusste, früher oder später würden sie uns holen. Sie wussten, nach wem sie suchen mussten. Sie wussten, wo wir wohnten. Nie zuvor hatte ich jemandem von der Liste erzählt, denn ich wusste nicht, wer außer mir noch darauf stand, und ich wollte niemanden erschrecken oder Khanum Bahman in Schwierigkeiten bringen.

»Ja, wahrscheinlich sind wir die Nächsten. Es ist nur eine Frage der Zeit. Aber was können wir tun? Wir können nicht davonlaufen, sonst müssen unsere Eltern es büßen«, sagte ich.

»Wir können nicht einfach herumsitzen und warten.«

»Was hast du vor?«

»Ich könnte zumindest meine Eltern informieren«, sagte Sarah.

»Sie werden durchdrehen vor Angst. Niemand kann etwas tun, es sei denn, ihr verschwindet alle miteinander. Meine Eltern würden mich nicht ernst nehmen, wenn ich es ihnen sagte. Mach dir nicht so viel Sorgen. Es wird schon nicht so schlimm sein. Die Leute übertreiben leicht. Wir haben nichts getan. Gita war in ihrer politischen Gruppe wirklich aktiv. Aber warum sollten sie sich mit uns abgeben?«

»Ich hoffe, du hast recht. Wir sollten Ruhe bewahren. Wir haben schließlich nichts getan.«

15

Nachdem er mir seinen Vorschlag unterbreitet hatte, brachte Ali mich nach 246 zurück. Kaum hatte ich das Zimmer betreten, war ich von Freundinnen umringt, die wissen wollten, was geschehen war. Ich erzählte ihnen, dass Ali zurückgekehrt sei. Er habe einfach sehen wollen, wie es mir geht. In ihren Gesichtern las ich, dass sie mir nicht glaubten. Sie machten sich Sorgen, doch niemand konnte mir helfen.

Ich wollte nicht, dass meine Mitgefangenen von Alis Vorschlag erfuhren. Ich fühlte mich schuldig und schämte mich. Ich hatte Andre und meine Eltern in Gefahr gebracht. Und da ich keinen Zweifel daran hatte, dass Ali seine Drohungen im Zweifelsfall wahr machte, musste ich tun, was er verlangte.

Ich erinnerte mich daran, wie Arash und ich uns geküsst hatten. Es war das schönste Gefühl auf der Welt gewesen, denn ich hatte Arash geliebt. Wollte Ali mich küssen? Ich wischte mir mit dem Schal über den Mund, kalter Schweiß lag auf meiner Haut.

»*Von mir aus können sie mich töten, aber ich will nicht vergewaltigt werden*«, hatte Taraneh gesagt.

Obwohl ich noch keine genaue Vorstellung davon hatte, was eine Vergewaltigung war, sagte ich mir, dies sei keine Vergewaltigung. Ali wolle mich heiraten. Das sei rechtens… War es das…? Warum dachte ich überhaupt über Alis Frage nach? Ich wusste, wie meine Antwort lauten musste.

Eine Ehe dauert für gewöhnlich ein Leben lang. Konnte

ich mein Leben an Alis Seite verbringen? Vielleicht hatte Ali an eine zeitlich begrenzte Heirat gedacht. Ich hatte von der Sighe, der legalen Ehe auf Zeit, gehört, die einige Minuten oder Jahre dauern konnte. Ich wusste, dass in einer solchen Ehe auf Zeit die Frau keinerlei Rechte hatte. In meinem Fall kam es auf diesen Unterschied nicht an, denn als Gefangene hatte ich sowieso keine Rechte, auf die ich mich hätte berufen können. Vielleicht wollte er mich nur für eine kurze Zeit zur Frau haben und würde mich dann gehen lassen. Das brauchte ja niemand zu wissen. Ich musste diese Ehe so lange wie möglich geheim halten.

Stunden vergingen, in denen ich weder essen noch denken oder mit jemandem sprechen konnte. Ich konnte nicht einmal weinen. Alles, was ich tun konnte, war tagsüber im Flur auf und ab wandern und nachts erschöpft vor mich hin dämmern.

Am dritten Tag ging ich schließlich zu Schwester Maryam. Sie wusste von Alis Vorschlag, vor ihr brauchte ich mich also nicht zu verstellen. Ich sagte ihr, dass ich Ali nicht heiraten wolle. Sie sagte, jede Ehe in ihrer Familie sei arrangiert worden, und die Frauen hätten den Mann niemals heiraten wollen, den ihre Eltern für sie ausgesucht hatten. Ihre eigene Mutter hatte den Mann gehasst, den sie hatte heiraten müssen, doch zuletzt sei sie sehr glücklich mit ihm geworden. Ich sagte, ich könne mir nicht vorstellen, wie sich unter solchen Umständen Glück einstellen könnte. In meiner Familie, sagte ich, wählten die Frauen ihre künftigen Ehemänner selbst. Sie erwiderte, ich sei jetzt nicht mehr bei meiner Familie und solle außerdem daran denken, dass Ali mir zu einem neuen Leben verholfen habe. Ihrer Meinung nach machte ich es mir unnötig schwer.

Meine Bedenkzeit war vorüber. Am Morgen des vierten

Tages wurde ich über Lautsprecher gerufen. Ali wartete im Büro auf mich.

»Du brauchst keine Augenbinde«, sagte er, »wir unterhalten uns in meinem Wagen.«

Vom Büro aus betraten wir einen fensterlosen Flur, der mit Neonlicht beleuchtet war. Bis zu diesem Zeitpunkt hatte ich außer der Abteilung 246 und dem Verhörzimmer nichts vom Evin-Gefängnis gesehen. Es war ein finsterer Albtraum aus wütenden Stimmen, Ohrfeigen, Schreien, Gewehrschüssen und dem schleifenden Geräusch von Gummislippern auf Linoleum und Steinböden gewesen. Doch der Flur, den ich nun vor mir sah, hätte der Flur in jedem normalen Regierungsgebäude oder in einer Schule sein können. Ich folgte Ali die Treppen hinunter, die sich durch nichts von normalen Treppen unterschieden. Ein paar Revolutionswächter stiegen an uns vorbei die Treppe hinauf, grüßten Ali mit einem »Salam aleikum« und einer leichten Verbeugung und würdigten mich keines Blickes. Er verbeugte sich ebenfalls und grüßte sie. Als wir unten angelangt waren, öffnete Ali eine graue Stahltür, und wir traten ins Freie. Die Normalität, die vor mir lag, schockierte mich. Das Evin-Gefängnis erinnerte mich an das Universitätsgelände an der Enghelab-Straße. Beide Gebäude unterschieden sich vor allem darin, dass es im Evin-Gefängnis mehr Freiflächen gab. Der andere Unterschied bestand in der Umzäunung, denn die Universität von Teheran war von einem Gitterzaun umschlossen, durch den man nach draußen sehen konnte, während das Evin-Gefängnis von hohen Ziegelmauern, Wachtürmen und bewaffneten Milizen gesichert wurde. Hier und da standen ein paar hohe alte Ahornbäume beisammen. Die Anlage wurde im Norden vom Elburz-Gebirge überragt.

Ali führte mich auf einer engen gepflasterten Straße um

ein graues Gebäude herum, vor dem im Schatten einiger Bäume ein schwarzer Mercedes parkte. Er öffnete die Beifahrertür, ich nahm Platz. Das Auto roch nagelneu. Schweiß tropfte von meiner Stirn. Er setzte sich auf den Fahrersitz und legte seine Hände auf das Lenkrad. Mir fiel auf, wie lang und schmal seine Finger waren, und seine Nägel waren sauber und ordentlich geschnitten. Er hatte Hände wie ein Klavierspieler, und doch leitete er Verhöre.

»Wie hast du dich entschieden?«, fragte er, während er auf eine Kette bernsteinfarbener Gebetsperlen starrte, die vom Innenspiegel herabhing.

Ein Spatz flog von einem Baum auf und verschwand in der blauen Weite des wolkenlosen Himmels.

»Hast du vor, mich nur für eine bestimmte Zeit zu heiraten?«, fragte ich.

Er sah mich erstaunt an.

»Es handelt sich bei meinen Gefühlen nicht um eine vorübergehende körperliche Anziehung. Ich will dich für immer.«

»Ali, bitte …«

»Wie lautet deine Antwort? Ja oder nein? Und vergiss die Konsequenzen nicht. Ich meine es sehr ernst.«

»… Ich heirate dich«, sagte ich. Ich fühlte mich wie lebendig begraben.

Er lächelte: »Du bist ein verständiges Mädchen. Ich wusste, du würdest die richtige Entscheidung treffen. Ich verspreche dir, du wirst es nicht bereuen. Ich werde gut für dich sorgen. Ich muss die notwendigen Vorbereitungen treffen und mit meinen Eltern sprechen. Es wird ein wenig dauern.«

Ich fragte mich, was seine Eltern wohl davon hielten, dass er eine christliche Gefängnisinsassin zur Frau nehmen wollte. Und meine Familie? Wie würde sie reagieren?

»Ali, ich möchte im Augenblick nicht, dass meine Familie etwas von der Hochzeit erfährt«, sagte ich. »Wir hatten nie ein sehr vertrautes Verhältnis. Ich weiß, sie würden die Situation nicht verstehen und es nur schwerer machen.«

Ich konnte meine Tränen nicht länger zurückhalten.

»Marina, bitte, weine nicht. Du musst es niemandem sagen, bevor du nicht dazu bereit bist – und es spielt keine Rolle, wie lange es dauert. Ich weiß, wie schwer es für dich ist. Ich werde alles tun, um es dir zu erleichtern.«

Solange meine Freunde und meine Familie nichts von meiner Ehe erfuhren, hatte das Mädchen, das ich vor meiner Inhaftierung war, eine Chance zu überleben. Sie konnte überleben, träumen, hoffen und lieben, selbst wenn sie sich in einem neuen Dasein verstecken musste: als Ehefrau eines Verhörspezialisten. Ich hatte keine Ahnung, wie lange dieses Mädchen in der Lage sein würde, so zu leben, doch ich wollte sie schützen. Dieses Mädchen war mein wahres Ich, das von meinen Eltern und Andre geliebt wurde und das sie zurückhaben wollten.

Ali brachte mich nach 246 zurück und fragte Schwester Maryam, ob es möglich wäre, mich in eines der Zimmer im unteren Stock zu schicken. Ich wollte meinen Freundinnen nichts erklären. Das obere und das untere Stockwerk des Trakts waren vollständig voneinander getrennt, die Gefangenen hatten keinerlei Kontakt zueinander. Ich wollte allein sein, irgendwo, wo mich niemand kannte. Sie willigte ein und befahl der Sprecherin aus Zelle sieben, meine Habseligkeiten ins Büro zu bringen. Ich zog in den unteren Stock in Zelle sechs um, in der ebenfalls etwa fünfzig Mädchen untergebracht waren.

Bald danach wurde mein Gesundheitszustand schlechter. Ich erbrach alles, was ich aß, Migräneanfälle lähmten mich. Mit einer Decke über dem Kopf lag ich die meiste

Zeit in einer Ecke und konnte nicht schlafen. Meine Gedanken drehten sich im Kreis und endeten immer wieder bei Taraneh. Ich vermisste sie so sehr. Seit man sie fortgebracht hatte, war ich jedem Gedanken an sie ausgewichen; ich wollte mir die Einzelheiten ihrer letzten Stunden nicht vorstellen. Warum wenden wir uns von der Realität ab, wenn wir sie nicht mehr ertragen können? Ich hätte Schwester Maryam sagen sollen, dass ich mit Taraneh sterben wollte. Ich hätte versuchen sollen, ihre Hinrichtung zu verhindern. Ich wusste, es wäre mir nicht gelungen, und doch hätte ich es versuchen sollen. War es ein unschuldiges Leben nicht wert, dass man darum kämpfte, auch wenn man zum Scheitern verurteilt war? Ich war für ihren Tod verantwortlich, denn ich hatte mich mit ihrem Schicksal abgefunden. Aber warum war ich still geblieben? Hatte ich Angst zu sterben? Ich glaube nicht. Vielleicht war Hoffnung der Grund; ich hoffte, eines Tages nach Hause zurückkehren zu können. Meine Eltern und Andre warteten auf mich. Wie konnte ich den Tod wählen, wenn er mich nicht gerufen hatte? Richtig und falsch waren untrennbar verflochten, und ich wusste nicht, welchen Weg ich weitergehen sollte.

Ich stand in einer tiefen Finsternis. Ein offenes Feld mit schwarzen Bergen umgab mich. Taraneh stand neben mir, sie trug ihren roten Glücksbringer-Pullover und starrte vor sich hin. Ich berührte ihre Hand, und sie sah mich mit ihren amberbraunen Augen an. Ali tauchte aus der Nacht auf. Er kam auf uns zu und zielte mit einem Gewehr auf meinen Kopf. Ich konnte mich nicht bewegen. Mit ihrer kleinen Hand packte Taraneh Ali am Handgelenk. »Nein«, sagte sie. Ali legte das Gewehr an ihren Kopf an und drückte ab. Taranehs Blut floss an meiner Haut herab. Ich schrie.

Als ich aufwachte, steckte ein Schrei in meiner Kehle.

Meine Lunge weitete sich nicht mehr zur Atmung. Über mir tauchte der unscharfe Schatten eines Gesichts auf. Laute, unverständliche Stimmen waren im Raum. Doch wenn man keine Luft mehr bekommt, zählt nichts mehr, nur noch der Atem. Ich versuchte den Arm auszustrecken und nach etwas zu greifen, das mich vor dem Ersticken retten könnte. Ich versuchte zu sagen, dass ich nicht atmen konnte. Das Gesicht… Es war Schwester Maryam. Sie sprach mit mir, doch ihre Worte erreichten mich wie aus weiter Ferne. Das Zimmer verblasste, als ob jemand das Licht langsam abgeschwächt und dann ausgemacht hätte.

Als ich die Augen aufschlug, sah ich Ali im Gespräch mit Doktor Sheikh, der eine khakifarbene Militäruniform trug. Ich konnte atmen. Wir waren von weißen Vorhängen umgeben. Ich lag in einem sauberen, bequemen Bett. Ein weißer Schal bedeckte mein Haar und ein dickes weißes Tuch meinen Körper. Aus dem Plastikbeutel, der an einem Metallhaken hing, tropfte eine klare Flüssigkeit in einen durchsichtigen Schlauch, der an meiner Hand befestigt war. Doktor Sheikh merkte als Erster, dass ich wach geworden war.

»Hallo, Marina. Wie geht es dir?«, fragte er.

Ich erinnerte mich nicht, was geschehen war, ich wusste nicht, wo ich mich befand. Der Arzt sagte mir, ich sei extrem ausgetrocknet gewesen, und deshalb habe man mich ins Gefängniskrankenhaus gebracht. Dann verschwand er durch einen kleinen Schlitz im Vorhang. Ich sah Ali an, er lächelte.

»Ich werde dir etwas aus der Küche meiner Mutter zu essen bringen. Das macht jeden gesund. Versuche jetzt, dich auszuruhen. Ich wecke dich, sobald ich zurück bin. Möchtest du etwas Bestimmtes? Kann ich dir etwas von draußen mitbringen?«

»Nein.«

»Warum hast du niemandem gesagt, dass es dir so schlecht ging?«

»Aber ich weiß wirklich nicht, was mit mir passiert ist.«

»Deine Zimmerkameradinnen haben Schwester Maryam erzählt, dass du dich schon seit einigen Tagen immer wieder übergibst.«

Tränen traten in meine Augen. »Ich hatte schon immer Magenprobleme. Es war nichts Neues, nur ein wenig schlimmer als sonst. Aber ich habe es nicht sehr beachtet. Wirklich. Ich dachte, es würde wieder vergehen. Die Albträume und der Kopfschmerz. Ich versuchte …« Meine Brust begann zu ziehen.

Ali beugte sich zu mir herab und stützte sich dabei mit den Händen aufs Bett.

»Sorge dich nicht. Es ist alles in Ordnung. Alles ist gut. Du warst krank. Das ist alles. Jetzt kannst du dich ausruhen und dich erholen. Hol tief Luft. Richtig tief.«

Ich holte Luft.

»Der Arzt wird dir ein Schlafmittel geben. Du brauchst Ruhe. Und du wirst keine Kopfschmerzen und keine Albträume haben. In Ordnung?«

Alis Stimme weckte mich. Er rief meinen Namen und hielt eine Schale mit Hühnerbrühe und Nudeln von seiner Mutter in der Hand. Es roch nach Zitronen. Zu Hause hatte ich immer Zitronensaft in meine Hühnersuppe gegeben. Ali sagte, der Arzt glaube, etwas frische Luft und Tapetenwechsel würden mir guttun, und er bot sich an, eine Spazierfahrt mit mir zu unternehmen. Ich fragte ihn, ob er mit draußen außerhalb des Evin-Gefängnisses meine. Ja, das meinte er, und er forderte mich auf, meine Suppe zu essen, damit wir aufbrechen konnten.

Sobald ich mit dem Essen fertig war, half er mir in einen Rollstuhl und zog anschließend den weißen Vorhang zur Seite, der uns umgab. Wir waren in einem großen Saal; viele weiße Vorhänge teilten ihn in kleine Nischen. Zwei dieser Vorhänge waren zur Seite gezogen, man sah zwei Betten, eines war leer, im anderen schlief ein Mädchen, das etwa mein Alter hatte. Sie trug einen blauen Schleier und lag unter einem dicken weißen Tuch. Es gab keine Fenster. Ali schob meinen Rollstuhl durch eine Tür, wir gelangten in einen engen Flur. Erneut hatte er darauf verzichtet, mir die Augen zu verbinden. Dann öffnete er eine Tür, und ich linste aus zusammengekniffenen Augen auf die bunte Welt vor den Mauern. Er steuerte meinen Rollstuhl die Rampe hinunter.

Der Himmel sah aus wie ein Meer, das auf dem Kopf stand. Schaumige Wolkenwellen strömten zum Horizont. Wir kamen an einigen Frauen mit verbundenen Augen vorbei, die dunkelblaue Tschadors trugen. Im Gänsemarsch folgten sie einem männlichen Revolutionswächter. Jede Frau klammerte sich an den Tschador der Frau, die vor ihr ging. Der Revolutionswächter an ihrer Spitze hielt ein Stück Seil in der Hand, dessen Ende an die Handschellen der Frau an der Spitze des Zuges geknotet war. Er zog sie hinter sich her, die anderen folgten. Wenige Tage zuvor war ich noch wie sie gewesen. Jetzt stand ich unter Alis Schutz, und alles hatte sich verändert. Ich schämte mich. Ich hatte sie verraten. Ich hatte alle verraten.

Auf der rechten Seite verstellten hohe Ahornbäume die Sicht, links stand ein zweistöckiges Ziegelgebäude, hinter dem Alis Mercedes parkte. Als wir den Wagen erreicht hatten, wurde mir plötzlich klar, dass ich nicht mit ihm allein sein wollte. Angst kroch unter meine Haut.

»Komm, lass dir helfen«, sagte er, nahm meinen linken Arm und versuchte mich zu stützen. Ich stieß ihn zurück.

»Marina, bitte, hab keine Angst vor mir. Ich werde dir nicht wehtun. Ich habe dir nie wehgetan.«

Er hatte recht. Er hatte mich nie geschlagen.

»Vertrau mir. Auch wenn wir verheiratet sind, werde ich rücksichtsvoll und freundlich sein. Ich bin kein Monster.«

Ich hatte keine Wahl, ich musste ihm vertrauen. Meine Bewegungen waren ungelenk, meine Muskeln schwach, und ich hatte Schwindelgefühle, als ich aus dem Rollstuhl aufstand, doch es gelang mir, in den Wagen zu steigen, ohne das Gleichgewicht zu verlieren. An der Ausfahrt winkte er den Wachen, sie öffneten die Tore, und wir fuhren einfach aus dem Evin-Gefängnis heraus. Ich war schockiert, wie einfach es für ihn war, mich nach draußen mitzunehmen – er war offenbar viel einflussreicher, als ich gedacht hatte.

Die Straße war leer und verödet, doch je weiter wir uns vom Gefängnis entfernten, desto lebhafter wurde die Umgebung. Es gab Menschen, Häuser und Geschäfte. Auf einem unbebauten Grundstück rannte eine Gruppe kleiner Jungen einem Plastikball hinterher, auf ihren Gesichtern lag eine feine Schmutzschicht wie Mehlstaub. Frauen trugen ihre Einkaufstaschen nach Hause, und Männer standen herum und schwatzen mal mit diesem, mal mit jenem. Alle diese einfachen Dinge, die die Menschen beschäftigten, kamen mir wie Wunder vor.

»Du bist sehr still. Woran denkst du?«, fragte Ali nach etwa einer halben Stunde.

»An das Leben, und wie normal es hier draußen wirkt.«

»Es wird zwar noch ein wenig dauern, aber ich verspreche dir, dass auch wir irgendwann ein normales Leben führen werden. Ich werde arbeiten gehen und für unser Auskommen sorgen. Und du wirst dich um das Haus kümmern, einkaufen gehen und Freunde und Verwandte besuchen. Du wirst glücklich sein.«

Wie konnte er von seiner Arbeit sprechen, als wäre es etwas ganz Gewöhnliches, was er tat? Er war kein Lehrer, Arzt oder Mechaniker.

»Meine Freunde sind tot oder im Gefängnis, und ich weiß nicht, ob meine Familie mich je wiedersehen will«, sagte ich.

»Du wirst neue Freunde finden. Und warum glaubst du, dass deine Familie unsere Eheschließung so stark ablehnen könnte?«

»Wegen deiner Arbeit.«

»Marina, vertraue mir; es gibt Hoffnung. Sie werden sehen, wie gut ich für dich sorge. Ich musste zahllose Hindernisse überwinden, nur, damit du am Leben bleibst, und es gibt viele Leute, die gegen unsere Eheschließung sind. Es wird noch viele Hindernisse geben, die ich beseitigen muss, doch ich werde mich um jedes einzelne kümmern. Wenn deine Familie erst sieht, was für ein gutes Leben ich dir bieten kann, wird sie ihre Meinung ändern. Wir werden deine Familie gemeinsam besuchen, sobald du dazu bereit bist.«

Warum war seine Wahl auf mich gefallen? Ich verkörperte alles, wogegen er kämpfte: Ich war eine Christin, eine Gegnerin der Revolution, eine Gefangene. Er musste kämpfen, um mich vor dem Tod zu bewahren, und jetzt musste er erneut kämpfen, um mich heiraten zu können. Warum tat er das alles?

Eine Zeit lang fuhren wir jede Nacht mit seinem Wagen hinaus. Solange ich in seinem Auto saß, versuchte ich so zu tun, als wäre ich eine normale Frau. Ich versuchte, nicht mehr an die Vergangenheit oder an die Zukunft zu denken; ich versuchte, mich auf das beruhigende Brummen des Motors zu konzentrieren, auf die weichen Ledersitze und auf die Straßen, in denen es wimmelte von sorglosen Menschen. Obwohl die Stadt sich gleich geblieben war, seit ich sie verlassen hatte, kam mir jeder Anblick, jeder Geruch und Klang fremd vor. Über allem schwebte Alis Stimme, der mir von seiner Familie erzählte. Er war der einzige Sohn und hatte eine fünfundzwanzigjährige verheiratete Schwester. Seine Mutter war nach der Geburt seiner Schwester noch zweimal schwanger gewesen, doch sie hatte beide Male eine Fehlgeburt erlitten. Nach islamischem Gesetz dürfen Männer mehr als eine Frau haben, doch Alis Vater, Hossein Musavi, hatte sich ausschließlich seiner einzigen Frau und seinen beiden Kindern zugewandt. Er war sehr gläubig, hatte Ayatollah Khomeini viele Jahre lang unterstützt und war stolz darauf, dass Ali als tapferer Soldat im Dschihad gegen den Schah gekämpft hatte. Als geschickter Geschäftsmann hatte er großen Reichtum erworben und dabei nie vergessen, Notleidenden zu helfen. Die Eltern drängten Ali seit Jahren zur Heirat, doch auch mit achtundzwanzig war er noch keine Bindung eingegangen.

»Ich habe meinen Eltern von dir erzählt«, sagte er mir während einer dieser nächtlichen Fahrten.

»Wie haben sie reagiert?«, fragte ich.

»Sie waren entsetzt«, lachte er.

Vielleicht gab es noch Hoffnung, dass ich ihn doch nicht heiraten musste.

»Aber ich habe ihnen gesagt, dass du die Richtige bist«, fuhr er fort. »Ich habe ihnen gesagt, dass ich keine andere will als dich. Ich war immer ein guter Sohn. Ich habe ihnen immer gehorcht, doch diese Entscheidung treffe ich allein. Ich kann mich nicht mit weniger zufriedengeben. Ich bin achtundzwanzig, ich habe in meinem Leben schon viel durchgemacht, und ich habe mich entschieden. Ich will dich zur Frau, zur Gefährtin, du sollst die Mutter meiner Kinder sein.«

»Ali, wir kommen aus verschiedenen Welten. Deine Eltern werden mich niemals mögen. Sie werden mich immer dafür kritisieren, dass ich anders bin.«

Er sagte, seine Eltern seien freundlich und großzügig und er habe keinen Zweifel, dass sie mich lieben würden.

Ich schloss meine Augen und bemühte mich, an nichts zu denken.

Nach einer kurzen Weile meinte er, es gäbe noch eine andere Sache, über die er mit mir sprechen müsse. Er wisse, ich würde es nicht gerne hören, doch er bestehe auf dieser Formalität. »Mein Vater sagte, er hätte nichts gegen unsere Heirat einzuwenden, wenn du zum Islam übertrittst. Er würde sie in diesem Fall sogar unterstützen«, sagte er. »Dann werden meine Eltern stolz sein, dich zur Tochter zu haben. Sie werden dir ihren Beistand und ihren Schutz gewähren, als wärst du ihr eigen Fleisch und Blut. Das, Marina, möchte ich gerne. Ich möchte, dass du zu mir gehörst und dass meine Familie dich liebt. Vom ersten Augenblick an, als ich dich sah, wusste ich, dass wir zusammengehören.«

Ich hatte meine Familie, den Mann, den ich liebte, meine Freiheit, mein Zuhause und alle meine Hoffnungen und Träume verloren. Jetzt sollte ich meinem Glauben untreu werden.

Es machte ihm nichts aus, wenn ich im Herzen eine Christin blieb. Ich flehte ihn an, mir das zu ersparen, doch er sagte, dies sei nicht möglich.

»Und was geschieht, wenn ich ablehne?«, fragte ich.

»Mach es dir doch nicht so schwer«, sagte er. »Es ist zu deinem eigenen Wohl. Du willst doch nicht, dass die Menschen leiden, die du liebst, nur weil du zu stolz bist. Du bist erst siebzehn. Es gibt so viele Dinge auf der Welt, die du noch nicht verstehst. Ich verspreche dir, ich werde dich glücklicher machen, als du es je zuvor warst.«

Wie konnte ich ihm begreiflich machen, dass ich mit ihm niemals glücklich sein würde?

Er parkte den Wagen in einer ruhigen Straße. Ich kannte die Gegend, wir waren in der Nähe von Tante Xenias Haus. Ich fragte ihn, ob er verstand, dass ich meine Eltern, meine Freunde, meine Religion, alles vergessen musste und dass sie mich für alle Zeiten hassen würden. Er gab zurück, sie hätten mich nie wirklich geliebt, wenn sie mich wegen meiner Konversion zum Islam hassten.

Er stieg aus dem Wagen und hielt mir die Tür auf.

»Was machst du?«, fragte ich.

»Komm, ich habe ein Haus für uns gekauft.«

Wir stiegen einige Treppen hinauf zum Eingang eines großen Backsteinbungalows. Er schloss die Tür auf und ging hinein. Ich zögerte.

»Worauf wartest du? Willst du es nicht sehen?«, sagte er.

Ich folgte ihm. Das Haus hatte ein Wohnzimmer, einen Wohn-Ess-Raum, die größte Küche, die ich je gesehen hatte, vier Schlafzimmer und drei Badezimmer. Die Wände waren frisch gestrichen in neutralen Farben, doch es war kein Mobiliar vorhanden. Im Elternschlafzimmer stand ich vor einer Schiebetür, die auf den Garten hinausging. Der Rasen war dicht und grün, auf Hügelbeeten blühten Geranien, Stiefmütterchen und Ringelblumen. Es gab rote, weiße, purpurrote und gelbe Blüten. Ein weißer Schmetterling flog von einer Blume zur nächsten, schlingerte und kämpfte mit dem Wind. Eine hohe Mauer trennte den Garten von der Straße. Wie war es möglich, dass es in einer so grausamen Welt so viel Schönheit gab?

Ali öffnete die Schiebetür.

»Komm, lass uns rausgehen, die Blumen brauchen Wasser«, sagte er.

Im Garten krempelte er die Ärmel hoch, drehte den Wasserhahn auf und nahm den Gartenschlauch. Der Wind sprühte mir den kühlen Dunst ins Gesicht. Sorgfältig, ohne die Erde aufzuwühlen, goss er die Pflanzen. Große Wassertropfen blieben an den Blättern hängen, und wie Perlen schlossen sie das goldene Sonnenlicht in sich ein. Eine Melodie summend und lächelnd, pflückte Ali die welken Blüten ab. Er sah aus wie ein x-beliebiger normaler Mann. Hatte er schon einmal jemanden getötet, nicht im Krieg, sondern im Evin-Gefängnis? Hatte er schon einmal abgedrückt und das Leben eines Menschen beendet?

»Gefällt dir unser Haus?«, fragte er.

»Es ist wundervoll.«

»Die Blumen habe ich für dich gepflanzt.«

»Ali, ich bin zu lebenslanger Haft verurteilt. Wie sollte ich je hier leben dürfen?«

»Ich habe alle entscheidenden Leute im Evin-Gefängnis davon überzeugen können, dass du hier bei mir bleiben kannst in so einer Art Hausarrest. Marina, das ist unser Haus, dein Haus und meines.«

Unser Haus. Ich weiß nicht einmal mehr, wer ich bin. Dieses Haus ist ein Anbau des Evin-Gefängnisses.

»Also werde ich hier im Haus inhaftiert sein«, sagte ich.

»Wir müssen uns korrekt verhalten. Du weißt selbst, dass Leute wie Hamed gegen unsere Eheschließung sind, und sie beobachten uns. Wir sollten es vermeiden, Fehler zu machen. Du wurdest von einem islamischen Gericht zum Tode …«

»Aber ich hatte nie einen Prozess«, sagte ich.

In der Nacht der Hinrichtungen hatte Ali mir gesagt, dass ich zum Tode verurteilt worden war, doch ich hatte angenommen, Hamed und vielleicht noch ein paar andere hätten einfach beschlossen, mich zu erschießen. Einen Prozess stellte ich mir vor, wie ich es in Büchern gelesen oder im Kino gesehen hatte: ein großer Saal mit einem Richter, Geschworenen, einem Verteidiger und einem Ankläger.

Ali sagte, es habe ein Gerichtsverfahren gegeben, allerdings in meiner Abwesenheit. Anschließend hätte sich der Imam gnädig erwiesen und meine Strafe in eine lebenslängliche Gefängnisstrafe abgemildert. Es würde ihm zwar nicht zustehen, noch einmal zum Imam zu gehen, doch er könne eine Wiederaufnahme des Gerichtsverfahrens fordern. Er glaubte, wenn mein Prozess nach meinem Übertritt zum Islam und meiner Heirat mit ihm wiederaufgenommen würde, würde meine Strafe nicht über zwei bis drei Jahre hinausgehen.

Ich fragte ihn, warum Hamed mich so hasste. Er erklärte mir, dass Hamed, wie viele andere, alle ablehne, die anders dachten und anders lebten.

Ich seufzte. Ich verstand diese merkwürdige islamische Gesellschaft nicht.

»Alles wird gut werden«, fuhr Ali fort. »Ich habe bisher noch keine Möbel gekauft, denn ich dachte, du würdest das Haus vielleicht gerne selbst einrichten. Wir können morgen mit dem Einkaufen anfangen; dann wird es bestimmt rechtzeitig fertig sein. Ich weiß, dass du dich immer noch um die Reaktion deiner Familie sorgst, doch habe einfach Vertrauen in mich. Wenn sie erst sehen, was ich dir bieten kann, werden sie glücklich sein.«

Vielleicht war etwas dran an dem, was Ali sagte. Wir waren nicht reich, und dieses Haus lag außerhalb unserer Möglichkeiten. Mein Vater hatte nie an Gott geglaubt und immer über meine religiösen Überzeugungen gelacht, doch Geld hatte ihn immer interessiert. Große, teure Dinge hatten ihn immer beeindruckt. Vielleicht würde er Ali mögen. Mein Vater liebte Luxuskarossen, und Ali fuhr einen nagelneuen Mercedes. Meine Mutter hatte nie teure Dinge besessen und lebte seit ihrer Heirat in einer Mietswohnung. Ihr würde das Haus gefallen. Gab es vielleicht sogar eine kleine Chance, dass ich mit Ali glücklich würde? Es hing von ihm ab, aber auch von mir. Er liebte mich auf seine Art. Und obwohl er ganz anders dachte als ich, konnte ich die Liebe in seinen Augen erkennen, wenn er mich ansah.

Als wir zum Evin-Gefängnis zurückfuhren, sagte Ali: »Ich glaube, es wäre besser, wenn du nicht nach 246 zurückkehrst. Die Zellen in 209 sind vorläufig wohl eine bessere Lösung. Dann kann ich dich öfter besuchen und dir von zu Hause etwas zu essen mitbringen. Was hältst du davon?«

Ich nickte.

Auf unserem Rückweg hielten wir bei einem kleinen Restaurant, und Ali kaufte ein Eier-Sandwich und eine Flasche Cola für jeden. Ich mochte Eier sehr gern und hatte monatelang keine mehr gegessen. Wir aßen im Wagen. Das Brot war frisch und mit Butter bestrichen, und zwischen dem aufgeschnittenen hart gekochten Ei lagen Tomatenscheiben. Ich hatte mein Brot schon vertilgt, als Ali seines noch nicht einmal zur Hälfte geschafft hatte. Er fragte mich, ob ich noch eines wolle. Ich wollte. Da kaufte er noch eines für jeden.

Im Evin-Gefängnis stellte Ali den Wagen vor einem Gebäude ab, und wir gingen hinein. Ein langer, spärlich beleuchteter Flur erstreckte sich vor uns, von dem zahlreiche Stahltüren an jeder Seite abgingen. Ein Wächter kam auf uns zu.

»Salam aleikum, Bruder Ali. Wie geht es Ihnen?«

»Sehr gut, Bruder Reza. Gedankt sei Gott. Und wie geht es Ihnen?«

»Nicht schlecht. Gedankt sei Gott.«

»Ist die Zelle schon gerichtet, um die ich gebeten habe?«

»Ja. Hier entlang.«

Wir folgten ihm zu einer Tür mit der Nummer siebenundzwanzig. Er steckte den Schlüssel ins Schloss, öffnete sie. Ein lautes Knarren hallte durch den Flur. Ali ging in die Zelle und sah sich um. Dann kam er heraus und gab mir ein Zeichen hineinzugehen. Ich gehorchte. Die Zelle war ungefähr drei mal zwei Meter groß und hatte eine Toilette und ein schmales Waschbecken aus Edelstahl. Auf dem Boden lag ein abgewetzter brauner Teppich, das einzige Fenster war etwa dreißig mal dreißig Zentimeter groß, vergittert und so weit oben, dass ich nicht heranreichte. Ali stand an der Tür.

»Hier bist du gut aufgehoben. Ich komme morgen früh zum Frühstück wieder. Schlaf ein wenig.«

Die Tür ging zu, und ich hörte, wie der Schlüssel umgedreht und das Schloss verriegelt wurde mit einem Geräusch, das klang wie »Verräter«.

Ein Militärmarsch ertönte durch die Lautsprecher. Wieder ein Sieg. Wenn diese »Siege« der Wahrheit entsprachen, musste der Iran inzwischen die Welt erobert haben.

Ich nahm meinen Schal ab, ging zum Waschbecken und wusch mein Gesicht. Es tat gut. Immer wieder wusch ich es ab, bis sich mein Gesicht taub anfühlte. Das Geräusch von fließendem Wasser und seine Kühle hatten etwas Tröstendes. Irgendwie verband mich das Wasser mit der Welt. Doch obwohl ich das Wasser auf meiner Haut fühlen konnte, war diese Verbindung eher eine Art Erinnerung. Der Trost, den es mir spendete, war nichts aus der Gegenwart, es war etwas aus der Vergangenheit, wonach man sich zurücksehnte, etwas Trauriges.

Ich war erschöpft. In einer Ecke lagen ein paar gefaltete Militärdecken. Ich breitete sie auf dem Boden aus und legte mich darauf. Die Zellwände waren in hellem Beige gestrichen, doch zum Teil war der alte Anstrich abgeplatzt, und der blanke Putz schaute vor. Der verbliebene Anstrich war mit Fingerabdrücken bedeckt, merkwürdigen, fettig aussehenden Tupfen in verschiedenen Formen und Größen und mit einigen braunroten Streifen, von denen ich annahm, dass es Blut war. Zudem waren einige, wenn auch wenige Worte und Zahlen in die Wände geritzt, die meisten unleserlich. Ich folgte mit den Fingerspitzen den Einritzungen, als ob ich Braille lesen würde. Eine Inschrift lautete: »Shirin Hashemi, 5. Januar 1982. Kann mich jemand hören?« Am 5. Januar war ich noch zu Hause gewesen, und dieses Mädchen, Shirin, war hier. Wo war sie jetzt? Vielleicht tot. Wie schwer war sie gefoltert worden, als sie diese Worte schrieb?

»Kann mich jemand hören?«, fragte sie.

Nein, Shirin, niemand kann uns hören. Wir sind allein.

Es waren noch andere Namen eingeritzt: Mahtab, Bahram, Katayun und Piruz, und dazu Daten: 2. Dezember 1981, 28. Dezember 1981, 12. Februar 1982 und viele weitere Einträge. Es gelang mir, einen Satz zu entziffern: »Liebe Firuzeh, ich liebe dich.« Begrabene und verlorene Leben hatten ihre Spuren auf den Wänden ringsum hinterlassen. Ich folgte einer sichtbaren Linie wie einer Straße auf einer Landkarte, verband Wörter, Daten und Sätze, die um mich standen wie Grabsteine. Der Tod war hier allgegenwärtig, jedes Wort setzte einen Schlusspunkt. »Kann mich jemand hören?«

Ich bin eine Verräterin. Und ich habe das alles verdient,

diesen Schmerz, diese Zelle. Von dem Augenblick an, als ich das Evin-Gefängnis betrat, war ich dazu verurteilt, mich selbst zu verraten. Sogar der Tod hat sich von mir abgewandt. Alle werden mich hassen: meine Eltern, Andre, die Priester und meine Freunde. Und du, Gott? Hasst du mich auch? Nein, ich glaube nicht, dass du mich hasst, obwohl du mich hassen könntest. Das ist zu nichts nütze. Wer bin ich denn, dass ich darüber befinden will, was du denkst? Aber du hast mich hierhin gestellt, ja? Du hättest mich sterben lassen können. Aber ich blieb am Leben. Es war mehr deine Entscheidung als meine. Was erwartest du von mir? Bitte, ich flehe dich an, sage etwas …

Gott sagte nichts.

Wie versprochen, brachte mir Ali am nächsten Morgen das Frühstück: Barbari-Brot mit selbst gekochter Sauerkirschmarmelade. Der Tee kam in einem Plastikbecher, duftete herrlich und nicht nach Kampfer. Ich verbrachte den Morgen in Gedanken daran, was Andre und meine Eltern nun wahrscheinlich beschäftigte. Ich war fast sicher, dass meine Mutter in ihrem Lieblingsstuhl saß, strickte oder an einer Tasse Tee nippte. Mein Vater war bei der Arbeit, und Andre … Nein, was er tat, wusste ich nicht. Der Frühling war fast vorüber, und die Schulen waren geschlossen, er unterrichtete folglich nicht. Dachten sie neben all dem, was sie sonst beschäftigte, noch an mich? Stand ihnen mein Schicksal noch vor Augen, vergaben sie mir und beteten für mich?

Kann mich jemand hören?

Gegen sechs Uhr abends holte mich Ali ab und sagte mir, er wolle mich zu seinen Eltern mitnehmen. Ihr Haus war nicht weit vom Evin-Gefängnis entfernt. Er parkte seinen

Wagen in einer ruhigen Straße, wir waren angekommen. Alte Lehmziegelmauern säumten die Straße zu beiden Seiten. Dahinter streckten alte Ahornbäume, Weiden und Pappeln ihre Zweige zum Himmel, doch vor dem Elburz-Gebirge im Hintergrund wirkten sie wie Grashalme. Meine Kehle war völlig ausgetrocknet, meine Hände waren kalt und feucht. Obwohl mir Ali immer wieder versichert hatte, dass seine Eltern sehr freundlich seien, hatte ich keine Ahnung, was mich erwartete. Ich folgte Ali zu einer grünen Stahltür, er drückte auf die Klingel. Eine kleine Frau öffnete die Tür. Sie trug einen weißen Tschador, und ich erriet, dass sie seine Mutter war, Fatemeh Khanum. Ich hatte sie mir größer vorgestellt.

»Salam, Madar jun«, grüßte Ali sie und küsste ihre Stirn. »Madar, das ist Marina.«

»Salam, meine Liebe. Ich freue mich, dich kennenzulernen.« Sie lächelte. Ihre winzigen braunen Augen forschten neugierig in meinem Gesicht. Sie hatte liebenswürdige Gesichtszüge.

Wir traten durch die Tür in den Vorgarten. Ein enger grauer Kieselpfad bog nach rechts ab und verschwand zwischen alten Walnuss- und Ahornbäumen. Bald sah man das große Haus, an dessen Wänden wilder Wein rankte. Tontöpfe mit üppigen Geranien und Ringelblumen flankierten die breiten Stufen, die zu dem großen Eingangsportal führten.

Im Haus lagen wunderschöne, teure Perserteppiche auf dem Boden. Alis Schwester Akram war mit ihrem Ehemann Massud gekommen. Sie hatte ein rundes Gesicht, große braune Augen und rosige Wangen. Ich war mir nicht sicher, ob ich sie umarmen, ihr die Hand geben oder nichts von beidem tun sollte; für manche fanatischen Muslime sind Christen unrein; ich entschied mich daher, sie nicht zu berühren, damit ich sie nicht beleidigte. Ali umarmte seinen Vater und küsste ihn auf beide Wangen. Er war ein paar Zentimeter größer als Ali, ziemlich schlank und hatte einen grauen, sauber geschnittenen Bart. Die Familie begrüßte mich höflich, doch ich konnte sehen, wie unbehaglich ihnen zumute war. Eine Christin und politische Gefangene war nicht das, was sie sich als passende Ehefrau für Ali vorgestellt hatten, und ich nahm es ihnen nicht übel, dass sie erst einmal versuchten herauszufinden, was er in diesem blassen, fremdartigen Mädchen gesehen hatte.

Wir gingen in das geräumige und hübsch möblierte Wohnzimmer. Auf jedem Beistelltisch standen Silber- und Kristallplatten mit Früchten und Süßigkeiten. Ich setzte mich auf ein Sofa neben Akram. Alis Mutter bot uns Earl Grey an. Ich merkte, dass sie mich fast ständig beobachtete, und ich fühlte einen Anflug von Mitleid in ihrem Blick. Ich nippte an meinem Tee, der mir in einem zerbrechlichen Glas mit Goldrand serviert wurde, und begann mich ein wenig wohler zu fühlen. Es war fast so, als würde ich einen Gelegenheitsbesuch bei Bekannten machen. Akram bot mir Reiskekse an, ich nahm einen. Alis Vater begann mit Ali ein Gespräch über sein Geschäft. Er besaß einen Laden im Bazar von Teheran, importierte und exportierte Waren, einschließlich Perserteppichen und Pistazien. Es dauerte nicht lange, dann wurde das Abendessen serviert. Es gab mit Safran bestreuten Langkornreis, Brathähnchen, Rindfleischeintopf mit geschmortem Blattgemüse, dazu Salat. Obwohl alles herrlich duftete, hatte ich keinen Hunger. Vielleicht aßen meine Eltern in genau diesem Moment ebenfalls zu Abend.

»Dies ist eine schwierige Situation, Marina«, wandte sich Herr Musavi nach dem Essen an mich, »und du hast das Recht, meine Meinung darüber zu wissen. Du musst wissen, woran du bist, besonders in Anbetracht der Tatsache, dass du so jung bist.«

Als gläubiger Muslim folgte Alis Vater dem Brauch und sah einer Namahram – einer nicht zum engen Familienkreis zählenden Frau – niemals in die Augen.

»Babah, wir haben diese Sache schon tausendmal diskutiert«, begann Ali zu protestieren.

»Ja, das haben wir, aber ich kann mich nicht erinnern, dass Marina bei einer dieser Diskussionen dabei war. Also, bitte, übe dich in Geduld, wenn ich mich jetzt an meine künftige Schwiegertochter wende.«

»Ja, Babah.«

»Liebes Mädchen, du sollst wissen, dass ich verstehe, in welchen Schwierigkeiten du bist. Ich muss dich einige Dinge fragen und wäre dir dankbar, wenn du sie aufrichtig beantworten würdest. Ist das annehmbar für dich?«

»Ja, Herr.«

»Hat mein Sohn dich gut behandelt?«

»Ja, Herr«, antwortete ich und blickte zu Ali. Er lächelte mich an.

»Möchtest du ihn heiraten?«

»Ich möchte ihn nicht heiraten«, sagte ich, »aber er möchte mich heiraten. Er hat sehr viele Schwierigkeiten auf sich genommen, um mein Leben zu retten. Ich kenne meine Lage. Er hat versprochen, gut für mich zu sorgen.«

Ich hoffte, nichts Falsches gesagt zu haben.

Herr Musavi sagte, ich sei ein kluges Mädchen und sehr viel reifer, als mein Alter vermuten ließe. Er sagte mir, ich sei eine Feindin Gottes und der islamischen Regierung gewesen und hätte es verdient, zu sterben, doch Ali habe dies verhindert, weil er überzeugt sei, ich könne aus meinen Fehlern lernen und mich ändern. Herr Musavi hoffte, ich würde einsehen, dass die Person, die ich vor meiner

Haft im Evin-Gefängnis war, gestorben sei. Bald würde ich ein neues Leben als Muslimin beginnen, und mein Übertritt zum Islam würde mich von meinen Sünden reinwaschen. Sein Sohn aber trage die Verantwortung für die Versprechen, die er mir gegeben habe. Er habe versucht, Ali das Vorhaben auszureden, mich zu heiraten, doch Ali habe sich geweigert, auf ihn zu hören. Ali sei immer ein guter Sohn gewesen und habe nie etwas gegen den Willen seines Vaters getan. Aber er habe noch nie so hartnäckig auf etwas bestanden, aus diesem Grund habe er diese Heirat gestattet, unter der Bedingung, dass ich zum Islam übertreten würde. Ihm sei klar, dass meine Familie mich möglicherweise verstoßen werde, wenn ich den Glaube wechselte, doch er verspreche, mich als seine Tochter zu behandeln, mich persönlich zu beschützen und Sorge für mein Wohlergehen zu tragen, solange ich meinen neuen Glauben achtete, mich wie eine achtenswerte Glaubensschwester des Islam verhielte und seinem Sohn eine treue Ehefrau sei.

»Haben alle verstanden, was ich gesagt habe?«, fragte er zum Schluss seiner Ausführungen.

»Ja«, bestätigten alle Anwesenden.

Ich war überrascht, welche Anstrengungen Alis Vater unternahm, um die schwierige Situation zu lösen. Obwohl unsere Sicht der Dinge völlig entgegengesetzt war, beschloss ich, Herrn Musavi meinen Respekt zu zollen. Ich sah, dass er Ali liebte und sein Glück wollte. Wenn mein Bruder gegen den Willen meines Vaters ein Mädchen hätte heiraten wollen, hätte mein Vater niemals eine Familienkonferenz einberufen, sondern meinem Bruder gedroht, ihn nie wieder sehen zu wollen, wenn er dieses Mädchen heiratete.

»Nun, Marina, ich heiße dich also in unserer Familie willkommen«, sagte Herr Musavi. »Du bist nun meine

Tochter. Aufgrund der ungewöhnlichen Umstände werden wir eine Hochzeitsfeier im engsten Familienkreis hier in diesem Haus machen, und du, meine Liebe, bist fürs Erste nicht gezwungen, deine Familie in Kenntnis zu setzen. Wir werden deine Familie sein, und du wirst von uns alles bekommen, was du brauchst. Du, mein Sohn, hast uns immer Gutes getan, und wir wünschen dir zu deiner Hochzeit Glück. Hiermit hast du unseren Segen.«

Ali erhob sich, küsste seinen Vater und dankte ihm. Seine Mutter weinte, als sie mich umarmte.

»Wie findest du meine Familie? Magst du sie?«, fragte Ali, als wir ins Evin-Gefängnis zurückfuhren.

»Sie sind sehr gut zu dir. Meine Familie ist anders.«

»Was meinst du mit ›anders‹?«

Ich erzählte ihm, dass ich meine Eltern liebte und sie vermisste, sie mir jedoch immer sehr fern waren und niemals richtig über irgendetwas mit mir gesprochen hatten. Er meinte, das täte ihm leid und dass sein Vater es sehr ernst meine mit meiner Aufnahme in seine Familie. »In etwa einer Woche wirst du im Rahmen einer kleinen Feier im Evin-Gefängnis zum Islam übertreten, und dann werden wir etwa zwei Wochen später an einem Freitag heiraten«, sagte er.

Alles ging so schnell, ich konnte mit dem Tempo nicht Schritt halten. Ali beruhigte mich; ich solle nur darüber nachdenken, wie ich das Haus einrichten wollte. Er hatte vor, am nächsten Tag mit mir einkaufen zu gehen. Ich begriff nicht, wie es möglich sein sollte, dass wir einkaufen gingen.

Ich hatte gedacht, seine Familie würde gemein und grausam zu mir sein. Aber sie waren sehr freundlich gewesen. Sie besaßen alles, was es in meiner Familie nie gegeben hatte. Vorher war es mir schwergefallen, in Ali einen Sohn zu sehen, doch nun wusste ich, dass er liebte und geliebt wurde.

»Übrigens muss jeder, der zum Islam übertritt, den Religions- und Koranunterricht besuchen sowie einen muslimischen Namen annehmen. Du hast seit deiner Inhaftierung Gelegenheit gehabt, den Islam zu studieren, du brauchst also nur einen neuen Namen. Du sollst wissen, dass ich deinen Namen wunderschön finde, dass ich ihn liebe und dich niemals anders nennen werde, aber für die Akte musst du dir irgendeinen anderen Namen aussuchen«, sagte er.

Ich würde sogar einen neuen Namen bekommen. Es war, als würde er mich Stück für Stück demontieren, ich wurde bei lebendigem Leib zerlegt. Sollte er mich doch nennen, wie er wollte.

»Such du den Namen für mich aus«, sagte ich.

»Nein, ich will, dass du es selbst tust.«

Der erste Name, der mir einfiel, war Fatemeh, und ich sagte ihn laut.

»Der Name meiner Mutter! Sie wird sich sehr freuen!«

Ich war dabei, mich von Christus abzuwenden. Es gab keinen Ausweg. Ich dachte an Judas. Auch er hatte Jesus verraten. Ging ich auf demselben Pfad? Erst am Ende begriff er, welch schreckliche Sache er getan hatte, und nahm sich das Leben. In seiner Verzweiflung verlor er den letzten Glauben und die Hoffnung und ergab sich schließlich der Macht der Finsternis. Lag darin nicht sein größter Irrtum? Hätte er seine Seele nicht retten können, wenn er der Wahrheit ins Gesicht gesehen hätte, wenn er Gott um Vergebung gebeten hätte? Als Jesus verhaftet wurde, verleugnete Petrus Jesus dreimal, doch Petrus glaubte daran, dass Gott ihm vergeben würde, und suchte Vergebung. Gott war Liebe. Jesus wurde gefoltert und starb einen schmerzvollen, schrecklichen Tod. Ihm brauchte ich nichts zu erklären. Er wusste es schon.

Ich musste mich von Andre verabschieden, nur verabschieden, mehr nicht. Er brauchte nicht alles zu wissen. Ich musste auch meine Eltern informieren, doch es konnte ein Anfang sein, ihnen zu sagen, dass ich zum Islam übergetreten war, und dann ihre Reaktion abwarten. Und ich wollte meine Kirche ein letztes Mal sehen. Vielleicht war es mir dann möglich, mein neues Leben anzunehmen.

Am nächsten Morgen brachte Ali ein wenig frisches Fladenbrot und Käse zum Frühstück.

»Bist du bereit zum Einkaufen?«, fragte er, nachdem wir gegessen hatten.

»Ja, aber vorher habe ich noch eine Frage an dich.«

»Was möchtest du wissen?«

»Willst du mir wirklich helfen, dich zu lieben?«

»Ja, natürlich.« Er sah überrascht aus.

»Dann bringe mich nur einmal noch zu meiner Kirche, damit ich mich verabschieden kann.«

»Ich werde dich hinbringen. Willst du sonst noch etwas?«

Ich sagte ihm, eine Sache läge mir noch am Herzen, obwohl ich wusste, er würde es nicht gerne haben. Ich erklärte ihm, dass ich unsere Übereinkunft begriffen hätte. Ich wolle Wort halten und mir alle Mühe geben, eine gute Ehefrau zu sein, doch ich müsse mich von Andre verabschieden. Wenn ich dies nicht täte, würde ich mich nie von der Vergangenheit befreien können.

Ich sah in seinem Blick, dass er nicht verärgert war.

»Nun, ich muss mich wohl damit abfinden, dass dein Herz nicht über Nacht umschwenkt. Ich werde es dir ermöglichen, ihn ein letztes Mal zu sehen, doch ich möchte, dass du weißt, dass ich gegen meinen Willen dazu bereit bin und nur, um dich glücklich zu machen.«

»Danke, Ali.«

»Ich werde alles arrangieren. Er erhält eine Besuchserlaubnis, und du kannst ihn bei der Besuchszeit sehen. Vielleicht nicht bei der nächsten, aber bei der übernächsten.«

Ich dankte ihm und teilte ihm meinen Entschluss mit, meine Eltern bei der nächsten Besuchszeit darüber zu informieren, dass ich zum Islam übergetreten war.

»Wirst du ihnen auch von unserer Hochzeit erzählen?«

»Nein, noch nicht. Das tue ich nach und nach.«

»Tu, was du für das Beste hältst«, sagte er.

Eine Woche später trat ich zum Islam über. Die Zeremonie fand nach dem Freitagsgebet statt, das auf einem ruhigen, bewaldeten Gelände des Evin-Gefängnisses gehalten wurde. Teppiche lagen auf dem grasbewachsenen Boden. Angestellte und Wächter des Gefängnisses saßen in Reihen, vorn die Männer, hinter ihnen die Frauen, doch es waren mehrheitlich Männer. Alle blickten zu einem Holzpodest, auf dem Ayatollah Ghilani – der an diesem Freitag als Imam-e Jomeh, als Vorbeter, sprach – das rituelle Gebet leitete. Ich folgte Ali zu den letzten beiden Reihen, wo die Frauen saßen. Alle saßen, bis auf eine große Frau, die dastand und sich umsah. Es war Schwester Maryam. Sie lächelte, nahm meine Hand und sagte mir, ich könne neben ihr sitzen. Es dauerte nicht lange, da kam Ayatollah Ghilani und begann mit seiner Ansprache. Er erzählte den Versammelten von dem Übel in den Vereinigten Staaten und pries alles, was die Revolutionswächter und die Angestellten der islamischen Revolutionsgerichte taten, um den Islam zu schützen. Nach dem rituellen Gebet rief mich Ayatollah Ghilani auf das Holzpodest. Schwester Maryam drückte meine Hand, und mit einem leichten Schwindelgefühl stand ich auf. Alle starrten mich an. Mit zitternden Schritten ging ich zu dem Ayatollah, und er bat mich, einen sehr einfachen Satz zu sprechen: »Ich bezeuge, dass es keinen Gott gibt außer Allah und dass Mohammed sein Prophet ist.« Um ihre Zustimmung zu zeigen, riefen die Versammelten dreimal »Allahu akbar!«. Ich war keine Christin mehr.

Die Spatzen pfiffen weiter vergnügt von den Zweigen der umstehenden Bäume, und der Wind aus den Bergen rüttelte an den Blättern und ließ das Sonnenlicht zittern, das auf den Boden fiel. Der Himmel war blau wie zuvor. Ich wartete auf Gottes Zorn. Ich wollte, dass ein Blitz durch den Himmel zuckte und mich auf der Stelle erschlug. Ali saß in der ersten Reihe, und sein verliebter Blick traf mich härter, als jeder Blitz es gekonnt hätte. Er erfüllte mich mit Schuldgefühlen. »Liebet einander, wie ich euch geliebt habe«, hat Jesus gesagt. Erwartete er von mir, dass ich Ali liebte? Wie kann er das von mir erwarten?

Ali stand auf und überreichte mir einen zusammengefalteten schwarzen Tschador.

»Meine Mutter weinte vor Freude und betete für dich, als sie ihn nähte. Wir sind sehr stolz auf dich.«

Ich wünschte, ich hätte dasselbe empfunden.

Am Besuchstag informierte ich meine Eltern von meinem Übertritt. Ich hatte nicht erwartet, dass sie mich fragten, warum ich zum Islam übergetreten war, und sie taten es auch nicht. Niemand wagte danach zu fragen, was im Evin-Gefängnis geschah. Sie starrten mich an und weinten. Ich glaube, sie wussten, dass ein Häftling im Evin-Gefängnis niemandes Sohn oder Tochter, Ehemann oder Ehefrau, Mutter oder Vater war. Er war ein Gefangener, mehr nicht.

Ali hielt sein Versprechen und brachte mich einige Tage später zur Kirche. Sein Freund Mohammad begleitete uns. Laut Ali war Mohammad noch nie in einer Kirche gewesen und neugierig, sie von innen zu sehen. Ali parkte vor dem Gebäude. Es sah aus wie immer, doch ich fühlte mich, als wäre ich noch nie dort gewesen. Ich stieg aus dem Wagen und ging zum Hauptportal. Es war verschlossen. Dann ging ich zum Seiteneingang und klingelte.

»Wer da?«, fragte Pater Martini durch die Gegensprechanlage.

Meine Knie wurden ganz weich. »Marina«, flüsterte ich.

Ich hörte einige Schritte zur Tür kommen, dann ging sie auf. Einen Augenblick lang war Pater Martini wie versteinert vor Schreck und Unglauben.

»Marina, ich freue mich, dich zu sehen. Bitte … komm doch herein«, sagte er schließlich.

Ich folgte ihm über den Hof zu dem kleinen Büro. Ali und Mohammad kamen hinter uns her.

»Darf ich ihre Mutter und Andre, einen ihrer Freunde, anrufen, damit sie herkommen und sie sehen können?«, fragte Pater Martini Ali.

Ali und ich tauschten einen Blick. Mir blieb fast das Herz stehen.

»Ja, Sie dürfen«, sagte er und bat Mohammad, mit ihm nach draußen zu kommen.

Mohammad kehrte unmittelbar darauf zurück, doch ich konnte Ali nicht sehen. Wahrscheinlich wartete er im Wagen. Vermutlich wollte er Andre nicht sehen. Pater Martini erkundigte sich danach, wie es mir ging, und ich erzählte ihm, ich sei wohlauf. Seine Augen wanderten von mir zu Mohammad und wieder zurück. Ich merkte, welche entsetzliche Angst er ausstand, weil ich hier war. An die Angst, die meine Gegenwart bei anderen auslösen könnte, hatte ich nie gedacht. Ich wusste, dass ich die Priester nicht in Gefahr brachte, doch sie konnten es nicht wissen. Ich hatte gedacht, ich würde mich hier froh und aufgehoben fühlen, doch jetzt entdeckte ich, dass es mit meinem Glück und meiner Unbedarftheit seit dem Tag vorbei war, an dem ich verhaftet wurde.

Meine Mutter und Andre waren innerhalb weniger Minuten gemeinsam zur Stelle. Wie gerne hätte ich ihnen alles erzählt, doch ich wusste, dass es mir niemals gelänge, das zu tun. War es überhaupt möglich, so viel Leid in Worte zu packen? Ich war gekommen, um mich zu verabschieden. Das war das Einzige, was ich gerechterweise tun konnte. Ich musste ihnen und mir diese Gelegenheit geben, damit die Wunde heilte und sie vergessen konnten. Ich musste die Türen zur Vergangenheit zuschlagen.

Meine Mutter hatte ihr Haar mit einem großen marineblauen Schal bedeckt, sie trug einen schwarzen islamischen Mantel und schwarze Hosen. Sie umarmte mich und ließ mich fast nicht mehr los. Ich konnte ihre Rippen unter meinen Fingern fühlen. Sie war dünner geworden und roch nach Zigaretten wie immer.

»Fehlt dir etwas?«, flüsterte sie in mein Ohr.

Ihre Hände strichen sorgfältig über meinen Rücken und meine Arme. Sie wollte sich vergewissern, dass mir keine Gliedmaßen fehlten. Ich trat schließlich von ihr zurück, und ihre Augen musterten mich von Kopf bis Fuß, doch wegen meines schwarzen Tschadors konnte sie nicht viel von mir sehen, nur mein Gesicht war darunter zu erkennen.

»Es geht mir gut, Mama«, sagte ich lächelnd.

Sie zwang sich zurückzulächeln.

»Woher hast du diesen Tschador?«, fragte sie.

»Ein Freund hatte ihn mir gegeben.«

»Sie wissen doch, dass Marina zum Islam übergetreten ist, nicht wahr?«, tönte Mohammads tiefe Stimme durch den Raum.

»Ja«, antworteten meine Mutter und Pater Martini wie aus einem Mund. Meine Mutter öffnete ihre Handtasche, zog ein Papiertaschentuch heraus und wischte sich die Tränen ab.

»Ist wirklich alles in Ordnung?«, fragte Andre und sah erst zu mir und dann zu Mohammad.

»Es geht mir gut.« Ich wollte so viel sagen, doch ich konnte keinen klaren Gedanken fassen.

Andre las in meinen Augen, wie ich kämpfte.

»Was ist?«, fragte er.

Die Worte steckten tief in meinem Innern fest. In der kurzen Zeit seit meiner Verhaftung war ein Ring aus Schmerz und Verwirrung um mich entstanden, ich war nicht nur im Evin-Gefängnis, sondern in mir selbst gefangen. Ich öffnete den Mund, doch ich brachte kein Wort hervor.

»Wann kommst du wieder nach Hause?«, fragte Andre.

»Nie mehr«, flüsterte ich.

»Ich werde auf dich warten«, sagte er und lächelte voller Überzeugung. In seinen Augen konnte ich lesen, dass er mich liebte, was immer auch geschah. Ich brauchte nichts mehr zu sagen. Ich wusste, dass er mich nicht vergessen würde, selbst wenn ich ihn darum gebeten hätte. Wenn jemand auf einen wartet, dann bedeutet das Hoffnung. Er war mein Leben vor dem Evin-Gefängnis, und ich musste mich daran klammern, um zu überleben. Stille Tränen rollten über meine Wangen. Ich drehte mich um und ging hinaus. Mohammad und ich stiegen in den Wagen, und Ali fuhr los, doch nach wenigen Minuten hielt er erneut am Straßenrand an.

»Warum hast du angehalten?«, fragte ich.

»Ich habe dich noch nie so blass gesehen.«

»Es geht mir gut. Danke, dass du mich hingebracht hast. Du hättest nicht zulassen müssen, dass sie kamen und mich sahen. Ich bin dir dankbar. Ich weiß, es war nicht leicht für dich.«

»Du hast vergessen, dass ich dich liebe.«

»Ich weiß nicht, wie ich dir danken soll.«

»Doch, du weißt es«, sagte er.

16

An unserem Hochzeitstag, dem 23. Juli 1982, holte Ali mich nach dem Morgengebet in meiner Einzelzelle im Trakt 209 ab, wo ich ungefähr einen Monat ohne jeden Kontakt mit anderen Häftlingen zugebracht hatte. In der Nacht zuvor hatte ich kein Auge zugetan. Die Angst war mein Retter, sie lähmte meine Gedanken und ließ mich stumpf werden. Ich saß in einer Ecke, starrte auf mein kleines vergittertes Fenster und beschäftigte mich damit, wie die grauen Metallstangen die dunkelblaue Weite dahinter in schmale, flache Rechtecke schnitten. Ich hatte die frühen Morgenstunden immer geliebt, wenn sich das Licht langsam in der Dunkelheit der Nacht ausbreitete: ein tiefes Blau, das in den finsteren Himmel einsickerte wie Regen in Wüstensand. Doch von diesem Ort aus gesehen, erschien diese Schönheit unwirklich.

Ali klopfte leise an die Tür. Mit zitternden Händen legte ich meinen Tschador an und stand auf. Mit einem Blick, der direkt in meine Augen zielte, kam er herein und schloss die Tür hinter sich. Ich blickte zu Boden.

»Du wirst es nicht bereuen«, sagte er und trat näher. »Hast du letzte Nacht geschlafen?«

»Nein.«

»Ich auch nicht. Bist du bereit?«

Ich nickte.

Schweigend fuhren wir zu seinen Eltern. Sofort nach unserer Ankunft verließen Ali und sein Vater das Haus. Seine Mutter umarmte und küsste mich und bestand darauf, dass ich ordentlich frühstückte. Ich hatte keinen Hunger, aber davon hätte sie nichts wissen wollen. Ich folgte ihr in die Küche. Sie hieß mich hinsetzen und schlug einige Eier in die Bratpfanne. Im Gegensatz zur Küche meiner Mutter war diese hier groß und hell. Der große Samowar aus Edelstahl brummte gemütlich, so war wenigstens etwas in der bedrückenden Stille zu hören.

»Verwandte und Freunde, alle wollten sie zur Hochzeit kommen«, sagte sie nach einigen Minuten. »Ich habe drei Schwestern und zwei Brüder, alle haben Kinder. Die meisten davon sind verheiratet und haben selbst schon Kinder. Herr Musavi hat drei Brüder und eine Schwester, die auch Kinder haben. So setzt es sich immerzu fort. Dazu die Tanten, Onkel, Vettern und die Freunde der Familie. Sie waren sehr enttäuscht, als sie hörten, dass niemand zu Alis Hochzeit eingeladen wurde. Ich habe es ihnen erklärt, und die meisten von ihnen haben es verstanden. Sie übermitteln dir ihre besten Wünsche. Sobald ihr dazu bereit seid, werde ich sie hierher einladen, damit sie dich kennenlernen.«

Sie sprach langsam und machte mehrere Sprechpausen, um die Worte sorgfältig zu wählen.

Wieder herrschte eine unbehagliche Stille. Der Holzkochlöffel kratzte auf der Bratpfanne.

»Ich weiß, dass du Angst hast«, seufzte sie, noch immer vor dem Herd stehend und den Rücken mir zugewandt. »Ich erinnere mich gut an den Tag, als ich Herrn Musavi geheiratet habe. Ich war jünger als du. Es war eine arrangierte Hochzeit, und ich war völlig verängstigt. Ali hat mir erzählt, dass du sehr tapfer bist, und nach allem, was ich von dir gehört und gesehen habe, stimme ich ihm zu. Und doch weiß ich, dass du dich vor dem heutigen Tag fürchtest, und du hast jedes Recht dazu, denn du hast ja deine

Familie nicht an deiner Seite. Aber lass mich eines sagen: Ali ist ein guter Mann. Er ist seinem Vater sehr ähnlich.«

Als sie sich umdrehte, weinten wir beide. Sie kam zu mir, drückte meinen Kopf an ihre Brust und streichelte mein Haar. Seit meine Großmutter tot war, hatte mich niemand mehr so getröstet. Dann saßen wir beisammen und aßen Rührei. Sie erklärte, dass es Tradition sei für die künftige Braut, ein langes Bad zu nehmen, und erwähnte, sie erwarte in etwa zwei Stunden die Bandandaz, die eine enge Freundin von ihr sei. Ich hatte schon monatelang nicht mehr gebadet, immer nur kurz geduscht. Und ich erinnerte mich, dass ich eigentlich ein Bad nehmen wollte, als die Revolutionswächter gekommen waren, um mich festzunehmen.

Bevor sie mich ins Badezimmer führte, zeigte Alis Mutter mir eines der Schlafzimmer, das sie für die Vermählungszeremonie, die Sofreh Aghd, vorbereitet hatte. Sofreh Aghd bedeutet wörtlich »Hochzeitsdecke«: Ein seidenes weißes Tischtuch war auf dem Boden ausgebreitet, in seiner Mitte stand ein großer Spiegel mit Silberrahmen, daneben rechts und links jeweils ein großer Kerzenständer mit einer weißen Kerze. Vor dem Spiegel lag eine Abschrift des Koran. Auf dem verbleibenden Platz waren Silberteller mit Süßigkeiten und Früchten verteilt. Üblicherweise saßen die Braut und der Bräutigam vor dem Sofreh Aghd, wenn der Mullah die Vermählung vollzog.

Im Badezimmer glänzten teure Keramikkacheln. Ich ließ die Badewanne volllaufen und tauchte in das dampfende Wasser ein. Obwohl es Sommer war, hatte ich den ganzen Morgen gefröstelt. Als mich die berauschende Wärme umgab, begannen sich meine verkrampften Muskeln zu entspannen. Ich schloss die Augen. Gott hatte mir eine lebensrettende Fähigkeit gegeben: Ich konnte meine Gedanken immer ausblenden, wenn sie unerträglich wurden. Ich wollte jetzt nicht daran denken, was in dieser Nacht geschehen würde.

Als das Wasser nach einer Weile anfing kalt zu werden, klopfte es leise an die Badezimmertür. »Die Bandandaz Shirin Khanum ist jetzt da«, sagte Akram. »Du brauchst keinen Hidschab, die Männer sind ausgegangen und werden erst am späten Nachmittag wieder zurückkehren.« Ich zog mich an und trat aus der Badezimmertür. In Akrams Jugendzimmer breitete eine stattliche Frau ein weißes Laken auf dem Boden aus. Kaum hatte ich das Zimmer betreten, wanderten ihre Augen an meinem Körper auf und ab.

»Ein schönes Mädchen«, sagte sie unter beifälligem Nicken. »Aber zu dünn. Du musst ihr gut zu essen geben, Fatemeh Khanum. Mit volleren Rundungen wird sie noch besser aussehen.« Sie baute sich vor mir auf, hob mein Kinn mit ihrem Finger an und musterte mein Gesicht. »Hübsche Haut. Die Augenbrauen müssen wir noch ein wenig in Form bringen.«

»Akram und ich sind in der Küche, falls du etwas benötigst«, sagte Alis Mutter zu Shirin Khanum. Dann warf sie mir ein Lächeln zu und verließ mit Akram das Zimmer.

»Nun, meine Liebe, ich bin so weit. Leg deine Kleider ab und setz dich vor mich hin«, sagte Shirin Khanum, nachdem sie sich auf dem Laken niedergelassen hatte.

Ich rührte mich nicht.

»Worauf wartest du? Auf geht's«, lachte sie, »du brauchst dich vor mir nicht zu schämen. Was sein muss, muss sein. Du willst doch schön sein für deinen Ehemann, nicht wahr?«

Will ich nicht, dachte ich, aber ich sagte nichts.

Zitternd zog ich langsam meine Kleider aus, setzte mich auf das Laken und zog die Beine an. Shirin Khanum forderte mich auf, die Beine auszustrecken. Ich gehorchte. Sie nahm ein langes Stück Faden, wickelte das eine Ende mehrmals um ihre Finger, hielt das andere zwischen ihren Zähnen und zog, tief über mich gebeugt, den Faden mit erstaunlicher Geschwindigkeit wie eine Rasierklinge über meine Beine, um das Haar zu entfernen. Es war eine schmerzhafte Prozedur. Sie endete damit, dass ich mich kalt abduschen sollte. Nach dem Duschen flocht sie mein Haar, das fast bis zur Taille reichte, und band es in meinem Nacken zu einem Knoten.

Zur Mittagszeit erschallte der Ruf des Muezzins von der nahe gelegenen Moschee und forderte die Gläubigen auf, das Mittagsgebet zu verrichten. Wir vollzogen die rituellen Waschungen von Händen, Armen und Füßen, und als ich schließlich aus dem Badezimmer trat, wartete Alis Mutter mit einem weißen, seidenen Bündel in den Händen auf mich. Sie überreichte es mir. Es war ein wunderschöner Gebetsteppich, den sie selbst gemacht hatte. Ich fühlte mich von ihr liebevoll umhegt.

Alis Eltern hatten ein Gebetszimmer. Von den dicken Perserteppichen auf dem Boden abgesehen, war das Zimmer vollkommen unmöbliert. Dort rollten wir mit dem Gesicht nach Mekka gewandt unsere Gebetsteppiche aus und stellten uns darauf, um das Gebet zu verrichten. Mein Gebetsteppich war mit einem feinen Muster aus silbernen und goldenen Fäden und Perlen bestickt, Alis Mutter hatte bestimmt stundenlang daran gearbeitet.

Nach dem Gebet deckte Akram den Tisch mit feinem Porzellan, und wir aßen Auberginen und Rinderbraten mit Reis zu Mittag. Es gelang mir, einige Bissen zu essen. Nach dem Mittagessen tranken wir Tee, und während ich an meiner Tasse nippte, bemerkte ich, dass Alis Mutter mich gedankenvoll ansah, als ob sie mir etwas Wichtiges sagen wollte, aber nicht wusste, womit sie beginnen sollte. Ich senkte die Augen.

»Marina, falls du es noch nicht weißt, muss ich dir etwas über Ali erzählen«, sagte sie schließlich. »Hat er dir erzählt, dass er zu Zeiten des Schahs im Evin-Gefängnis inhaftiert war?«

Ich war schockiert: »Nein, das hat er nie erzählt.«

»Die SAVAK nahm ihn etwa drei Jahre und drei Monate vor der Revolution fest. Ich war am Boden zerstört. Ich dachte, er würde es nicht überleben. Er war dem Imam sehr ergeben und hasste den Schah und seine korrupte Regierung. Ich wartete nur darauf, dass sie auch Herrn Musavi abholten, doch sie kamen nicht. Aber Ali hatten sie mitgenommen. Ich wusste, dass sie ihn foltern würden. Wir gingen zum Evin-Gefängnis und baten darum, ihn besuchen zu dürfen, doch drei Monate lang ließen sie uns nicht zu ihm. Als wir endlich die Besuchserlaubnis bekamen, war er entsetzlich dünn und schwach. Dabei war er immer so ein schöner, starker Junge.«

Tränen rollten über Fatemeh Khanums Gesicht. »Sie entließen ihn etwa drei Monate vor dem endgültigen Sieg der Revolution. Wir hatten keine Nachricht von seiner Entlassung erhalten. An jenem Tag stand ich hier in der Küche, als es an der Haustür klingelte. Es war ein wolkenverhangener Herbsttag, und überall auf dem Hof lag Laub. Ich rannte zur Tür und fragte, wer da sei. Niemand antwortete. Und da wusste ich, er war zurückgekehrt. Ich weiß nicht, woher ich das Wissen hatte. Ich öffnete die Tür, und er stand da. Er lächelte, schloss mich in seine Arme, und wir konnten nicht voneinander lassen. Er fühlte sich so dünn an. Ich konnte seine Knochen unter meinen Fingern spüren. Und sein Lächeln hatte sich verändert. Es war niedergedrückt und traurig. Ich wusste, dass er schreckliche Dinge erlebt hatte. Ich wusste, dass die Traurigkeit in seinen Augen bleiben würde. Zwar wandte er sich gleich wieder dem Leben zu, doch er hatte sich verändert. Der Schmerz, den er in sich trug, verschwand niemals völlig. Manchmal hörte ich, wie er die ganze Nacht im Haus umherwanderte. Dann kam er vor einigen Monaten von der Arbeit nach Hause, packte seinen Koffer und ging an die Front, um gegen die Irakis zu kämpfen. Einfach so. Ohne irgendeine Erklärung. Ich war schockiert. Das sah ihm gar nicht ähnlich. Versteh mich nicht falsch: Ich war nicht überrascht, dass er in den Krieg zog, er hatte schon früher an der Front gekämpft. Aber der Zeitpunkt war eigenartig. Ich wusste, dass etwas geschehen war, doch er erzählte mir nichts davon. Und in den vier Monaten, die er weg war, habe ich kaum geschlafen. Schließlich bekamen wir eines Tages einen Anruf, er sei am Bein verwundet worden und liege im Krankenhaus. Tausendmal habe ich Gott dafür gedankt. Als ich ihn besuchte, lächelte er mich an wie früher, wie als kleiner Junge, und dann sagte er mir, dass ihm etwas Wunderbares zugestoßen sei. Am Anfang dachte ich, er hätte den Verstand verloren.«

Ali war also Gefangener im Evin-Gefängnis gewesen und gefoltert worden. Vielleicht hatte er mich auch deshalb nach Hameds Schlägen in die Einzelzelle gebracht und sich erkundigt, ob er mir irgendwie helfen könne, um die Schmerzen zu lindern, und schließlich einen Arzt aufgetrieben, der mich untersuchte. Vielleicht hatte er all das getan, weil er dasselbe erlitten hatte wie ich.

Nach der Revolution wollte Ali sich rächen und begann deshalb im Evin-Gefängnis zu arbeiten. In den ersten Monaten nach der Revolution waren die meisten Gefangenen im Evin-Gefängnis ehemalige SAVAK-Angehörige, und er hatte die Möglichkeit, mit ihnen abzurechnen. Auge um Auge,

Zahn um Zahn. Sie waren nicht nur Feinde des Islam, sie waren seine persönlichen Feinde. Doch dann brachen andere Zeiten an. Jetzt wurden diejenigen verhaftet, die während des Schah-Regimes an seiner Seite gekämpft hatten, die Mudschahedin und die Fedajin. Ich hatte keinen Zweifel, dass es am Anfang nicht allzu schwierig für ihn war, die Festnahmen zu rechtfertigen; seine ehemaligen Mitgefangenen und ihre Anhänger waren zu Feinden des islamischen Staates geworden und somit Feinde Gottes und seines Propheten Mohammed, wie Khomeini es ausgedrückt hatte. Ali war streng gläubig erzogen worden, er würde seinem Imam bis in den Tod folgen, doch wahrscheinlich begann er nun zu begreifen, dass das, was jetzt im Evin-Gefängnis im Namen des Islam passierte, nicht richtig war. Aufgrund seiner Frömmigkeit fiel es ihm jedoch schwer, die Wahrheit anzunehmen, und er wusste nicht, wie er sich verhalten sollte. Sein Glaube hatte ihn geblendet, aber manchmal nahm er, vielleicht wegen seiner eigenen Erfahrungen, den Blickpunkt eines Häftlings ein. Und seine Eltern waren stolz darauf, dass er an vorderster Front gegen die Feinde des Islam kämpfte. Für sie zählte seine Vernehmungsarbeit zu den ehrwürdigsten Dingen, die ein Muslim tun konnte. Für sie war alles, was nach der Revolution im Evin-Gefängnis geschah, völlig gerechtfertig; seine Arbeit schützte ihre Lebensweise und ihre Werte. Und letztlich glaubten sie, dass dies ein Krieg zwischen Gut und Böse sei.

Nachdem wir den Tisch abgeräumt hatten, fragte mich Alis Mutter, ob ich kochen könne.

»Ja, ich kann kochen, allerdings nicht so gut wie Sie und Akram. Ich habe es aus Kochbüchern gelernt. Meine Mutter mochte es nicht, wenn ich in der Küche war.«

»Hast du Lust, uns bei den Vorbereitungen zum Abendessen zu helfen? Wir müssen gleich damit anfangen. Agha – der Mullah – wird um fünf Uhr hier sein, wir essen nach der Hochzeitszeremonie.«

Ich half in der Küche. Akram und ich hackten Zwiebeln, frische Petersilie, Schnittlauch und andere Kräuter und brieten sie an. Alis Mutter schnitt das Rindfleisch klein und kochte Langkornreis. Dazu hatte sie schon Hühnerfleisch in einer Mischung aus Joghurt, Eiern, Eigelb und Safran mariniert. Wir kochten Khoreshte Ghormeh sabzi, Gulasch mit Kräutern und Bohnen, und Tahtschin, einen Reisauflauf mit Hühnerfleisch, Joghurt, Eigelb und Safran.

Herr Musavi, Ali und Massud, Akrams Ehemann, kamen gegen vier Uhr. Alis Mutter drängte mich, erneut zu duschen, da ich nach Zwiebeln roch.

Nachdem ich geduscht hatte, zog ich die weiße islamische Abaya, einen langen weißen Schal, weiße Hosen und den weißen Tschador an, die Alis Mutter für mich auf das Bett gelegt hatte. Es dauerte nicht lange, da klopfte es an der Zimmertür.

»Marina, es ist Zeit«, rief Akram.

Ich öffnete die Tür und ging hinaus, ohne mir Zeit zum Nachdenken zu lassen. Ali saß bereits am Sofreh Aghd. Ich setzte mich neben ihn. Ob jemand gemerkt hatte, wie sehr ich zitterte? Der Mullah trat ins Zimmer. Er intonierte einige arabische Sätze, die ich zweifellos verstanden hätte, wenn ich mich hätte konzentrieren können. Dann fragte er mich auf Persisch: »Fatemeh Khanum Moradi-Bakht, bist du bereit, Seyed Ali Musavi zum Ehemann zu nehmen?«

Ich kannte den Brauch, nach dem die Braut nicht sogleich auf die erste Frage antwortete. Dann musste der Mullah auf die Antwort warten und, da er keine erhielt, die Frage wiederholen. Ich sagte gleich beim ersten Mal »Ja«. Ich wollte es hinter mich bringen.

Nach dem Abendessen fuhren Ali und ich zu dem Haus, das er für uns gekauft hatte. Er nahm meine linke Hand, die die ganze Zeit auf meinem Schoß gelegen hatte, und hielt sie umschlossen, bis wir vor dem Haus ankamen. Es war das erste Mal, dass er mich auf diese Weise berührte.

Als ich in mein neues Zuhause trat und mein fremdes neues Leben begann, nahm ich mir fest vor, nicht zurückzusehen und nicht an die Vergangenheit zu denken – ein Versprechen, das schwer zu halten war. Ali führte mich in unser Schlafzimmer. Auf dem Bett lagen die Geschenke aufgestapelt.

»Öffne sie«, sagte er, »einige sind von mir, der Rest ist von meiner Familie.«

Es war viel Schmuck darunter, Kristallschalen und Gläser, Geschirr und Silberplatten. Ali saß auf dem Bett neben mir und sah mir beim Öffnen zu.

»Ich bin jetzt dein Ehemann, du brauchst deinen Hidschab jetzt nicht mehr«, sagte er.

Ich wünschte mir, ich hätte mich irgendwo verstecken können. Er zog an dem langen Schal, der mein Haar bedeckte. Ich hielt ihn fest.

»Ich verstehe, dass du dich unwohl fühlst, das musst du nicht. Du wirst dich an mich gewöhnen.«

Er öffnete mein geflochtenes Haar und kämmte es mit den Fingern.

»Du hast wundervolles Haar. Es ist weich wie Seide.«

Dann legte er eine Kette um meinen Hals und streifte mir ein Armband ums Handgelenk. Ich sah auf meinen Hochzeitsring. Ein großer Diamant funkelte daran.

»Ich wollte dich haben, seit ich dich zum ersten Mal sah«, sagte Ali, während er die Arme um mich schlang und mein Haar und meinen Hals küsste. Ich stieß ihn von mir.

»Marina, es ist gut. Du weißt, wie lange ich darauf gewartet habe. Jetzt gehörst du endlich mir, und ich darf dich berühren. Du brauchst keine Angst zu haben. Ich werde dir nicht wehtun. Ich werde lieb zu dir sein, ich verspreche es.«

Er knöpfte sein Hemd auf. Starr vor Entsetzen schloss ich die Augen. Kurz darauf fühlte ich, wie seine Finger die Knöpfe meiner Abaya aufknöpften. Ich öffnete die Augen und versuchte, ihn abzuwehren, doch sein Gewicht presste mich auf die Matratze. Ich bettelte, er möge aufhören, doch er sagte, er könne nicht. Er riss mir die Kleider vom Leib. Ich schrie. Seine nackte Haut presste sich auf meine, und die merkwürdige, ungewohnte Wärme seines Körpers lastete auf mir. Er roch nach Shampoo und Seife. Ich nahm alle meine Kraft zusammen und kämpfte, um ihn abzuschütteln, doch es war zwecklos, er war zu schwer und zu stark. Wut, Angst und ein schreckliches Gefühl von Demütigung erhoben sich in mir, wanden sich in mir wie ein Sturm, der in mir eingesperrt war, bis ich keine Kraft mehr hatte, bis ich in der Ausweglosigkeit resignierte, bis ich aufgab. Es schmerzte. Der Schmerz war erschütternd anders als der Schmerz, geschlagen zu werden. Als man mich folterte, konnte ich eine Art von Hoheit über mich behalten, eine seltsame Art von Kraft, die mir niemand durch den Schmerz rauben konnte, den er meinem Körper zufügte. Doch jetzt gehörte ich ihm. Er besaß mich.

Ich weinte die ganze Nacht. Mein Inneres loderte. Ali hatte die Arme um mich geschlungen und presste mich an sich. Vor Sonnenaufgang stand er auf, um das Morgengebet zu verrichten. Ich blieb im Bett liegen. Er saß auf der Bettkante neben mir und küsste meine Wange und meinen Arm.

»Ich muss dich anfassen, sonst kann ich nicht glauben, dass du meine Frau bist. War es schmerzhaft für dich?«

»Ja.«

»Es wird besser werden.«

Als er das Bett verlassen hatte, schlief ich ein; Schlaf war meine einzige Zuflucht.

»Das Frühstück ist fertig«, rief er gegen acht Uhr aus der Küche. Durch die Schiebetüren schien die Sonne ins Zimmer. Ich stand auf und öffnete sie. Zugluft wehte ins Zimmer und brachte das Gezwitscher der Spatzen mit. Der Garten war wunderschön. Die Geranien und Ringelblumen standen in voller Blüte. Ich hatte das Gefühl, jemand anderes in einem anderen Leben zu sein. Nebenan rief die Nachbarin ihre Kinder zum Frühstück. Es war ein perfekter Sommertag, keine Wolke zeigte sich am Himmel, aber ich wünschte mir, Schnee würde die Erde bedecken. Ich wünschte mir, er würde sich kalt und unverfälscht an meine warme Haut schmiegen. Ich wollte, dass meine Finger vor Frost und Schmerz jedes Gefühl verlören. Ich wollte, dass die grünen und roten Beete unter der weißen Last des Winters verschwänden, damit ich träumen und mir sagen konnte, wenn der Frühling käme, würde alles anders sein.

»Hier bist du also«, hörte ich ihn hinter mir sagen. »Das Frühstück ist fertig, dein Tee wird kalt. Frisches Brot steht auf dem Tisch.«

Er hielt mich wieder in seinen Armen. »Du kannst dir nicht vorstellen, wie glücklich ich bin«, flüsterte er mir ins Ohr. Als er mich das erste Mal sah, saß ich in einem Flur auf dem Boden und fiel ihm auf, weil ich anders war als die anderen Frauen und keinen schwarzen Tschador trug, sondern mein Haar mit einem beigefarbenen Kaschmirschal bedeckt hatte. Obwohl er sehen konnte, dass ich klein und schlank war, wirkte ich größer als die anderen um mich herum, da ich mit dem Rücken gerade gegen die

Wand lehnte. Er sagte, mit meinem zur Decke gewandten Kopf und den sich offenbar zum Gebet bewegenden Lippen sei ich mitten in der Welt der Angst und Verzweiflung um mich herum ruhig gewesen. Er habe wegsehen wollen, doch das sei ihm nicht gelungen.

In den nächsten Tagen verwöhnte er mich so sehr, dass ich mich unwohl fühlte. Ich hatte immer für mich selbst gesorgt. Ich wollte nicht wie ein Kind behandelt werden. Das Mädchen, das ich einst gewesen war, gab es nicht mehr. Ich war eine verheiratete Frau. Ich konnte mich nicht wie früher unter meinem Bett verstecken. Vielleicht war Ali das Kreuz, das ich zu tragen hatte? Zumindest versuchen könnte ich es. Ich wünschte mir nur, er würde mich im Bett allein lassen. Jedes Mal, wenn er sich auszog und mich berührte, bat ich ihn aufzuhören. Manchmal entsprach er meinem Wunsch, manchmal nicht. Ich müsse mich daran gewöhnen, es sei ein wichtiger Bestandteil der Ehe, und wenn ich aufhören würde mich zu sträuben, würde es weniger schmerzhaft sein.

Etwa eine Woche nach unserer Vermählung stand ich schließlich im Morgengrauen auf und fasste den Entschluss, mein neues Leben anzunehmen und mich nicht mehr selbst zu bemitleiden. Was getan war, war getan, ich konnte daran nichts ändern. Ich putzte und machte Frühstück und sagte Ali, er solle doch bitte seine Eltern und seine Schwester zum Abendessen einladen. Er glaubte, ich hätte den Verstand verloren, und war erstaunt darüber, dass ich kochen konnte. Doch, das könne ich, sagte ich, und er willigte ein.

»Gut, ich werde meine Eltern und meine Schwester anrufen«, sagte er, »und dann erledigen wir die notwendigen Einkäufe … Und … Marina …«

»Ja?«

»Danke.«

»Wofür?«

»Dass du es versuchst.«

So warm war mir schon lange nicht mehr ums Herz gewesen. Sofort nach dem Mittagessen begann ich das Abendessen vorzubereiten. Ali war für einige Stunden weggegangen, bei seiner Rückkehr duftete es im ganzen Haus nach Lasagne, Pilzgulasch und Reis. Ich war gerade dabei, einen Apfelkuchen zu backen. Er kam in die Küche und sagte mir, bei diesem Duft würde er hungrig werde, ob meine Mutter mir das Kochen beigebracht habe? Ich erzählte ihm, dass meine Mutter nicht die Geduld hatte, mir etwas beizubringen, aber da ich gerne kochte, hätte ich es aus Kochbüchern gelernt. Er bot sich an, uns Tee zu kochen, und goss Wasser in den Samowar. Dann gab er einige Teeblätter in eine Porzellankanne und kam auf mich zu. Ich schlug gerade ein Ei auf. Er machte mir immer noch Angst. Jedes Mal, wenn er sich mir näherte, jedes Mal, wenn ich seinen Atem auf meiner Haut spürte, jedes Mal, wenn er mich berührte, wäre ich am liebsten weggerannt. Er nahm mein Gesicht zwischen seine Hände, küsste meine Stirn, und ich fragte mich, ob ich mich je an seine Berührungen gewöhnen würde.

Alis Eltern, Akram und Massud kamen und waren angetan von allem, was ich vorbereitet hatte. Alis Mutter war leicht erkältet, deshalb bereitete ich ihr nach dem Dessert einen Tee mit Zitrone und brachte ihr eine Decke, damit sie sich auf dem Sofa ausruhen konnte. Akram kam in die Küche, um mir beim Abwasch zu helfen.

»Das Abendessen war köstlich«, sagte sie mit einem gezwungenen Lächeln. Ich spürte ein Unbehagen in ihrer Stimme. Sie wollte nett zu mir sein, und ich schätzte ihr Bemühen.

»Danke. Ich bin keine gute Köchin, aber ich habe es versucht. Du kannst sicher sehr viel besser kochen als ich.«

»Nein, eigentlich nicht.«

Ein Schweigen trat zwischen uns. Ich fing an, die Reste in den Kühlschrank zu räumen.

»Warum hast du meinen Bruder geheiratet?«, fragte sie plötzlich.

Ich sah ihr direkt in die Augen, sie wich meinem Blick aus.

»Hat dein Bruder dir erzählt, was zwischen uns war?«, fragte ich.

»Nicht viel.«

»Warum fragst du ihn dann nicht danach?«

»Er würde es mir nicht sagen. Ich möchte es von dir erfahren.«

»Ich habe ihn geheiratet, weil er es so wollte.«

»Das genügt nicht.«

»Warum nicht? Warum hast du deinen Mann geheiratet?«

»Meine Heirat war arrangiert. Meine Eltern waren mit den Eltern meines Ehemanns übereingekommen, dass ich ihren Sohn heiraten sollte, sobald ich alt genug war. Ich war damals noch ein Kind. Du kommst aus einer ganz anderen Familie, aus einer anderen Kultur. Wenn du ihn nicht hättest heiraten wollen, hätte es genügt, Nein zu sagen.«

»Wie kommst du auf die Idee, dass ich ihn nicht heiraten wollte?«

»Ich weiß es einfach. Eine Frau fühlt so etwas.«

Ich holte tief Luft. »Vergiss nicht, dass ich eine Gefangene bin. Ali hat mir gedroht, wenn ich ihn nicht heirate, würde er es jenen heimzahlen, die mir lieb sind.«

»So etwas würde Ali nie tun!«

»Siehst du, das ist der Grund, weshalb ich es dir nicht sagen wollte. Ich wusste, du würdest mir nicht glauben, denn du liebst deinen Bruder.«

»Schwörst du auf den Heiligen Koran, dass er das getan hat?«

»Ja, ich sage die Wahrheit.«

Sie plumpste auf einen Stuhl und schüttelte den Kopf.

»Das ist ja schrecklich! Hasst du ihn dafür?«

Ich wusste nicht, was ich sagen sollte. Nicht, weil ich die Wahrheit verhehlen wollte, sondern weil ich merkte, dass ich die wahre Antwort auf diese Frage nicht genau kannte. Einige Tage zuvor hätte ich voller Überzeugung gesagt, dass ich ihn hasste. Etwas hatte sich geändert, nicht grundsätzlich, sondern ein wenig, und ich begriff nicht, warum meine Gefühle gegenüber Ali jetzt anders waren. Doch ich hatte alles Recht, ihn zu hassen.

»Nein, ich weiß nicht. Ich habe ihn gehasst, aber jetzt hasse ich ihn nicht mehr. Hass ist ein sehr starkes Wort.«

Sie sah mir in die Augen.

»Bist du zum Islam übergetreten, weil du musstest?«

»Ja.«

»Dann geschah es nicht aus Überzeugung?«

»Nein, aber vergiss nicht, dass ich es dir nur gesagt habe, weil du darauf bestanden hast und ich nicht lügen wollte. Das ist alles geschehen. Ich bin eine Muslimin. Ich bin die Frau deines Bruders, ich habe versprochen, ihm treu zu sein, und ich werde ihm treu sein. Ich will darüber nicht sprechen. Was passiert ist, ist passiert.«

»Möge Gott dir die Kraft dafür geben«, sagte sie. »Ich weiß, wie schwer das sein muss.«

»Es ist zumindest gut, zu wissen, dass es jemanden gibt, der es versteht.«

Ein ehrliches, ungezwungenes Lächeln erhellte ihr Gesicht.

»Wie lange bist du verheiratet?«, fragte ich.

»Sieben Jahre.«

»Liebst du deinen Mann?«

Sie schaute mich überrascht an, als ob sie niemals über ihre Gefühle für ihn nachgedacht hätte.

»Liebe ist so ein starkes Wort«, sagte sie mit einem Lachen, starrte auf ihren Ehering und fuhr mit dem Finger über den funkelnden, eingelassenen Diamanten. »Ich glaube, Liebe gibt es nur in Märchen. Mein Mann ist gut und treu, ich habe ein angenehmes Leben. Ich denke, du könntest mich glücklich nennen, außer…« Ihr Blick schweifte ab, und ich sah an ihr die wehmütige Trauer über einen erlittenen Verlust. Ich war erschüttert.

»Außer was?«, fragte ich tonlos.

»Ich kann keine Kinder haben«, sagte sie und seufzte, als ob es der schwierigste Satz wäre, den sie je gesagt hatte. »Ich habe alles versucht. Am Anfang haben mich immer alle gefragt, ob ich schwanger sei, doch nach ein paar Jahren haben sie aufgegeben. Jetzt bin ich einfach eine Frau, die keine Kinder bekommen kann. Doch, wie ich schon sagte, mein Mann ist gut zu mir. Ich weiß, wie wichtig es für ihn ist, einen Sohn zu haben, aber er hat mir gesagt, er wird keine andere Frau heiraten.«

»Wo bleibt ihr nur, meine Damen? Ihr hört ja gar nicht mehr auf zu schwatzen!« Mit diesen Worten kam Alis Mutter in die Küche. »Eure Männer hätten gerne noch Tee.«

Kaum hatten wir uns ins Wohnzimmer gesetzt, klingelte das Telefon. Ali nahm ab. Es war ein Anruf aus dem Evin-Gefängnis, das merkte ich. Ali hörte fast nur zu, was der Anrufer sagte. Er wirkte besorgt. Alle schwiegen. Nachdem er den Hörer aufgelegt hatte, fragte ich ihn, was los sei.

»Wir wissen schon eine ganze Weile, dass die Mudschahedin planen, einige Personen zu ermorden, die bedeutende Posten im Evin-Gefängnis haben«, sagte er. »Wir haben versucht, die Beteiligten zu finden und festzunehmen. Vor Kurzem gingen uns einige ins Netz und wurden verhört. Der Anruf kam von Mohammad. Nach den Informationen, die er erhalten hat, gibt es Anlass zur Vermutung, dass ich auf ihrer Todesliste stehe. Meine Kollegen und Freunde glauben, es wäre für Marina und mich besser, wenn wir eine Weile im Evin-Gefängnis blieben. Um mich mache ich mir keine Sorgen, aber ich will Marina nicht in Gefahr bringen.«

Ich hatte vermutet, dass er eine Führungsposition im Evin-Gefängnis hatte, jetzt fand ich mich bestätigt.

»Ich denke, es ist eine gute Idee, wenn ihr im Evin-Gefängnis bleibt. Sicher ist sicher, sonst bereut man es später«, sagte Herr Musavi. Er sah besorgt aus.

Da mir der Zugang zu Fernsehen, Radio und Zeitungen verwehrt war, wusste ich damals nicht, dass kurz zuvor einige Regierungsbeamte ermordet worden waren. Hinter all den Morden steckten angeblich die Mudschahedin.

»Marina, bist du damit einverstanden, dass wir für eine Weile ins Evin-Gefängnis zurückkehren? Wir sind dort erheblich sicherer«, sagte Ali.

»Natürlich«, sagte ich. Ich hätte auch keine andere Wahl gehabt.

»Ich werde es wiedergutmachen, wenn sich die Lage gebessert hat.«

Nachdem unsere Gäste sich verabschiedet hatten, gingen wir zu Bett.

»Ali, siehst du jetzt, was Gewalt den Menschen antut? Du tötest sie, und sie töten dich. Soll das denn erst aufhören, wenn keiner mehr lebt?«

»Du bist naiv«, sagte er. »Glaubst du, die beenden ihren Kampf gegen die Regierung, wenn wir sie freundlich darum bitten? Wir müssen den Islam, Gottes Gesetz und das Volk Gottes vor den bösen Mächten schützen, die gegen sie arbeiten.«

»Gott braucht nicht beschützt zu werden. Ich sage doch nur, dass Gewalt immer noch mehr Gewalt hervorruft. Ich weiß die Lösung nicht, aber ich weiß, dass es keine Antwort ist, weiter zu töten.«

Er zog mich in seine Arme. »Nicht jeder ist so gut wie du«, sagte er. »Die Welt ist grausam.«

»Ja, und sie ist es, weil wir so grausam zueinander sind.«

Er lachte: »Freiwillig gibst du wohl nicht auf!«

»Wann gehen wir ins Evin-Gefängnis zurück?«, fragte ich.

»Morgen früh. Ich hoffe, du hast Verständnis dafür, dass du, wenn wir wieder dort sind, trotz unserer Heirat genauso behandelt wirst wie zuvor. Du bist noch immer ein amtlich registrierter Häftling. Möchtest du in eine Einzelzelle, oder willst du nach 246 zurück?«

Ich erwiderte, dass es mir egal sei, doch er meinte, eine Einzelzelle sei besser, weil er dann öfter bei mir sein könne. Ich hatte nichts dagegen einzuwenden. Ich wollte noch immer niemandem aus 246 etwas erklären müssen.

»Gab es in letzter Zeit viele Verhaftungen?«, fragte ich.

»Ja.«

»Die Armen! Sie müssen Schreckliches durchstehen.«

»Marina, viele dieser Menschen sind Terroristen.«

»Einige vielleicht, aber du weißt, die meisten Verhafteten sind weiter nichts als Kinder, und viele haben nichts Unrechtes getan. Wenn ich in eine Einzelzelle gehe, kannst du dann dafür sorgen, dass man die Jüngeren zu mir in die Zelle legt, solange sie verhört werden? Groß genug sind die Zellen. Ali, ich hasse es, nutzlos zu sein. Ich kann dazu beitragen, dass es ihnen besser geht, und ich werde mich im Gegenzug auch besser fühlen.«

Er lächelte. »Klingt interessant. Gut, ich willige ein.«

»Aber du sagst ihnen nicht, dass ich deine Frau bin, damit sie sich nicht vor mir fürchten.«

Wenn es um mich herum nichts Gutes gab, war es vielleicht an mir, etwas Gutes zu tun.

»Ali, wo ist Sarah Farahani?«, fragte ich.

»Sie war lange im Gefängniskrankenhaus. Nicht in dem, an das du jetzt denkst. Es gibt noch ein anderes für Häftlinge mit psychischen Problemen. Sie ist jetzt in einer Zelle in Abteilung 209.«

»Sarah muss entlassen werden. Sie hat schon genug durchgemacht. Sie hat nichts getan, redet nur ein wenig zu viel. Sie stirbt, wenn sie weiter im Evin-Gefängnis bleibt.«

»Für ihren Fall ist Hamed verantwortlich, du weißt ja, wie schwierig er sein kann. Ich glaube nicht, dass Sarah so schnell entlassen wird.«

»Ist ihr Bruder Sirus wirklich hingerichtet worden?«

»Ja. Er war ein aktives Mitglied der Volksmudschahedin und hat sich jeglicher Kooperation verweigert«, antwortete er sachlich.

»Dann besteht also eure Politik darin, jeden zu töten, der euch im Weg steht?«

»Wenn Sirus die Möglichkeit gehabt hätte, hätte er mir die Pistole an die Stirn gesetzt.«

»Ihr hättet ihn ins Gefängnis sperren können, statt ihn zu töten.«

»Es war nicht meine Entscheidung, und ich werde darüber nicht streiten.«

»Darf ich Sarah sehen?«

»Ich bringe dich einmal zu ihr, wenn wir zurück sind.«

Eine Sache lag mir noch auf dem Herzen, die mich schon eine ganze Zeit lang beschäftigte. Es gab keinen Zeitpunkt, an dem ich diese Frage hätte stellen können, jeder Zeitpunkt war ebenso passend wie unpassend, warum also nicht jetzt?

»Ali, hast du schon einmal jemanden getötet? Ich meine nicht im Krieg, sondern im Evin-Gefängnis.«

Er stand vom Bett auf und ging in die Küche. Ich folgte ihm. Er machte Licht, füllte ein Glas mit Wasser und trank einige Schlucke.

»Du hast, oder?«

»Marina, warum nur musst du immer weiterfragen?«

»Ich hasse dich.«

Ich fühlte das entsetzliche Gewicht meiner Worte, aber ich bereute sie nicht. Ich wollte ihn verletzen. Es war Rache, und er hatte es verdient. Ich hatte mich bemüht, meine Lage anzunehmen und ihn zu verstehen, doch ich konnte nicht so tun, als wüsste ich nichts von den schrecklichen Dingen, die er getan hatte.

Langsam stellte er sein Glas auf den Tisch und starrte es an. Als er aufblickte, waren seine Augen finster, eine seltsame Mischung aus Wut und Schmerz lag in ihnen. Er ging auf mich zu. Ich machte ein paar Schritte zurück und stieß gegen eine Vitrine. Selbst wenn ich gerannt wäre, ich wäre nicht weit gekommen. Er packte meine Arme, seine Finger bohrten sich in mein Fleisch.

»Du tust mir weh«, sagte ich.

»Ich tue dir weh?«

»Ja. Du tust mir weh seit unserer ersten Begegnung. Du hast auch anderen wehgetan, und du hast dir wehgetan.«

Er packte mich, hob mich hoch und trug mich ins Schlafzimmer. Ich boxte und schrie vergeblich.

Am nächsten Morgen weigerte ich mich aufzustehen. Ali rief dreimal aus der Küche, das Frühstück sei fertig. Ich zog mir die Bettdecke über den Kopf und schluchzte. Das Bett knarrte. Ich schielte durch den weißen Schleier des dünnen Baumwolltuchs und sah ihn neben mir sitzen. Er saß auf der Bettkante, die Ellbogen auf die Knie gestützt und die Hände gefaltet. Ich verharrte reglos.

»Marina?«, fragte er nach einer Weile.

Ich antwortete nicht.

»Es tut mir leid, dass ich wütend auf dich war. Es ist dein Recht, mir die Schuld zu geben. Aber du musst verstehen, dass die Dinge nun einmal so sind, wie sie sind. Es gefällt mir nicht, was ich tue. Die Welt ist ein ungastlicher und grausamer Ort, und es gibt Dinge, die müssen wir tun. Ich weiß, du stimmst darin nicht mit mir überein. Aber so ist es nun mal, ich kann nichts dafür. Du kannst mich hassen, wenn du willst, aber ich liebe dich. Ich wollte dir letzte Nacht nicht wehtun. Komm, lass uns frühstücken.«

Ich rührte mich nicht.

»Komm doch. Bitte. Wie kann ich es wiedergutmachen?«

»Lass mich nach Hause gehen.«

»Marina, du bist meine Frau. Dein Zuhause ist dort, wo ich bin. Daran musst du dich gewöhnen.«

Ich schluchzte heftiger und lauter. Er wickelte mich aus dem Betttuch und versuchte, mich in seine Arme zu ziehen. Ich stieß ihn von mir.

»Du musst dich daran gewöhnen, wie es jetzt ist. Gibt es irgendetwas Vernünftiges, das ich tun kann, um dich glücklich zu machen?«

»Hilf Sarah.«

»Ich werde Sarah helfen.«

Ali trug seine Schlafanzughose, aber kein Oberteil. Schmale, weiße Linien überzogen seinen Rücken. Narben.

Es waren viele. Spuren von Peitschenschlägen. Ich hatte sie zuvor noch nie bemerkt, weil ich immer die Augen schloss, wenn er sich auszog.

Ich berührte seinen Rücken.

»Du hast Narben ...«

Er stand auf und zog sein Oberteil an.

Zum ersten Mal fühlte ich Nähe, Verbundenheit zwischen uns. Ich wollte sie nicht. Doch sie war da, so fühlbar wie das Betttuch über mir, so wirklich wie die Narben, seine und meine: Es war ein trauriges gegenseitiges Verständnis, das keiner Worte bedurfte, das alles, was es zu sagen gab, in einem stillen Blick oder einer leichten Berührung mitteilte.

»Komm, lass uns etwas essen«, sagte er.

Wir frühstückten.

Ungefähr drei Stunden später war ich zurück in meiner Einzelzelle. Ich hatte sie nicht vermisst. Ali brachte mir einen großen Stapel Bücher – alle über den Islam – und kündigte mir an, dass er in nächster Zeit sehr beschäftigt sein würde. Ich erinnerte ihn an sein Versprechen, mir einen Besuch bei Sarah zu ermöglichen, und er brachte mich zu ihrer Zelle mit der Vorwarnung, Sarah stehe unter starken Drogen und würde bestimmt kaum Reaktionen zeigen.

»Du kannst ein oder zwei Stunden bei ihr bleiben, aber nicht länger. Ich will Hamed nicht verstimmen.«

Als ich die Zelle betrat, war Sarah dabei, die Wand zu beschreiben. Sie war abgemagert, und ihre Haut war gelb geworden. Ich legte meine Hände auf ihre Schultern. Sie schien mich nicht wahrzunehmen.

»Sarah, du hast mir gefehlt.«

Die Wände waren mit Worten bedeckt. Sie riefen unser

früheres Leben zurück: Sarahs Zuhause mit dem Blumenbeet im Hof, ihre Mutter auf einer Schaukel im Garten, ihren Vater beim Rezitieren der Gedichte von Hafis. Sirus beim Fußballspielen mit Freunden, unsere Schule mit ihren hohen Fenstern, das Eisessen auf dem Nachhauseweg nach dem Einkauf in Agha Rostamis Lebensmittelgeschäft. Es ging immer weiter so. Sie hatte sogar mein Schreibmäppchen erwähnt. Ich wollte mich nicht daran erinnern. Der Blick zurück zerriss mir das Herz, und meine Sehnsucht nach zu Hause wuchs ins Unermessliche. Mein Zuhause. Es war, als lägen Meere und Welten zwischen jetzt und damals. Aber es existierte. Es lag irgendwo jenseits von Evin. Und wenn es jenseits des Mount Everest gelegen hätte, ich hätte ihn überwunden. Und selbst zehn Mount Everests würde ich bezwingen können.

»Sarah, ich weiß, dass du mich hören kannst. Viele deiner Erinnerungen sind auch meine. Da draußen ist unser Zuhause wie eh und je, und du musst Evin überleben, damit du zurückkehren kannst. Dort wartet man auf dich. Vergiss nicht, dass es immer ein Morgen gibt und dass du da sein musst, um es zu sehen. Sirus will, dass du es siehst. Kämpfe für ihn, für deine Mutter und für deinen Vater.«

Ich fasste sie an den Schultern und drehte sie, damit sie mir ins Gesicht sah.

»Deine Verzweiflung, das ist es, was Hamed will. Er will, dass du verlierst. Überlass ihm nicht den Sieg. Du wirst nach Hause zurückkehren. Wenn du wüsstest, was ich getan habe. Es ist schlimm, in Alis Bett zu liegen, aber er ist anders als Hamed. Er besitzt Güte, und er liebt mich … Dennoch, du kannst dir nicht vorstellen, wie schlimm es ist.«

Sarah umarmte mich, sie drückte mich immer fester. Wir hielten uns umarmt und weinten.

Nach ungefähr zwei Wochen, in denen ich abgesehen von Alis Besuchen fast nur gelesen hatte, bekam ich meine erste Zellengenossin, Sima. Sie hatte große haselnussbraune Augen, und obwohl sie aussah, als wäre sie dreizehn, war sie schon fünfzehn Jahre alt. Der Wächter, der sie in meine Zelle brachte, befahl ihr, die Augenbinde abzunehmen, bevor er die Tür hinter sich schloss. Sie nahm die Augenbinde ab, rieb sich die Augen, blinzelte und sah mich mit weit aufgerissenen Augen an.

Sie fragte mich, wer ich sei. Ich sagte ihr meinen Namen und dass ich eine Gefangene sei. Es schien sie etwas zu beruhigen; in sicherem Abstand von mir setzte sie sich auf den Boden. Ihre Füße waren ein wenig geschwollen. Ich erkundigte mich, ob sie Schmerzen habe.

»Sie haben mich gefoltert!«, weinte sie.

Ich rückte ein wenig näher und erzählte ihr, dass ich auch gefoltert worden sei, sogar mehr als sie. Sie wollte wissen, wie lange ich schon im Evin-Gefängnis war.

»Sieben Monate.«

»Sieben Monate? So lange! Bist du die ganze Zeit in dieser Zelle gewesen?«

Ich erzählte ihr von Abteilung 246 und dass auch sie nach den Verhören vielleicht dorthin käme, bis man ihr den Prozess machen würde. Sie fragte, wie lange das dauern könne. Vielleicht Tage, vielleicht Monate, etwas anderes konnte ich ihr nicht erwidern. Dann wollte sie wissen, ob ich meinen Prozess schon gehabt hatte.

»Ja, so etwas Ähnliches«, sagte ich.

»Und was war das Urteil?«

»Lebenslänglich.«

»Oh, mein Gott!«

Sie sagte, sie könne sich nicht vorstellen, dass man es länger als eine Woche im Evin-Gefängnis aushalte. Dann erzählte sie mir, Ali habe sie verhört, und er sei sehr böse gewesen.

»Er ist manchmal böse«, sagte ich, »aber es gibt andere, die sehr viel schlechter sind als er.«

Es hätte nichts geholfen, wenn ich ihr die Wahrheit gesagt hätte.

Sima wollte alles darüber wissen, wie man im Evin-Gefängnis und in 246 lebte, und ich erzählte ihr so viel ich konnte.

Gegen acht Uhr abends klopfte Ali an die Zellentür und rief mich. Ich nahm meinen Tschador und ging zur Tür.

»Was will er von dir?«, flüsterte Sima.

»Hab keine Angst, er tut mir nicht weh«, sagte ich, während ich meinen Tschador überstreifte und die Zelle verließ.

Ali wollte wissen, wie es um Sima bestellt war. Ich sagte ihm, es ginge ihr ein wenig besser, und fragte, warum er sie geschlagen habe. Er hatte keine andere Wahl, meinte er. Ihr Bruder gehöre zu den Mudschahedin und sei in die Mordanschläge auf Regierungsmitglieder verwickelt. Schon seit Monaten habe er versucht, ihn ausfindig zu machen und festzunehmen. Er habe sich vergewissern müssen, dass Sima seinen Aufenthaltsort nicht kannte.

»Aber du wirst sie doch nicht mehr schlagen? Bitte.«

»Nein. Sie weiß nichts. Ich schicke sie nach 246. Wir lassen sie frei, sobald ihr Bruder sich ergibt.«

Ich fragte ihn, wohin er mich bringe.

»In eine andere Zelle. Ich bin erschöpft. Ich brauche dich wirklich«, sagte er.

Nach dem Morgengebet kehrte ich in meine Zelle zurück. Sima schlief tief.

»Wann bist du gestern Nacht zurückgekommen?«, war

ihre erste Frage, als sie erwachte. »Ich habe ewig auf dich gewartet und bin dann wohl eingeschlafen.«

»Es war sehr spät.«

»Was hast du die ganze Zeit gemacht?«

»Nichts Wichtiges.«

»Du willst darüber nicht sprechen, oder?«

»Nein. Mach dir keine Sorgen um mich.«

Sie weinte. Ich nahm sie in die Arme und sagte ihr, es würde alles gut sein, solange sie nicht die Hoffnung verliere. Dann erzählte ich ihr, ich hätte gehört, dass Ali sie nach 246 schicken wolle, wo sie meine Freundinnen treffe. Sie würden ihr helfen. Ich bat sie, ihnen zu sagen, dass es mir gut gehe.

Am nächsten Tag wurde Sima nach 246 gebracht, und meine Tage wurden qualvoll langweilig und einsam. Ich bat Ali um ein paar Gedichtbände, er brachte sie mir. So teilte ich meine Tage zwischen der Lektüre und dem Auswendiglernen der Gedichte von Hafis, Saadi, Rumi und dem Schlaf.

Wieder einige Tage später holte mich Ali in der Zelle ab, um mit mir bei seinen Eltern zu Abend zu essen. Am Gefängnistor hielten wir an und warteten, bis die Wachen den Wagen durchwinkten. Ali kurbelte das Fenster herunter, um die Wächter zu grüßen, die mich, obwohl sie immer freundlich zu ihm waren, bisher stets ignoriert hatten. Doch als Ali dieses Mal Gute Nacht wünschte, nickte der Wachmann mir zu und sagte: »Gute Nacht, Frau Musavi.«

Verwirrt blickte ich mich um, bevor ich merkte, dass er mich gemeint hatte.

Ali berührte meine Hand. Ich fuhr hoch.

»Du siehst erschrocken aus.«

»Sie haben immer so getan, als wäre ich Luft.«

»Sie akzeptieren dich jetzt. Sie wissen, dass wir verheiratet sind.«

In Alis Elternhaus angekommen, umarmten mich Akram und Alis Mutter.

»Du siehst noch immer aus wie Haut und Knochen«, beklagte sich Alis Mutter, während sie den Kopf schüttelte. Ich folgte ihr in die Küche, um bei den Essensvorbereitungen zu helfen. Akram begoss den Lammbraten im Ofen. Alis Mutter kochte Tee für die Männer und fragte mich auf dem Weg ins Wohnzimmer, ob ich den Salat bereiten könne. In einem Sieb beim Ausguss lagen gewaschener grüner Salat, ein paar Tomaten und Gurken bereit. Ich schnappte mir ein Messer, und während ich den Salat klein schnitt, fiel mir ein, dass ich in der Nacht zuvor von Akram geträumt hatte.

»Ich habe letzte Nacht von dir geträumt«, sagte ich.

»Was hast du geträumt?«

Ich hielt inne, denn ich war mir nicht sicher, ob ich es ihr erzählen sollte oder nicht.

»Komm schon, sag mir, was du geträumt hast. War es etwas Schlimmes?«

»Nein, überhaupt nicht.«

»Was hast du dann geträumt? Ich glaube an Träume. Kannst du dich erinnern?«

Ich erzählte ihr von dem seltsamen Traum: Ich sah sie in meiner Kirche, sie zündete eine Kerze an und sagte zu mir, ich hätte ihr gesagt, sie solle neun Tage lang neunmal am Tag ein »Gegrüßet seist du, Maria« sprechen, dann bekäme sie ein Kind.

Sie war überrascht und fragte, was das »Gegrüßet seist du, Maria« sei. Ich sprach es ihr vor.

»Glaubst du wirklich, dass Maria die Mutter Gottes war?«, fragte sie mich hinterher.

Ich erklärte ihr, dass die Christen glaubten, Gott habe gewollt, dass sein Sohn Jesus in Maria Fleisch werde, und dass Maria keine gewöhnliche Frau war, sondern dass sie dafür geboren worden war.

»Wir glauben, dass Maria eine große Frau war, aber nicht, dass sie die Mutter Gottes ist«, sagte Akram.

»Ich verlange nicht, dass du irgendetwas glaubst. Du hast mich nach meinem Traum gefragt, und ich habe ihn dir erzählt«, schnitt ich ihr das Wort ab.

Sie blickte auf den Boden, überlegte. »Ich tue es. Ich werde dieses Gebet sprechen. Es gibt ja nichts zu verlieren, nicht wahr?«

Ein paar Tage darauf besuchte mich Ali am frühen Nachmittag in meiner Zelle. Das war ungewöhnlich, normalerweise kam er abends. Ich war eingedöst und schreckte auf. Er saß neben mir, lehnte mit dem Rücken an der Wand und hatte die Augen geschlossen.

»Ist alles in Ordnung mit dir?«, fragte ich.

»Mir geht es gut.« Müde legte er die Arme um mich.

»Was ist los?«

»Die Revolutionswächter haben vor einigen Tagen ein Mädchen gebracht. Sie ist ungefähr siebzehn. Sie wurde erwischt, als sie Parolen wie »Tod für Khomeini«, »Khomeini ist ein Mörder« und Ähnliches an eine Fassade in der Enghelab-Straße sprayte. Als man sie festnahm, sagte sie, sie hasse den Imam, weil er ihre kleine Schwester ermordet habe. Dasselbe hat sie hier wiederholt. Ich glaube, sie ist übergeschnappt. Hamed hat sie übel zugerichtet, doch sie sagt noch immer dieselben Sachen. Wenn sie sich nicht zusammennimmt und kooperiert, wird es nicht mehr lange dauern, bis sie hingerichtet wird. Sprichst du einmal mit ihr? Sie braucht einen Psychologen oder so etwas, aber das wird sie hier nicht bekommen.« Er seufzte. »Sag nichts. Ich weiß, es ist nicht fair. Und ich bin mir darüber im Klaren, dass sie möglicherweise auch durch dich nicht zur Vernunft zu bringen ist. Aber mir fällt momentan nichts Besseres ein.«

»Ich spreche mit ihr. Wo ist sie?«

»Im Vernehmungsgebäude. Ich hole sie.«

Eine halbe Stunde später schob Ali einen Rollstuhl in meine Zelle. Das Mädchen darin trug einen dunkelblauen Tschador. Ihr Kopf fiel zur Seite über die Schulter, sie konnte nicht aufrecht sitzen und hing über einer Lehne.

»Mina, du kannst deine Augenbinde jetzt abnehmen«, sagte Ali, doch sie rührte sich nicht. Ali zog ihr die Augenbinde ab, und sie hob leicht die Lider. Ihre rechte Wange war blau und geschwollen. Ich wusste, dass sie jetzt weder sehen noch hören oder verstehen konnte. Alles würde ihr wie ein endloser Albtraum erscheinen.

»Ich heiße Marina«, sagte ich, während ich mich vor sie kniete. »Ich bin hier inhaftiert. Du bist in meiner Zelle. Ich helfe dir aus dem Rollstuhl. Hab kein Angst, ich tu dir nicht weh.«

Ich fasste ihre Arme, zog sie vom Stuhl hoch. Sie fiel geradewegs in meine Arme. Ich half ihr, sich auf den Boden zu setzen. Ali nahm den Rollstuhl und ging.

»Layla ist tot«, flüsterte Mina.

»Was?«

»Layla ist tot.«

»Wer ist Layla?«

»Layla ist tot.«

Als ich eine Decke auf dem Fußboden ausbreitete, damit sie sich darauflegen konnte, sah ich ihre Füße, und es verschlug mir den Atem. Sie waren noch geschwollener, als meine es gewesen waren.

»Ich werde dir jetzt ganz vorsichtig die Schuhe abstreifen.«

Die Haut an ihren Füßen sah aus wie ein Luftballon, der zu sehr aufgeblasen war, und fühlte sich auch so an, doch die Pantoffeln ließen sich leicht abstreifen.

Ich goss etwas Wasser in einen Plastikbecher und setzte ihn auf ihre trockenen, rissigen Lippen. Sie trank einige Schlucke.

»Trink noch etwas.«

Sie schüttelte den Kopf. Dann half ich ihr, sich hinzulegen, zog ihr den Tschador und den Schal aus. Sie zitterte, und ich deckte sie mit einigen Decken zu. Bald war sie eingeschlafen. Ich setzte mich neben sie. Sie war groß und dünn. Ihr lockiges braunes Haar war schmutzig und verklebt, denn sie hatte seit ihrer Verhaftung den Schal nicht abnehmen können. Beim Anblick ihrer geschwollenen Füße begannen meine eigenen Füße vor Schmerz zu pochen. Der Schmerz, der sich mir in den ersten Tagen im Evin-Gefängnis eingeprägt hatte, war mehr als eine Erinnerung. Er war in mir lebendig.

Nach etwa vier Stunden begann Mina zu stöhnen. Ich nahm das Wasserglas und half ihr, sich aufzusetzen.

»Hör zu: Ich weiß, wie du dich fühlst. Ich weiß, dass alles schmerzt, aber ich weiß auch, dass es besser wird, wenn du trinkst. Gib nicht auf.«

Sie nahm einige Schlucke und starrte mich eindringlich an.

»Wer bist du?«, fragte sie.

»Ich bin eine Gefangene. Mein Name ist Marina.«

»Ich dachte, ich sei tot und du wärst ein Engel oder so etwas.«

Ich lachte. »Ich verspreche dir, ich bin kein Engel – und du bist noch sehr lebendig. Ich habe etwas Brot und Datteln. Du musst essen. Dein Körper braucht Kraft, um sich zu erholen.«

Sie aß ein paar Datteln und einen kleinen Bissen Brot. Kaum hatte sie sich wieder hingelegt, klopfte es an der Zellentür.

»Marina, leg deinen Tschador an und komm.« Es war Alis Stimme. Er nahm mich mit in eine andere Zelle. Wir aßen zusammen das Brot und den Käse, den er mitgebracht hatte. Er fragte nicht nach Mina.

»Möchtest du nicht wissen, ob ich mit Mina gesprochen habe?«

»Ehrlich gesagt, will ich jetzt gar nichts wissen. Ich muss meine Gedanken abstellen. Ich will einfach nur schlafen.«

Als ich gegen vier Uhr morgens in die Zelle zurückkehrte, schlief Mina noch immer. Sie erwachte bei Sonnenaufgang.

»Wer ist Layla?«, fragte ich sie.

Sie wollte wissen, woher ich von Layla wusste. Ich erzählte ihr, was sie gesagt hatte, als sie in die Zelle kam.

»Layla ist meine Schwester.«

»Wie ist sie gestorben?«

»Bei einer Kundgebung. Sie wurde erschossen.«

Sie erzählte, dass eine Freundin von Layla mit dem Namen Darya eines Tages von der Hisbollah aufgegriffen worden sei, weil ihr Haar unter ihrem Schal hervorschaute. Minas Mutter war auf dem Weg zum Einkaufsladen gewesen und war Zeuge der Misshandlungen geworden. Die Männer der Hisbollah hatten Darya hinterher in ein Auto gestoßen und waren mit ihr weggefahren. Daryas Eltern hatten überall nach ihr gesucht, in jedem Krankenhaus und in jedem islamischen Komitee, doch sie blieb verschollen. Einige Monate darauf hörte Layla von einer geplanten Protestkundgebung und beschloss, dorthin zu gehen. Sie ermutigte Mina, sie solle sie begleiten. Mina versuchte es ihr auszureden, doch Layla sagte, mit oder ohne Mina, sie würde dorthin gehen. Sie fragte Mina, was wäre, wenn das, was mit Darya geschehen war, mit ihr geschehen würde. Mina gab schließlich nach und willigte ein, sie zu begleiten. Layla versprach Mina, ihren Eltern nichts von dem Protestmarsch zu sagen.

»Wir gingen also gemeinsam hin«, sagte Mina. »Es waren zahllose Menschen da. Die Revolutionswächter griffen an und eröffneten das Feuer. Jeder begann zu laufen. Ich packte Laylas Hand und versuchte, uns in Sicherheit zu bringen, doch sie stürzte. Als ich mich umdrehte, sah ich, dass sie tot war.«

Ich erzählte Mina von der Kundgebung am Ferdosi-Platz, von dem jungen Mann, der dort erschossen worden war und von meinem Entschluss, Selbstmord zu begehen, als ich hinterher nach Hause kam. Und ich erzählte ihr, dass ich, statt die Schlaftabletten meiner Mutter zu schlucken, den Beschluss gefasst hätte, von dem zu zeugen, was ich gesehen hatte. Ich hatte mich für das Richtige entschlossen.

»Was hast du getan?«

»Ich schrieb einen Bericht über die Kundgebung auf einen weißen Karton und hängte ihn in meiner Schule auf. Dann gründete ich eine Schülerzeitschrift.«

»Ich ging zwei- oder dreimal in der Woche mitten in der Nacht aus dem Haus und schrieb das, was mit Layla geschehen war, mit einer Spraydose an die Hauswände. Ich sprühte auch Slogans gegen Khomeini und gegen die Regierung an die Fassaden. Sie sind alle Mörder.«

»Mina, ich wäre beinahe hingerichtet worden. Sie werden dich hinrichten, wenn du weiterhin Dinge gegen Khomeini und die Regierung sagst. Ich habe Freunde verloren, und ich weiß, was du empfindest. Aber dein Tod wird nichts ändern.«

»Dann hast du also mit ihnen zusammengearbeitet und überlebt?« Sie kniff die Augen zusammen.

»Nein, nicht auf die Weise, wie du denkst. Sie drohten, meine Familie und meine Freunde zu holen. Ich wollte sie auf keinen Fall in Gefahr bringen.«

»Verstehe. Aber meine Familie ist sowieso am Ende. Mein Vater hat Diabetes und Herzprobleme und war eine Zeit lang im Krankenhaus. Meine Mutter hat seit Laylas Tod mit niemandem mehr gesprochen. Später wohnten wir bei meiner Großmutter, sie kümmert sich um meine Mutter. Die Milizen können mir drohen, so viel sie wollen. Es kann nicht mehr schlechter werden. Und daran habe auch ich Schuld. Ich hätte Layla davon abhalten sollen, zu dieser Kundgebung zu gehen. Dann wäre ihr nichts zugestoßen. Keinem von uns wäre etwas zugestoßen.«

Ich sagte ihr, dass es nahezu Selbstmord war, sich mit denen zu streiten, die die Vernehmungen durchführten, aber sie wollte das nicht akzeptieren.

»Ich werde nicht mit Menschen zusammenarbeiten, die meine Schwester umgebracht haben«, sagte sie.

»Aber du weißt nie, was der Morgen bringt, was in zwei, fünf oder zehn Monaten sein wird. Du solltest dir eine Chance geben. Gott hat dir das Leben geschenkt, lebe es.«

»Ich glaube nicht an Gott. Und selbst wenn es einen Gott gibt, so ist er grausam.«

»Ich glaube an Gott, und ich bin überzeugt, er ist nicht grausam. Wir sind manchmal grausam. Ob du lebst oder nicht, Layla hätte so gelebt und wäre so gestorben, wie sie es tat. Aber Gott hat dir das Geschenk gemacht, ihre Schwester zu sein, sie zu kennen und sie zu lieben, sich an die schönen Dinge zu erinnern, die ihr gemeinsam erlebt habt. Und jetzt kannst du an sie denken. Du kannst leben und im Gedenken an sie Gutes tun.«

»Ich glaube nicht an Gott.« Sie wandte ihren Kopf zur Seite.

Den Rest des Tages schlief Mina. Ich konnte ihre Bitterkeit verstehen. Ihre Wut war zu Hass geworden und zehrte sie auf. Mein Glaube an Gott gab mir Hoffnung. Er hatte mir geholfen, an das Gute zu glauben, selbst als ich nur von Bösem umgeben war.

Am Abend kam Ali an die Zellentür und rief mich. Mina bewegte sich nicht und öffnete auch nicht die Augen. Erneut nahm mich Ali in eine andere Zelle mit. Ich versuchte mit ihm über Mina zu sprechen, doch er wehrte ab.

Es war noch dunkel, als er mich vor dem Morgengebet in meine Zelle zurückbrachte. Nachdem er die Zellentür hinter mir geschlossen hatte, war es in der Zelle stockfinster. Ich konnte nichts erkennen. Ich setzte mich, wo ich war, auf den Boden, damit ich nicht auf Mina trat. Kein Laut war von ihr zu hören. Auf allen vieren krabbelte ich vorwärts und ertastete meinen Weg mit der Hand. Mina war verschwunden.

»Mina?«, rief ich.

Das Licht ging an, als der Ruf des Muezzins erschallte: »Allahu akbar…«

»Mina!«

»Allahu akbar…«

Mina war weg. Ali war die ganze Nacht mit mir in einer anderen Zelle. *Großer Gott. Hamed hat sie geholt, und Ali weiß nichts davon.* Ich versuchte einen klaren Gedanken zu fassen. Vielleicht lebte sie noch. Was konnte ich tun? Ich war mir sicher, dass Ali auf dem Weg zum Vernehmungsgebäude war. Ich konnte an meine Zellentür klopfen und die Wache bitten, ihn herzuholen. Andererseits käme Ali dann nur noch später in den Vernehmungstrakt. Ich musste Geduld haben.

Ich wanderte in meiner Zelle auf und ab, fünf oder sechs Schritte, wenn ich sie der Länge nach durchmaß, und drei Schritte der Breite nach. Bilder aus der Nacht, in der man mich zur Hinrichtung gebracht hatte, blitzten in meinem Gedächtnis auf. Ich hatte die letzten Augenblicke im Leben von zwei jungen Männern und zwei jungen Frauen miterlebt. Ich wusste nicht einmal, wer sie waren. Ob man ihren Familien mitgeteilt hat, dass ihre geliebten Söhne und Töchter hingerichtet wurden? Wo waren sie begraben? Mina konnte dasselbe widerfahren. Ich klopfte mit den Fäusten so kraftvoll ich konnte gegen die Zellentür.

»Was ist los?«, fragte eine Männerstimme.

»Bitte, holen Sie Bruder Ali und sagen Sie ihm, ich müsse ihn sofort sprechen.«

Er willigte ein.

Mit klopfendem Herzen schritt ich weiter das Zimmer ab. Ich hatte keine Uhr und wusste nicht, wie lange ich schon wartete. Der Muezzin hatte noch nicht zum Gebet gerufen, es war also noch nicht Mittagszeit. Mir wurde schwindelig, und ich schwankte von einer Seite zur andern, stieß gegen die Wände.

Es musste doch noch etwas geben, das ich tun konnte. Ich begann alle Heiligen anzurufen, die ich kannte. *Heiliger Paulus, hilf Mina. Heiliger Markus, hilf Mina. Heiliger Matthäus, hilf Mina. Heiliger Lukas, hilf Mina. Heilige Bernadette, hilf Mina. Heilige Johanna, hilf Mina.* Als mir keine Heiligen mehr einfielen, klopfte ich wieder an die Tür.

»Ich habe es ihm ausgerichtet«, sagte dieselbe Männerstimme.

»Und was hat er gesagt?«

»Er kommt so schnell wie möglich.«

Ich saß in einer Ecke und schluchzte.

»Allahu akbar…«, rief der Muezzin zum Mittagsgebet. »Allahu akbar…«

Die Zellentür ging auf. Ali kam herein und schloss die Tür hinter sich. Er stand vor mir und fixierte mich ein paar Sekunden lang.

»Ich kam zu spät«, sagte er schließlich. »Sie starb letzte Nacht beim Verhör.«

»Wie?«

»Hamed sagt, sie hätte freche Antworten gegeben, er schlug sie, und sie fiel hin und schlug mit dem Kopf irgendwo auf.«

»O Gott! Und du glaubst ihm?«

»Es ist nicht wichtig, was ich glaube.«

Ich wollte weinen, doch ich konnte nicht weinen. Ich wollte schreien, aber ich konnte nicht schreien. Ich wollte, dass diese schrecklichen Dinge aufhörten, aber ich konnte sie nicht stoppen.

Ali setzte sich neben mich.

»Ich habe es versucht«, sagte er.

»Nicht genug«, weinte ich.

Er ließ mich allein.

Danach besuchte mich Ali fünf oder sechs Tage nicht. Ich schlief die meiste Zeit. Minas Tod hatte mir den Boden unter den Füßen weggezogen. Eines Morgens dann brachte Ali eine junge Frau zu mir in die Zelle, Bahar, die einen Säugling im Arm hielt. Er sprach noch immer kein Wort, doch unsere Augen begegneten einander, und ich hatte das Gefühl, er wollte mir etwas sagen, doch stattdessen ging er gleich wieder weg.

Bahars Baby war fünf Monate alt, ein schöner Junge mit dem Namen Ehsan. Bahar stammte aus Rasht, einer Stadt in der Nähe des Kaspischen Meers im Norden des Iran, nicht weit von dem Ort entfernt, wo unser Ferienhaus stand. Sie hatte gewelltes schwarzes Haar, das sie kurz geschnitten trug, und obwohl ich die dunklen, sorgenvollen Schatten um ihre Augen sehen konnte, sprach und bewegte sie sich gelassen und voller Zuversicht. Sie und ihr Mann hatten gemeinsam die Fedajin unterstützt. Sie waren zu Hause festgenommen und anschließend ins Evin-Gefängnis gebracht worden. Bahar war bei ihrem Verhör nicht misshandelt worden.

In dieser Nacht rief mich Ali aus der Zelle. Bevor ich ging, schloss Bahar ihre Hände um meine. Es würde mir nichts geschehen, sie wisse es, sagte sie. Sie hatte die größten Hände, die ich je bei einer Frau gesehen hatte, und sie waren warm, verglichen mit meiner kalten Haut.

Wie üblich nahm Ali mich mit in eine andere Einzelzelle, doch er war sehr schweigsam. Er saß in einer Ecke und sah mir zu, wie ich den Tschador ablegte.

»Urteile nicht so streng über mich«, sagte er plötzlich.

»Mina ist tot«, erwiderte ich. »Ein unschuldiges Mädchen ist tot, und du sorgst dich darum, wie ich über dich urteile? Natürlich urteile ich streng. Was kann ich sonst tun? Du bist derjenige, der hier verantwortlich ist.«

»Ich bin nicht für den Fall verantwortlich. Ich habe es versucht, aber ich bin es nicht.«

»Wer ist dann verantwortlich?«

»Marina, ich tue, was ich kann. Du musst mir vertrauen. Es ist nicht einfach. Und jetzt habe bitte Verständnis dafür, dass ich nicht darüber sprechen will.«

Als ich gegen vier Uhr morgens in meine Zelle zurückkehrte, war es sehr still, und ich huschte auf Zehenspitzen zu meinem Platz.

»Ist alles in Ordnung?« Bahars Stimme schallte durch die Dunkelheit.

»Alles in Ordnung. Tut mir leid, wenn ich dich geweckt habe.«

»Hast du nicht. Ich war wach. Möchtest du reden?«

»Worüber?«

»Das ist egal – über alles, was dir in den Sinn kommt. Bisher haben wir fast nur über mich gesprochen, jetzt bist du dran. Und sag nicht, es sei alles in Ordnung, denn ich weiß, dass das nicht stimmt.«

Ich versuchte gegen meine Tränen anzukämpfen. Sie hatte mich überrumpelt. Womit konnte ich anfangen?

»Ich möchte, aber ich weiß nicht, wie.«

»Versuch es. Du musst mir ja nicht alles erzählen.«

»Ich bin Alis Frau.«

»Das meinst du nicht im Ernst.«

»Doch.«

»Wie ist das möglich? Hat er seine eigene Frau verhaftet?«

»Nein. Ich kannte ihn vor meiner Verhaftung nicht. Er gehörte zu denen, die mich vernommen haben. Und als mich Hamed, der mich auch vernommen hat, zur Hinrichtung brachte, hat Ali die Hinrichtung verhindert und mir danach gedroht, wenn ich ihn nicht heirate, müssten meine Angehörigen es büßen. Ich hatte keine Wahl.«

»Das ist Vergewaltigung!«

»Erzähle niemandem darüber. Meine Freundinnen in 246 wissen nichts davon.«

»Hat er dich auf Zeit geheiratet?«

»Nein, er wollte eine dauerhafte Eheschließung.«

»Unter diesen Umständen weiß ich nicht, ob eine dauerhafte Eheschließung besser oder schlechter ist. Wenn er dich nur auf Zeit geheiratet hätte, könntest du zumindest sicher sein, dass er dich nach einer gewissen Zeit in Ruhe lässt. Aber so …«

»Es geht mir gut dabei.«

»Wie kann es dir dabei gut gehen?«

Sie hatte recht. Ich begann zu schluchzen. Das Baby wachte auf. Bahar nahm es in die Arme, wiegte es und sang ihm ein Schlaflied vor, das sie sich selbst ausgedacht hatte. Es erzählte vom Kaspischen Meer, den dichten Wäldern im Norden und den Kindern, die dort sorgenfrei spielten.

Mit Bahar konnte ich einfach über alles reden. Ich erzählte ihr von Gita, von Taraneh und Mina und davon, wie sehr ich mich dafür hasste, dass ich ihnen nicht hatte helfen können. Auch sie hatte Freunde verloren und trug schwer daran, dass sie am Leben war.

Von Bahar erfuhr ich, was sich außerhalb des Evin-Gefängnisses in der Zwischenzeit ereignet hatte. Nach ihren Worten hatte sich im letzten Jahr nicht viel verändert. Die islamische Regierung hatte die Gesellschaft immer mehr und immer besser im Griff. Ungebildete oder unzureichend gebildete Menschen folgten Khomeini blind, weil sie sich davon Zugang zum Himmel versprachen, und die gebildete Schicht hielt still, um sich nicht der Gefahr von Gefängnis, Folter und Hinrichtung auszusetzen. Es gab auch Menschen, die den Mullahs und ihrer Propaganda keinen Glauben schenkten, die aber dennoch mitliefen, um an bessere und besser bezahlte Jobs zu gelangen.

Nachdem Bahar drei Wochen mit mir die Zelle geteilt hatte, wurde sie nach 246 verlegt. Ich begann mich einsam zu fühlen. Mitte September bat ich Ali eines Nachts, mich wieder in die Abteilung 246 zu überstellen. Er war einverstanden. Er hatte Reis und gegrilltes Hühnchen mitgebracht, wir aßen gemeinsam.

»Morgen wird dein Prozess wieder aufgenommen«, sagte er.

Die Nachricht machte mich weder glücklich, noch fand ich sie besonders spannend. Selbst wenn man mich freigelassen hätte, meine Situation hätte sich damit nur wenig verändert, denn ich war ja Alis Ehefrau und musste für immer bei ihm bleiben.

Er sagte, es sei mir erlaubt, an dem Gerichtstermin teilzunehmen.

»Muss ich etwas sagen?«

»Nein, nur wenn du gefragt wirst. Ich werde dabei sein, mach dir keine Sorgen.«

Er hatte noch eine andere Nachricht: Sarah hatte sich erholt und war nach 246 zurückgekehrt. Sie war zu acht Jahren Haft verurteilt worden.

»Acht Jahre? Du hast mir versprochen, ihr zu helfen!«

»Marina, ich habe ihr geholfen. Das Urteil wäre weit schlechter ausgefallen, wenn ich nicht eingegriffen hätte. Sie wird nicht die ganze Zeit hier im Gefängnis sein. Ich werde versuchen, sie auf die Liste für eine vorzeitige Haftentlassung zu setzen.«

»Verzeih mir, Ali. Du hast recht. Ich weiß wirklich nicht, was ich ohne dich getan hätte.«

»Ich glaube, das ist das Netteste, was du je zu mir gesagt hast«, lachte er, und ich musste zugeben, es stimmte.

Am nächsten Morgen holte mich Ali in der Zelle ab. Der Gerichtssaal befand sich in einem anderen Gebäude, das etwa zehn Minuten Fußmarsch entfernt lag. Angestellte und Wächter eilten von einem Gebäude zum anderen, manchmal schleppten sie einige Häftlinge hinter sich her. Fast alle, die wir trafen, grüßten Ali und deuteten mit der rechten Hand eine Berührung ihres Herzens an. Dann nickten sie leicht in meine Richtung, richteten aber den Blick zu Boden. Muslimische Frauen dürfen Männern nicht in die Augen sehen, es sei denn, diese sind ihr Ehemann, Vater, Bruder oder ein enger Verwandter. Zum Glück befolgte ich diese Verhaltensregel. Auch Ali grüßte Freunde und Kollegen mit einer leichten Verbeugung und einigen freundlichen Worten. Wir betraten das Gericht, ein zweistöckiges Backsteingebäude mit vergitterten Fenstern und dunklen Fluren. Ali klopfte an eine geschlossene Tür, und eine tiefe Stimme antwortete: »Herein!« Wir traten ein. Drei Mullahs saßen hinter drei Schreibtischen. Wir hatten das Zimmer kaum betreten, als sie aufstanden und Ali die Hand schüttelten. Ich blickte auf den Boden und sagte lediglich »Salam aleikum«, als sie mich grüßten. Man forderte uns auf, uns zu setzen.

»Im Namen des gnadenreichen und gütigen Gottes verkündet dieses Gericht der islamischen Justiz nun offiziell sein Urteil. Marina Moradi-Bakht war im Januar 1982 zum Tode verurteilt worden, doch durch die gnädige Hand des Imam wurde ihre Strafe in eine lebenslängliche Haftstrafe umgewandelt. Seit dieser Zeit hat sich ihr Verhalten entschieden geändert. Sie ist zum Islam übergetreten und hat Herrn Ali Musavi geheiratet, der den Islam immer mit aller Kraft beschützt und verteidigt hat und der bei vielen Gelegenheiten große persönliche Opfer gebracht hat, um dem Imam zu dienen. Im Lichte dieser Veränderungen hat das Gericht ihren Fall wieder aufgenommen und ihre Strafe in eine dreijährige Gefängnisstrafe umgewandelt, auf die jene acht Monate angerechnet werden, die sie bereits abgeleistet hat.«

Alle Mullahs erhoben sich, schüttelten Ali erneut die Hand und baten uns zum Tee. Das Wiederaufnahmeverfahren war vorbei.

Einige Tage darauf kehrte ich in Zelle sechs im ersten Stock von Abteilung 246 zurück. Ich trat in die Zelle, und schon waren Sheida und Sarah bei mir. Bevor ich wusste, wie mir geschah, lagen wir uns in den Armen wie Schwestern, die sich nach langer Zeit wiedergefunden hatten. Sima und Bahar eilten herbei und drückten uns so sehr, dass wir sie bitten mussten aufzuhören. Sheidas Junge Kaveh war so groß geworden, dass ich es kaum fassen konnte. Er war jetzt sechs Monate alt.

»Was machst du hier unten?«, fragte ich Sheida, als wir einmal in einer stillen Ecke saßen.

»Sie haben mich vor einigen Wochen hierher verlegt. Und wo warst du?«

»In den Einzelzellen auf 209.«

»Und warum?«

»Ich hatte so viele Migräneanfälle und konnte den Lärm hier nicht aushalten, deshalb haben sie mich nach 209 verlegt.«

»Verstehe.« Ich wusste, dass sie mir nicht glaubte, doch sie wollte nicht nachhaken. Sie erzählte mir, dass ihre Strafe in eine lebenslange Haftstrafe umgewandelt worden sei, ihr Ehemann aber noch immer auf der Todesliste stehe.

»Ich überlege immer, ob ich Kaveh nicht zu meinen Eltern geben soll. Ich darf ihn bei mir behalten, bis er drei Jahre alt ist, doch das wäre egoistisch. Er hat noch nie einen Baum, eine Blume, eine Schaukel oder ein anderes Kind gesehen«, sagte sie. Es stimmte: Seine Welt war eingeschlossen von hohen Mauern, Stacheldraht und bewaffneten Wachmännern. Das hatte er nicht verdient. Doch immer, wenn Sheida erwog, ihn zu ihren Eltern zu geben, brach es ihr fast das Herz. Sie wusste nicht, ob sie in der Lage wäre, ihn gehen zu lassen.

Sarah und ich begannen in einer kleinen Näherei zu arbeiten, die im Gefängnis eine Produktionsstätte aufgemacht hatte. Wir nähten Herrenhemden, und die Arbeit gefiel uns, denn sie beschäftigte uns den Tag über. Die Wachen sagten, wir würden bei unserer Entlassung für die geleistete Arbeit Geld bekommen, doch der Lohn war so gering, dass es nicht der Mühe wert war, daran zu denken. Sarah schien es besser zu gehen. Noch immer beschrieb sie bei jeder Gelegenheit, die sich ihr bot, ihren Körper oder jede zum Schreiben geeignete Unterlage, doch wenn sie arbeitete, konzentrierte sie sich auf ihre Aufgabe.

Unterdessen hoffte und betete ich, dass Ali mich sattbekäme, doch dies geschah nicht. Dreimal wöchentlich wurde ich abends über Lautsprecher gerufen. Dann verbrachte ich die Nacht mit ihm in einer Einzelzelle und kehrte am Morgen kurz vor dem Morgengebet nach 246 zurück. Die meisten Mädchen fragten nicht danach, wo ich die Nacht verbrachte, und denjenigen, die es taten, sagte ich, ich würde freiwillig im Gefängniskrankenhaus helfen. Es gab drei oder vier Mädchen in Abteilung 246, die ebenfalls regelmäßig abends ausgerufen wurden. Sie kehrten für gewöhnlich wie ich vor Sonnenaufgang zurück. Wir vermieden es, miteinander zu sprechen. Ich konnte nur ahnen, dass ihre Lage wohl meiner ähnlich war.

Im Alltagstrott des Gefängnisses vergingen Tage, Wochen und Monate. Mit jedem Tag entfernte sich unser Leben vor unserer Inhaftierung weiter von uns, doch auch die Hoffnung, nach Hause zurückzukehren, verblasste und wurde immer mehr zu einem Traum, den wir heimlich in unseren Herzen hegten und den wir nicht aufgeben wollten.

17

Ich bringe gute Nachrichten«, begrüßte mich Ali eines Abends im Februar. Ein strahlendes, jungenhaftes Lächeln überzog sein Gesicht. »Akram hat mich heute Morgen angerufen. Der Arzt hat ihr gesagt, dass sie schwanger ist!«

Ich freute mich für sie.

»Sie erzählte mir auch von deinem Traum und dem Gebet. Sie glaubt, sie verdankt dir ihr Glück, und ich musste ihr versprechen, dich unverzüglich zu ihr zu bringen.«

Ich sagte nichts. Ali betrachtete mich lächelnd.

»Was hast du sonst noch so hinter meinem Rücken getan?«, fragte er.

»Ich habe nichts hinter deinem Rücken getan.«

»Warum hast du mir nichts davon erzählt?«

»Weil es Frauensache war.«

»Du fürchtest dich nicht mehr vor mir, nicht wahr?«

»Sollte ich mich fürchten?«

»Nein, niemals. Es stimmt, wir denken verschieden, doch in gewisser Weise traue ich dir mehr als mir. Wenn dieses Baby gesund zur Welt kommt, wird Akram dir für alle Zeit dankbar sein.«

»Gott hat Akrams Gebete erhört. Es hat nichts mit mir zu tun.«

Akram war außer sich vor Freude. Ich hatte noch niemals jemanden so glücklich erlebt.

»Nachdem Ali mich angerufen und mir gesagt hat, dass ihr kommt, habe ich Massud schnell zur Bäckerei geschickt, damit er Windbeutel für dich holt, weil ich mich erinnert habe, wie gern du sie gegessen hast«, sagte Akram, als wir in der Küche das Abendessen zubereiteten. Sie holte zwei weiße Schachteln aus dem Kühlschrank.

»Mein Gott, Akram, du hast ja genug Windbeutel, um eine ganze Armee zu verköstigen!«

»Massud ist so glücklich, er hätte die ganze Bäckerei für dich gekauft, wenn ich ihn darum gebeten hätte.«

»Hast du ihm von dem Gebet erzählt?«, fragte ich bestürzt.

»Ich habe es jedem erzählt!«

»Und er ist nicht wütend auf mich?«

»Wütend? Warum wütend?«

»Na ja, weil es ein christliches Gebet ist.«

»Das kümmert ihn nicht. Das Gebet hat gewirkt, was will er mehr? Wir bekommen ein Kind, das ist es, was zählt! Er ist der Auffassung, dass es nicht falsch ist, wenn man Maria um Hilfe bitte, da sie ja im Koran als große Frau erwähnt wird.«

Akrams Glück schmerzte mich wie eine Ohrfeige. Doch ich wollte nicht traurig sein, nur weil sie glücklich war.

»Was ist los, Marina? Ist Ali dir wegen irgendetwas böse? Denn wenn er es ist, bekommt er es mit mir ...«

»Ali ist mir nicht böse.«

Ich arrangierte die Windbeutel auf einer Servierplatte. Sie rochen frisch und süß, doch ich hatte keinen Appetit. Warum durfte Akram so glücklich sein, während junge Mütter wie Sheida im Evin-Gefängnis litten? Das war nicht gerecht.

»Du siehst so traurig aus, Marina. Was ist los?«

»Verzeih. Ich freue mich sehr für dich, aber ich muss immer wieder an eine Freundin denken. Sie heißt Sheida. Sie war schwanger, als sie und ihr Mann verhaftet wurden. Man hat beide zum Tode verurteilt. Im Gefängnis hat sie ihren Sohn Kaveh geboren. Kaveh wird bald ein Jahr alt sein. Er ist ein herrlicher Junge. Sheidas Urteil ist zu einer lebenslänglichen Haftstrafe umgewandelt worden, doch ihrem Ehemann droht noch immer der Tod. Sheida will Kaveh zu ihren Eltern geben, aber sie kann sich nicht von ihm trennen. Er ist ihr Ein und Alles. Der arme Kleine ist im Evin-Gefängnis aufgewachsen, er hat die Welt draußen noch nie gesehen.«

»Wie schrecklich. Warum ist sie im Gefängnis?«

»Ich weiß es nicht genau. Wir sprechen nicht über die Gründe, aber ich glaube, sie hat die Mudschahedin unterstützt.«

»Die Mudschahedin sind Terroristen, Marina. Das sind böse Menschen.«

»Sheida ist nicht böse. Sie ist eine sehr traurige Frau, eine Mutter. Nur weil wir glauben, jemand sei böse, haben wir noch lange kein Recht, diesem Menschen irgendetwas anzutun und selbst Böses zu tun. Was falsch ist, bleibt falsch, egal wie du es betrachtest. Ich bin sicher, Sheida verdient es nicht, ein Leben lang eingesperrt zu sein.«

»Ich werde mit Ali darüber sprechen. Vielleicht kann er etwas für sie tun.«

»Das kann nichts schaden, aber ich glaube nicht, dass er etwas tun kann. Er hat sie nicht verhört. Er hat versucht, einigen Leuten zu helfen, aber es ist ihm nicht immer gelungen.«

Der Samowar begann zu gurgeln.

»Komm, Marina, jetzt trinken wir Tee und essen Windbeutel.«

Ich umarmte sie und sagte ihr, sie sei sehr nett zu mir. Es gebe so viel Leid und Traurigkeit im Evin-Gefängnis, dass ich vergessen hätte, wie man glücklich sei, entschuldigte ich mich.

Etwa vier Monate später luden uns Alis Eltern zur Feier unseres Hochzeitstags zu sich nach Hause zum Abendessen ein.

Wir hatten sie in den vorausgegangenen elf Monaten etwa alle zwei Wochen zu uns eingeladen, und sie waren immer nett zu mir gewesen. Akrams Schwangerschaft verlief sehr gut. Ihr Baby sollte in drei Monaten zur Welt kommen.

»Schenkst du deiner Frau etwas zum Hochzeitstag?«, erkundigte sich Herr Musavi nach dem Essen bei Ali.

Ali erzählte, er wolle mit mir für einige Tage ans Kaspische Meer fahren.

»Ist das denn nicht zu gefährlich?«, fragte ich.

»Nur meine Eltern wissen, wohin wir gehen. Wir verbringen die Tage im Landhaus meines Onkels irgendwo auf dem Land, und selbst er wird nicht wissen, dass wir dort sind. Er glaubt, meine Eltern würden es nutzen. Er ist in dieser Zeit auf einer Geschäftsreise. Wie gefällt dir mein Vorschlag? Hast du Lust dazu?«

Ich nickte. Wir könnten sofort abreisen, sagte er, seine Mutter habe schon einen Koffer für mich gepackt.

Wir nahmen den weißen Peugeot von Herrn Musavi und fuhren gegen zehn Uhr nachts los.

»Wie bist du auf die Idee gekommen, dorthin zu fahren?«, fragte ich Ali.

»Du hast einmal erwähnt, dass du das Kaspische Meer liebst, und ich wollte etwas Besonderes mit dir unternehmen. Wir brauchen beide Abstand vom Evin-Gefängnis. Das Landhaus gehörte vor der Revolution einem Minister der Schah-Regierung. Der Mann hat mit seiner Familie das Land etwa zur selben Zeit verlassen wie der Schah. Die islamischen Revolutionsgerichte haben sein Haus, oder besser, seinen Palast, in Teheran und sein Landhaus bei

Ramsar beschlagnahmt und zum Verkauf angeboten. Mein Onkel hat das Landhaus sehr günstig erstanden.«

»Es muss sehr schön sein.«

»Das ist es, du wirst sehen. Sag, warum liebst du das Kaspische Meer so sehr?«

Ich erzählte ihm, dass ich viele glückliche Sommer dort verbracht hatte. In Teheran war das Leben matt und farblos, doch am Meer schäumte das Leben über.

Durch das offene Fenster wehte mir kalte Luft ins Gesicht. Zu Beginn der Fahrt roch sie noch nach Dunst und Abgasen, doch als der Wagen immer weiter die Serpentinen des Elburz-Gebirges hochkletterte, durchzog der Geruch von klaren Flüssen, von Pappeln und Ahornbäumen die Nacht. Für mich duftete es nach verlorenem Leben, nach Freiheit, Glück und all den guten Dingen, die es nicht mehr gab.

»Als du im Krieg warst und ich in Abteilung 246, erfuhr ich, dass eine meiner Freundinnen, Taraneh Behzadi, zum Tode verurteilt war.«

»Taraneh Behzadi? Den Namen habe ich noch nie gehört.«

»Du hast sie nicht verhört. Der Mann hieß Hossein und war aus der vierten Abteilung. Damals dachte ich, du könntest ihr vielleicht ebenfalls helfen. Ich fragte Schwester Maryam, ob sie mit dir sprechen könne, aber du warst an der Front.«

»Marina, ich kann mich nicht in die Angelegenheiten anderer Abteilungen einmischen. Obwohl ich zu denen gehörte, die mit deinem Fall befasst waren, war es alles andere als leicht, deine Strafe umzuwandeln.«

»Sie ist tot. Man hat sie hingerichtet.«

»Das tut mir leid.«

»Tatsächlich?«

»Ja. Es tut mir leid, dass es dazu gekommen ist. Der

Islam hat Gesetze, und sie hat diese Gesetze gebrochen und wurde dafür bestraft.«

»Aber waren ihre Verbrechen so schlimm, dass man sie dafür hinrichten musste?«

»Es liegt nicht an mir, dies zu entscheiden. Ich kannte sie nicht einmal. Ich weiß nicht, was sie getan hat.«

»Gott schenkt uns allen das Leben, und Er ist der Einzige, der das Recht hat, Leben zu nehmen.«

»Marina, du hast jedes Recht, darüber traurig zu sein. Sie war eine Freundin von dir, und du wolltest ihr helfen. Doch selbst wenn ich da gewesen wäre, hätte ich sie vermutlich kaum retten können. Vernehmungsbeamte und sogar Gerichte machen Fehler. Es ist mir gelungen, Menschen zu helfen, deren Urteil mir zu hart erschien, doch ich hatte nicht immer Erfolg. Ich habe versucht, Mina zu helfen. Du weißt es. Aber es hat nicht geklappt.«

»Taraneh hatte es nicht verdient, zu sterben.«

Ich sah nur noch Taranehs große dunkelbraune Augen und ihr trauriges Lächeln vor mir. Ali heftete seinen Blick auf die Straße.

»Mir ist etwas Schreckliches zu Ohren gekommen, und ich muss dich fragen, ob es stimmt«, sagte ich.

»Was hast du gehört?«

»Glaubst du, dass Jungfrauen in den Himmel kommen, wenn sie sterben?«

»Marina, ich weiß, worauf du hinauswillst.«

»Bitte, antworte mir.«

»Nein, das glaube ich nicht. Und Gott entscheidet, wer in den Himmel kommt und wer nicht, nicht ich. Junge Mädchen werden vor ihrer Hinrichtung nicht vergewaltigt. Du solltest nicht alles glauben, was man sagt.«

Es war zu dunkel, um sein Gesicht deutlich zu sehen, doch sein Atem ging schneller.

»Du bist beinahe hingerichtet worden – hat man dich vergewaltigt?«, fragte er.

»Nein«, sagte ich, und wollte hinzufügen, »nicht vor der Hinrichtung, aber sechs Monate später«, aber ich verkniff es mir.

»Marina, ich verstehe, wie traurig dich das Los deiner Freundin macht, aber ich gebe dir mein Wort, dass sie nicht vergewaltigt wurde.«

Seine Worte waren mir kein Trost.

Gegen zwei Uhr früh kamen wir an dem Landhaus an. Ali sprang aus dem Wagen, öffnete ein großes, schmiedeeisernes Tor, und unter einem Baldachin von Baumkronen fuhren wir eine gepflasterte Auffahrt hinauf. Das bewaldete Anwesen war um vieles größer als das meiner Eltern am Kaspischen Meer, doch es glich ihm auf eigenartige Weise. Das Zirpen der Grillen schwappte durch die offenen Fenster. Der Wind wirbelte in den Blättern und Zweigen und warf Wogen von silbernen Schatten gegen die Windschutzscheibe. Als wir geparkt hatten, hörte ich endlich auch das Meer. Die Wellen schlugen gegen die Küste, und ihr vertrautes, rhythmisches Rauschen erfüllte die Nacht.

Das weiße, zweistöckige Haus war zweimal so groß wie das Ferienhaus meiner Eltern, rechts und links vom Eingang saß jeweils ein steinerner Löwe von der Größe eines stattlichen Hundes. Ali schloss die Eingangstür auf, wir traten ein. Das Wohnzimmer war mit Sesseln im französischen Stil und kleinen Tischen mit Glasplatten möbliert, auf den Böden lagen seidene Perserteppiche. Eine breite Treppe, die mich an *Vom Winde verweht* erinnerte, führte ins Obergeschoss, wo sich sechs Schlafzimmer befanden. Ali wählte das größte für uns aus, es ging aufs Meer hinaus. In der Mitte stand ein königliches Bett, das aussah wie ein großer Schlitten. Es gab einen großen Waschtisch mit Schubladen in verschiedenen Größen, einen Kleiderschrank und zwei Nachttische. Nirgendwo lag Staub, alles war so makellos sauber, dass ich annahm, Alis Onkel und seine Familie mussten erst kurze Zeit zuvor hier gewesen sein. Ich zog die weißen Spitzenvorhänge auf, öffnete eines der beiden Fenster, und sofort blies mir die salzige Meerluft ins Haar. Was wohl aus den ehemaligen Besitzern dieses Anwesens geworden war? Sicher hatten sie das Haus geliebt und vermissten es schrecklich, wo auch immer sie sein mochten.

»Dein Name steht auf der Liste für die bedingte Haftentlassung«, sagte Ali, der hinter mir stand.

»Was bedeutet das?«

»Es bedeutet, dass du in etwa drei Monaten offiziell frei bist.«

Offiziell frei sein – was für eine eigenartige Ausdrucksweise. Würde ich jemals wirklich frei sein? Ich konnte nicht verstehen, was das Wort »Freiheit« für ihn bedeutete. Er hatte mir meine Freiheit für immer genommen. Ich sagte nichts.

»Freust du dich nicht darüber?«

»Ich weiß nicht, Ali. Ich weiß nicht mehr, was ich denken soll. Selbst wenn ich offiziell frei bin, werde ich nirgendwo hingehen können.«

»Doch, das wirst du. Wir werden nach Hause gehen. Die Dinge werden immer besser. Wenn die Zeit gekommen ist und du entlassen wirst, wird es nicht mehr gefährlich sein, nach Hause zu gehen.«

Er fasste mich an den Schultern, drehte mich zu sich und berührte meine Wangen.

»Warum weinst du?«

»Ich weiß es nicht. Erinnerungen wahrscheinlich. Es kommt einfach.«

Sein Blick war für gewöhnlich fest, doch manchmal schmolzen seine Augen, und ich sah darin eine fremde, heftige Leidenschaft, die mir Entsetzen einflößte. Ich schlug die Augen nieder. Als ich wieder aufblickte, hatte er mir den Rücken zugekehrt und sah aus dem Fenster.

»Marina, hasst du mich immer noch?«, fragte er und drehte sich zu mir um.

»Nein, nicht mehr. Am Anfang habe ich dich gehasst, aber jetzt nicht mehr.«

»Wirst du mich je lieben?«

»Ich weiß nicht, aber solange du im Evin-Gefängnis arbeitest und deine Arbeit zum Teil darin besteht, Menschen zu schlagen, werde ich dich sicher nicht lieben können. Und vergiss nicht, du hast mich zur Ehe gezwungen. Ich bin deine Gefangene.«

»Ich will nicht, dass du denkst, du seist meine Gefangene.«

»Aber es ist die Wahrheit.«

»Nein, es ist deine Wahrnehmung der Wahrheit.«

»Was meinst du damit?«

»Verstehst du nicht? Du warst praktisch schon tot, und ich habe dich ins Leben zurückgeholt. Hast du wirklich gedacht, du könntest einfach so davonspazieren? Glaubtest du, Hamed und die anderen hätten sich damit zufriedengegeben? Du bist naiv. Ich wollte dich, doch ich bin nicht selbstsüchtig. Wenn es die Möglichkeit gegeben hätte, dich einfach so gehen zu lassen, dann hätte ich dich gehen lassen und mir wahrscheinlich eine Kugel in den Kopf gejagt. In gewisser Hinsicht sind wir beide Gefangene.« Er legte seine Arme um mich. »Vor der Revolution war ich drei Jahre lang in politischer Gefangenschaft. Ich weiß, was es heißt, Sehnsucht nach zu Hause zu haben. Doch lass dir eines gesagt sein: Dein Zuhause ist nicht mehr so, wie du es verlassen hast, und selbst wenn es dies ist, bist du nicht mehr dieselbe. Deine Familie wird dich nie verstehen, du wirst für den Rest deines Lebens einsam sein. Wahrscheinlich ist es nutzlos, dir das alles zu sagen, denn du bist noch zu jung und noch zu gut, um es zu begreifen. Es gibt keinen Ort, an den du gehen kannst. Der einzige Platz für dich auf dieser Welt ist bei mir, und der einzige Platz für mich ist bei dir.«

Als wir im Bett lagen, konnte ich nicht einschlafen und betrachtete das Mondlicht, das sich über den Fußboden ergoss. Ali schlief mit dem Rücken zu mir gewandt. Seine linke Schulter hob und senkte sich mit jedem Atemzug. Ich hatte Taraneh gesagt, dass ich nicht vergewaltigt worden sei, bevor sie mich zur Hinrichtung brachten, das war die Wahrheit. Aber Hamed und die Wachen wussten, dass ich eine Christin war, ob Jungfrau oder nicht, ich landete sowieso in der Hölle. Taraneh wusste das, doch sie fragte mich danach, obwohl sie ihr Todesurteil akzeptiert hatte, im verzweifelten Versuch, wenigstens den Hauch einer Gewissheit darüber zu gewinnen, dass sie in Würde sterben könnte. Ali hatte gesagt, dass die Mädchen nicht vergewaltigt wurden, bevor man sie vor das Erschießungskommando stellte. Doch er kam nicht auf die Idee, dass er selbst mich vergewaltigt hatte. Aus seiner Sicht hatte er mich zu meinem eigenen Wohl zur Ehe gezwungen. Vielleicht hatte er Mädchen vergewaltigt, die er zuvor »auf Zeit« geheiratet hatte, ohne darüber nachzudenken. Ich wollte glauben, dass er niemals so gehandelt hatte, dass ich die Einzige war, die er je zu irgendeiner Art von Hochzeit gezwungen hatte. Doch Gewissheit konnte ich nicht darüber erlangen.

Ich schlüpfte aus dem Bett und ging ans Meer. Kleine Wellen plätscherten gegen das felsige Ufer, und die Sterne schwammen zwischen silbergrauen Wolken, wie leuchtende Perlen spiegelte sich ihr Licht auf dem Wasser. Das Kaspische Meer rief mich wie einen alten Freund. Ich hatte geglaubt, ich sei bereit, ich könnte die Last all dessen tragen, was ich verloren hatte, doch das stimmte nun nicht mehr. Jetzt rief mich das Meer, und ich hatte den Wunsch zu gehen. Es war ein ungeheures Bedürfnis, eine kolossale Sehnsucht, zu verschwinden. Ich ging in die Wellen. Sie waren so warm wie in meiner Erinnerung. Hier konnte ich zu einer Erinnerung werden, doch dann wäre alles verloren, was ich in meinem Herzen trug.

»Das Leben ist wertvoll, gib es nicht auf, lebe weiter.« Es war die Stimme meines Engels.

»Als ich dich gebraucht habe, als ich nach dir gerufen habe, bist du nicht gekommen. Und jetzt sagst du, ich solle mein Leben nicht aufgeben? Warum soll ich es nicht aufgeben.«

»Das Leben ist wertvoll, gib es nicht auf, lebe weiter.«

»Was tust du, wenn ich untertauche und Wasser statt Luft atme? Wirst du mich diesmal sterben lassen und mich tadeln, weil ich der Verzweiflung und der Trauer erlegen bin? Oder wirst du lächeln und werde ich mich dann schuldig fühlen wegen all dem, was ich getan und nicht getan habe, und schickst du mich dann zurück in diese Qual?«

Der Wind streifte mich und strömte in die Wälder und in das Tal des Weißen Flusses. Dann glitt er still über die leblose Wüste, um zum Ozean zurückzukehren.

Triefend kehrte ich zum Landhaus zurück. Ali stand am Tor zum Strand. Er weinte. Warum konnte ich ihn nicht einfach lieben und die Vergangenheit vergessen? Ich musste mich dem Rhythmus des Lebens beugen, wie ein Kind, das zum ersten Mal entdeckt, wie man sich im Wasser treiben lässt.

»Ich bin aufgewacht, und du warst nicht da«, sagte er, hob mich vom nassen Sand auf seine Arme und trug mich wie ein Kind ins Haus.

Nach fünf Tagen kehrten wir ins Evin-Gefängnis zurück. Nichts hatte sich verändert. Vier Wochen vergingen, Ende August begann ich mich dann furchtbar unwohl zu fühlen. Nachdem ich mich einige Tage lang immer wieder erbrochen hatte, brachte mich Ali zur Ärztin seiner Mutter. Sie machte einige Tests und sagte mir später, ich sei in der achten Woche schwanger. Auf den Gedanken, dass ich schwanger sein könnte, war ich überhaupt nicht gekommen. Als ich in die Heirat mit Ali einwilligte, hatte ich nur die Auswirkungen dieser Entscheidung auf mein Leben und das meiner Eltern und Andres im Auge gehabt. An Kinder hatte ich nie gedacht. Jetzt gab es ein neues Leben, das mich anging: ein unschuldiges Kind. Ein Kind, das mich brauchen würde, das auf mich vertrauen würde und das, ob ich wollte oder nicht, einen Vater brauchen würde.

Ali wartete im Wagen auf mich. Er freute sich wahnsinnig, als ich ihm die Nachricht brachte.

»Bist du glücklich?«, fragte er mich.

Seine Frage machte mich traurig. Ich war nicht glücklich, und das war nicht fair. Das Kind in mir wusste nichts von meinem Leben. Es brauchte nur Liebe und Aufmerksamkeit. In gewisser Weise war ich sein Engel. Wie hätte ich mich von ihm abwenden können?

»Ich bin glücklich«, sagte ich, »doch ich bin auch schockiert.«

»Lass uns zu meinen Eltern gehen, ich möchte, dass sie es gleich erfahren.«

Ich wusste, dass meine Eltern es ebenfalls erfahren müssten, ebenso Andre. Wer würde den ersten Stein werfen?

Kaum im Haus seiner Eltern angekommen, telefonierte Ali mit Akram. Seine Eltern waren überglücklich, und ihre offensichtliche Freude gefiel mir. Den ganzen Abend gab mir seine Mutter Tipps hinsichtlich der verschiedenen Stadien der Schwangerschaft. Ich kam mir schon fast so vor, als kennte ich Alis Mutter besser als meine eigene Mutter. Ich suchte so verzweifelt nach ein wenig Normalität und Glück, dass ich mir wünschte, ich könnte mich selbst vergessen und Ali lieben. Doch es gelang mir nicht. Ich konnte ihm nie vergeben, was er nicht nur mir, sondern auch anderen angetan hatte.

»Du solltest hier bei uns bleiben«, meinte Alis Mutter. »Was du jetzt brauchst, ist Ruhe und gutes Essen.«

Ich schlug ihren Vorschlag aus, doch sie blieb beharrlich. Herr Musavi mischte sich ein: »Sie bleibt, wo sie will. Sie ist mehr als willkommen bei uns. Das ist ihr Zuhause wie es Alis Zuhause ist, doch vielleicht will sie bei ihrem Ehemann sein. Schwangerschaft ist keine Krankheit. Es wird schon alles gut gehen.«

Als Akram eintraf, umarmte und küsste sie mich. Sie sollte in etwa vier Wochen entbinden, und gemessen an der Tatsache, dass sie eine kleine Frau war, wirkte ihr Bauch übermäßig groß. Wir gingen in ihr altes Schlafzimmer, damit wir uns ungestört unterhalten konnten.

»Marina, ich war noch nie so glücklich in meinem Leben! Es ist wunderbar! Unsere Kinder werden zusammen groß werden. Sie werden fast gleich alt sein.«

Ich wandte mich ab.

»Was ist los?«, fragte sie.

»Nichts. Mir ist nur die ganze Zeit ein wenig übel.«

»Freust du dich, dass du schwanger bist?«

Ich wollte die Frage nicht hören, noch weniger wollte ich sie beantworten. Es brach mir das Herz, weil ich wusste, dass ich nicht glücklich war. Ich hatte versucht, glücklich zu sein, doch es gelang mir nicht. Ich wollte das Kind nicht – und das tat weh.

»Du willst das Kind nicht, stimmt's?«

»Ja, so ist es. Aber ich will so nicht empfinden. Gott weiß, wie ich mich bemühe.«

»Es ist nicht deine Schuld. Du hast Angst. Komm, fühl mal, wie mein Baby sich bewegt.«

Sie legte meine Hand auf ihren Bauch, und ich fühlte, wie das Baby strampelte.

»Dein Baby wird wachsen und ebenso in dir strampeln. Es ist das beste Gefühl auf der Welt. Gib ihm eine Chance. Ich bin sicher, du wirst es mehr lieben, als du es dir je vorstellen kannst. Ich werde dir bei allem zur Seite stehen. Du brauchst dir keine Sorgen zu machen. Und, Marina, Ali liebt dich wirklich, du bedeutest ihm alles.«

Akram war wirklich wie eine Schwester, ob ich wollte oder nicht, ich war ein Teil von Alis Familie geworden. Bei ihnen fühlte ich mich geliebter und umsorgter als in meinem früheren Leben, und ihre Liebe weckte in mir Schuldgefühle, denn ich merkte, dass ich ihre Liebe erwiderte. Eigentlich brauchte man sich nicht dafür zu schämen, dass man liebte. Liebe war keine Sünde, und doch war sie für mich dazu geworden. Bedeutete es, dass ich eines Tages auch Ali lieben würde? Bedeutete es, dass ich meine Eltern und Andre ganz verraten hatte?

In der Dunkelheit dieser Nacht lagen Ali und ich beide wach.

»Marina, ich werde morgen meine Arbeit aufgeben«, sagte er.

Die Nachricht kam für mich unverhofft, doch sie kam nicht völlig überraschend. Obwohl mir Ali selten von seiner Arbeit erzählte, kannte ich das Evin-Gefängnis und hatte gesehen, wie frustriert er mit der Zeit geworden war. Besonders nach Minas Tod war es mir aufgefallen. Ich machte Ali für das verantwortlich, was ihr geschehen war, und ich war überzeugt, er hätte mehr tun müssen, um sie zu retten, doch ich hatte auch gespürt, wie hilflos er war. Er hatte den Kampf gegen Hamed verloren.

»Warum?«, fragte ich.

Er wollte nicht darüber sprechen, doch ich sagte, ich hätte einen Anspruch darauf, es zu erfahren. Er erzählte mir, er sei in eine große Auseinandersetzung mit Assadollah Ladjevardi, dem für das Evin-Gefängnis zuständigen Staatsanwalt von Teheran, geraten. »Assadollah und ich waren jahrelang Freunde«, sagte er. »Er war wie ich während des Schah-Regimes im Evin-Gefängnis inhaftiert. Doch er ist zu weit gegangen. Ich habe versucht, Änderungen im Evin-Gefängnis zu bewirken, aber es ist mir nicht gelungen. Er hat nicht auf mich gehört.«

Ich hatte Ladjevardi zweimal gesehen. Einmal war er zur Besichtigung in die Nähwerkstatt gekommen, in der ich arbeitete. Und ein anderes Mal stieg ich gerade aus Alis Wagen aus, als Ladjevardi, der in seinen Wagen steigen wollte, geradewegs zu uns herüberkam und uns herzlich begrüßte. Ali stellte mich ihm vor, und er sagte, er hätte von mir gehört und freute sich, mich zu sehen. Er wünschte uns Glück und erklärte, er sei stolz darauf, dass ich zum Islam konvertiert sei.

»Als wir geheiratet haben, habe ich dir ein gutes Leben versprochen«, sagte Ali, »und dass wir dies fern von diesem Ort führen können, dafür werde ich sorgen. Ich werde bei meinem Vater mitarbeiten, und unser Leben wird einen normalen Gang gehen. Du warst stark, geduldig und tapfer, wie ich es von dir nach meinem Eindruck erwartet habe.

Jetzt ist es Zeit, nach Hause zu gehen. Ich benötige noch ungefähr drei Wochen, um alles in Ordnung zu bringen.«

Plötzlich wurde die Entlassung aus dem Evin-Gefängnis Wirklichkeit, doch ich empfand es nicht als Glück. Ich wusste, dass ich als Alis Ehefrau immer eine Gefangene sein würde.

»Ich sollte meine Eltern informieren«, sagte ich. Ich konnte meine Heirat nicht ewig geheim halten, besonders nicht mit dem Baby, das unterwegs war.

In der Ferne hörten wir Gewehrschüsse. Ali sagte, er habe oft an die Nacht gedacht, in der ich fast erschossen worden wäre.

»Wäre ich ein paar Sekunden später gekommen, wärst du tot gewesen«, sagte er. »Ich habe es dir nie gesagt, aber manchmal habe ich Albträume, dann träume ich von dieser Nacht. Es ist immer dasselbe: Ich bin da, aber ich komme zu spät. Ich finde dich tot und blutüberströmt.«

»So hätte es sein sollen.«

»Nein! Gott hat mir geholfen, dich zu retten.«

»Und was ist mit den anderen? Hier draußen gibt es Menschen, die sie geliebt haben und die ebenso wenig wollten, dass sie sterben, wie du nicht wolltest, dass ich sterbe.«

»Die meisten waren selbst schuld, dass es dazu kam«, sagte er.

Ich hätte ihn am liebsten geschüttelt: »Nein, das stimmt nicht! Du bist auch nur ein Mensch. Wie kannst du behaupten, du hättest alles über sie gewusst? Wer über Leben und Tod entscheidet, muss alles wissen und verstehen auf der Welt. Wir tun das nicht. Nur Gott kann darüber entscheiden, denn Er ist der Einzige, der alles weiß.«

Die Tränen liefen mir übers Gesicht, ich musste mich aufrichten, um Luft zu bekommen.

»Tut mir leid«, sagte er. »Ich verteidige nicht die Gewalt,

doch manchmal gibt es keine andere Möglichkeit. Wenn dir jemand ein Gewehr an den Kopf hält und du die Möglichkeit hast, zu schießen und dich zu verteidigen, wirst du schießen, oder wirst du sterben, ohne dich gewehrt zu haben?«

»Ich werde keinen Menschen umbringen.«

»Dann werden die Bösen siegen, und du hast verloren.«

»Wenn man töten muss, um zu siegen, verliere ich lieber. Doch andere, die Zeuge meines Todes sind oder davon hören, werden dann wissen, dass ich gestorben bin, weil ich mich nicht dem Hass und der Gewalt gebeugt habe, und sie werden immer wieder daran denken, und vielleicht werden sie eines Tages einen friedlicheren Weg finden, das Böse zu bekämpfen.«

»Marina, du lebst in deinen idealistischen Träumen, die nichts mit der Wirklichkeit zu tun haben.«

Während Ali schlief, wachte ich in dieser Nacht. Es kam mir vor, als habe Ali angefangen zu merken, dass Gewalt nutzlos war – Jugendliche zu foltern und hinzurichten konnte niemals irgendetwas Gutes bewirken und schon gar nicht Gott gefallen. Und vielleicht hatte er mich deshalb vor dem Tod gerettet und geheiratet. Ich war sein merkwürdiges, verzweifeltes Mittel, sich gegen all das aufzulehnen, was im Evin-Gefängnis vor sich ging.

Am Montag, dem 26. September, gingen Ali und ich zu seinen Eltern zum Abendessen. Zwei Wochen waren vergangen, seitdem er seinen Dienst quittiert hatte, und im Verlauf des Essens teilte er mir mit, dass wir das Evin-Gefängnis in etwa einer Woche verlassen und in das Haus zurückkehren würden, das er für uns gekauft hatte.

Gegen elf Uhr abends verabschiedeten wir uns und verließen das Haus. Es war kalt, Alis Eltern begleiteten uns deshalb nicht. Das Gartentor quietschte, als Ali es aufstieß, und fiel laut hinter uns ins Schloss. Wir gingen zum Auto hinüber, das Ali gut zwanzig Meter entfernt geparkt hatte, wo die Straße etwas breiter war. In der Ferne bellte ein Hund. Plötzlich erfüllte das laute Knattern eines Motorrads die Nacht. Ich blickte auf und sah, wie es um die Ecke auf uns zukam. Ich sah zwei dunkle Gestalten darauf sitzen und wusste plötzlich instinktiv, was geschehen würde. Auch Ali wusste es und gab mir einen Stoß. Ich verlor das Gleichgewicht und stürzte zu Boden. Schüsse fielen. Es war ein langer Moment zwischen Leben und Tod, der mich in einer schwerelosen Dunkelheit mit seidig weichen Armen einschloss. Dann strömte ein mattes Licht in meine Augen, und ein dumpfer Schmerz zog durch meine Knochen. Ali lag schwer auf mir. Ich konnte mich kaum noch bewegen, doch es gelang mir, mich zu ihm umzudrehen.

»Ali, ist alles in Ordnung mit dir?«

Er stöhnte und schaute mich mit entsetzten, leidenden Augen an. Mein Körper und meine Beine waren seltsam warm, wie in ein Bettlaken gewickelt.

Seine Eltern rannten herbei.

»Einen Krankenwagen«, brüllte ich, »ruft einen Krankenwagen!«

Seine Mutter rannte ins Haus zurück. Ihr weißer Tschador war auf ihre Schultern gefallen, hatte das graue Haar entblößt. Neben uns kniete sein Vater.

»Ist alles in Ordnung mit dir?«, fragte Ali.

Mein Körper war verdreht, aber ich hatte keine Schmerzen. Ich war voll von seinem Blut.

»Ja, alles in Ordnung.«

Ali fasste meine Hand. »Vater, bring sie zu ihrer Familie«, konnte er noch sagen.

Ich drückte ihn an mich. Sein Kopf lag auf meiner Brust. Wenn er mich nicht umgestoßen hätte, wäre ich von den Kugeln getroffen worden. Er hatte mir ein zweites Mal das Leben gerettet.

»Gott, bitte, lass ihn nicht sterben!«, weinte ich.

Er lächelte.

Ich hatte ihn gehasst, ich war wütend auf ihn gewesen, ich hatte versucht, ihm zu vergeben, und vergeblich versucht, ihm Liebe zu geben.

Er rang nach Atem. Seine Brust hob und senkte sich, dann war es vorbei. Die Welt um uns drehte sich, doch wir waren zurückgeblieben, standen auf verschiedenen Seiten eines unversöhnlichen Ufers. Ich wollte in die dunklen Tiefen des Todes hinab und ihn zurückholen.

Das blinkende Licht eines Krankenwagens … Ein ziehender Schmerz in meinem Bauch … Die Welt um mich versank in Dunkelheit.

Ich stand in einem grünen Wald mit meinem Baby im Arm. Es war ein wunderschöner Junge mit großen dunklen Augen und rosigen Wangen. Er streckte seine kleine Hand aus, griff nach meinem Haar und girrte. Ich lachte, und als ich aufblickte, sah ich den Todesengel. Ich rannte zu ihm. Er begrüßte mich mit seinem warmen und vertrauten Lächeln, und sein süßer Duft schwebte um mich. Es kam mir vor, als hätte ich ihn erst einen Tag zuvor gesehen, als wäre er immer bei mir gewesen.

»Lass uns ein wenig zusammen gehen«, sagte er und schlug einen Fußweg ein, der im Wald verschwand. Ich folgte ihm. Es war ein schöner Tag, und es war, als ob es gerade zu regnen aufgehört hätte; die Blätter der Bäume schimmerten unter dicken Wassertropfen. Überall blühten rosarote Rosensträucher, und die Luft war süß und warm.

Ich war hinter dem Engel zurückgeblieben. Er verschwand hinter einem Baum, und ich ging schneller, um ihn einzuholen. Ich fand ihn auf meinem Gebetsfelsen sitzen. Ich setzte mich zu ihm.

»Du hast einen wunderschönen Sohn«, sagte er.

Das Baby fing an zu weinen. Ich wusste nicht, was ich tun sollte.

»Vielleicht hat er Hunger. Du solltest ihn stillen«, sagte der Engel.

Und als hätte ich schon tausendmal mein Kind gestillt, legte ich ihn an meine Brust, und er trank mit seinem winzigen, warmen Mund.

Ich schlug die Augen auf. Einer nach dem anderen fielen runde Tropfen einer klaren Flüssigkeit aus einem Plastikbeutel in einen Schlauch. Tropf. Tropf. Tropf. Ich folgte dem Schlauch mit den Augen, er führte zu meiner rechten Hand. Das Zimmer war dunkel, nur ein schwaches Nachtlicht glimmte. Ich lag auf einem sauberen weißen Bett. Ein Telefon stand auf einem kleinen Tisch neben mir. Ich streckte den linken Arm danach aus, und ein ziehender Schmerz erhob sich in meinem Bauch. Ich fiel zurück und holte tief Luft. Der Schmerz ließ nach. Ich hielt den Telefonhörer an mein Ohr. Die Leitung war tot. Tränen rannen aus meinen Augen.

Die Tür ging auf, ein blendendes Licht strömte herein und ergoss sich über mich. Eine Frau mittleren Alters mit einem weißen Kopftuch und einer weißen Abaya kam herein.

»Wo bin ich?«, fragte ich.

»Es ist alles gut, meine Liebe. Du bist in einem Krankenhaus. Woran erinnerst du dich?«

»Mein Mann ist tot.«

Mein Mann ist tot. O Gott, warum schmerzt das so sehr?

Die Frau ging hinaus, ich schloss die Augen. *Er ist tot, er lebt nicht mehr, und ich bin einsam. Schrecklich einsam. Es fühlt sich fast so an wie damals, als ich sah, wie die Soldaten Arashs Leiche auf den Lastwagen warfen. Ich habe Arash geliebt, doch Ali habe ich nie geliebt. Was ist los mit mir?*

Es war Trauer, uneingestandene Trauer, aber sie war da und stark.

Jemand rief mich beim Namen. Ich öffnete die Augen und sah einen Mann im besten Alter mit einem grauen Bart und einer Glatze. Er stellte sich als der Arzt vor, und er fragte mich, ob ich Schmerzen hätte. Ich hatte keine Schmerzen. Dann sagte er mir, dass ich mein Kind verloren hätte. Alles, was noch von mir da war, stürzte ein.

Zwei Tage lang schwankte ich zwischen Albträumen, Träumen und Wirklichkeit, ohne zu wissen, wo ich war. Irgendwo zwischen verschwommenen Bildern und undeutlichen Stimmen sah ich Herrn Musavi an meinem Bett sitzen. Ich berührte seine Schulter, und er sah mich an. Im Zimmer waren überall Lichtflecken.

»Das ist für uns alle zu viel«, sagte er weinend. »Aber wir müssen uns in Gottes Willen fügen.«

Ich wünschte, ich könnte Gottes Willen verstehen, doch ich verstand es nicht.

Herr Musavi sprach noch immer, doch seine Stimme wurde immer undeutlicher und verschwand schließlich ganz. Ich träumte, ich würde mit Andre Hand in Hand am Strand spazieren gehen. Taraneh war da, auch Sarah, Gita und Arash. Gleich darauf stand ich vor der Tür zum Ferienhaus meiner Eltern und schaute zur Auffahrt hinauf. Ali ging sie hinunter, entfernte sich von mir und winkte zum Abschied. Ich rannte wie wild hinter ihm her, rief seinen Namen, versuchte ihn einzuholen, doch er war verschwunden.

Als ich erwachte, hatte ich etwas Kaltes auf der Stirn. Akram stand neben meinem Bett, ich hatte ihre kalte Hand gespürt. Sie hatte dunkle Ringe um die Augen und weinte leise. Ich wusste nicht mehr, wo ich war. Sie erinnerte mich daran, dass ich in einem Krankenhaus lag. Ich fragte sie, ob Ali wirklich tot sei. Er war es. Schluchzend kroch sie neben mich unter die Bettdecke und legte den Arm um meine Schulter.

Als ich schließlich wieder einigermaßen bei Bewusstsein war, sagte mir Herr Musavi, er wäre mit den Maßnahmen zu meiner Entlassung beschäftigt, doch man habe ihm gesagt, er müsse mich für die restliche Haftzeit ins Evin-Gefängnis zurückbringen. Er erzählte mir, dass Ali einige Tage vor seinem Tod ein Testament gemacht hatte, in dem er mir alles vermachte, was er besaß. Ich sagte Herrn Musavi, dass ich es nicht für richtig hielte, wenn ich etwas nähme, das Ali gehört hatte.

»Du willst deiner Familie nichts von deiner Heirat sagen, nicht wahr?«, fragte er.

Ich antwortete nicht.

»Du hast meinen Sohn sehr glücklich gemacht«, sagte er. »Du verdienst es, ein neues Leben zu beginnen.«

Er saß auf einem Stuhl an meinem Bett und hielt eine Kette bernsteinfarbener Gebetsperlen in der Hand. Ich erkannte sie wieder, sie hatten Ali gehört. Ich fragte ihn, wie Fatemeh Khanum es verkraftet habe. Sie sei sehr stark gewesen, sagte er.

»Und wie geht es Akram?«

»Sie hat dich vor ein paar Tagen hier besucht und versucht, mit dir zu sprechen. Doch es ging dir nicht gut.«

»Ja, stimmt, sie war da …«

»Sie hat ihr Baby bekommen, einen Jungen.« Ein schwaches stolzes Lächeln erschien auf Herrn Musavis Gesicht.

»Wann?«

»Nachdem wir ihr das mit Ali erzählt hatten, bekam sie Wehen.«

Akram lag im gleichen Krankenhaus wie ich. Sie hatte extreme Blutungen gehabt, die inzwischen unter Kontrolle waren, und das Baby war ein wenig gelbsüchtig gewesen, doch nun auf dem Weg der Besserung.

Bevor mich Herr Musavi ins Evin-Gefängnis zurückbrachte, besuchte er mit mir zusammen Akram und ihren kleinen Jungen, den sie Ali genannt hatte. Auf unserem Weg zu Akrams Zimmer kamen wir an einem großen Fenster vorbei, hinter dem etwa dreißig Babys in kleinen Bettchen schliefen oder schrien. Herr Musavi deutete auf ein winziges Baby mit einem roten, zerknitterten Gesicht, das wütend brüllte. Es war der kleine Ali. Ich bat, ihn auf den Arm nehmen zu dürfen, und die Krankenschwester brachte ihn mir. Sobald ich ihn in meinen Armen wiegte, hörte er zu schreien auf und begann an meiner Abaya zu nuckeln. Er war hungrig. Unfähig, meine Tränen zurückzuhalten, brachte ich ihn zu Akram, und sie legte ihn an die Brust.

Mein Baby war tot. Ich hätte es geliebt, wenn es gelebt hätte. Doch es war mir für immer versagt, es zu stillen, seine Windeln zu wechseln, mit ihm zu spielen, es aufwachsen zu sehen.

Als ich das Büro der Abteilung 246 betrat und meine Augenbinde abnahm, starrte mich eine Wächterin an, die ich nie zuvor gesehen hatte. Sie war Mitte vierzig und hatte ein spöttisches Lächeln aufgesetzt.

»Ah, die berühmte Marina, oder soll ich sagen: Fatemeh

Moradi-Bakht? Jetzt lernen wir uns also endlich kennen. Merke dir eines: Ich bin jetzt hier der Boss, und von jetzt an bekommst du keine Sonderbehandlung mehr. Du unterscheidest dich nicht von den anderen. Haben wir uns verstanden?«

Ich nickte. »Wo ist Schwester Maryam?«

»Die Schwestern der Revolutionswächter im Evin-Gefängnis wurden neu zugeteilt. Mein Name ist Schwester Zeinab. Ich bin Mitglied des Islamischen Komitees, und dies hier ist unser Einsatzort. Sonst noch Fragen?«

»Nein.«

»Dann geh in deine Zelle.«

Die Welt zeigte mir auf ihre Art, dass ich mich geirrt hatte. Es konnte noch schlechter werden. Doch ich war zu müde, um noch eine Träne zu vergießen. In Zelle sechs umringten sie mich. Bahars Stimme übertönte alle:

»Mädchen, macht ihr Platz. Marina, wie geht es dir?«

Ich sah ihr in die Augen, dann schwanden mir die Sinne.

Als ich wieder zu mir kam, lag ich auf dem Boden in einer Ecke mit einer Decke über mir, Bahar saß an meiner Seite und las im Koran.

»Bahar.«

Sie lächelte. »Ich dachte schon, du wärst ins Koma gefallen oder so. Wo warst du?«

Ich erzählte ihr von Alis Ermordung. Sie war schockiert.

»Er hat bekommen, was er verdiente«, sagte sie.

»Nein, Bahar. Das hat er nicht verdient.«

»Hast du ihn nicht gehasst für das, was er dir angetan hat?«

Warum fragte mich jeder danach?

»Er war nicht nur schlecht. Er war auch gütig. Er war traurig und einsam, und er wollte sich ändern, den Menschen helfen, doch er wusste nicht, wie er es anstellen sollte, oder vielleicht konnte er einfach nicht, weil Leute wie Hamed ihn nicht ließen.«

»Was redest du? Er hat dich immer wieder vergewaltigt.«

»Ich habe ihn geheiratet.«

»Wolltest du ihn heiraten?«

»Nein.«

»Er hat dich dazu gezwungen.«

»Ja.«

»Vergewaltigung in der Ehe ist und bleibt Vergewaltigung.«

»Bahar, ich kann keinen Gedanken fassen. Ich habe das Gefühl, ich bin an allem schuld.«

»Du bist an nichts schuld.«

Ich erkundigte mich nach ihrem Sohn Ehsan. Sie sagte, er mache gerade ein Nickerchen. Sie hatte noch keine Nachricht von ihrem Mann.

Etwa zwei Wochen später wurde ich über Lautsprecher gerufen. Herr Musavi erwartete mich im Büro. Schwester Zeinab bat ihn, ein Papier zu unterschreiben. Um zehn Uhr abends müsse ich wieder zurück sein.

»Ich hole dich zum Abendessen zu uns«, sagte er, als wir aus dem Büro traten. »Diese neuen Schwestern sind nicht besonders nett.«

»Nein, das sind sie nicht.«

Auf unserem Weg zum Wagen wirkte Herr Musavi sehr angespannt.

Als wir das Gefängnistor erreichten, fragte er mich, ob es mir besser gehe.

Ich bejahte. Auch ihm und seiner Familie ging es wieder besser; Gott hatte ihnen die Kraft gegeben, und Akrams Baby hatte sie auf Trab gehalten. Dann holte er tief Luft und sagte, nach seinen Informationen sei Alis Ermordung eine interne Abrechnung gewesen. Ich konnte es nicht glauben.

»Hamed?«, fragte ich.

»Ja. Er gehört dazu, doch man kann es nicht beweisen.«

Ich erzählte ihm, was Ali mir über die Schwierigkeiten mit Assadollah Ladjevardi erzählt hatte, und Herr Musavi äußerte den Verdacht, Ladjevardi habe seine Ermordung angeordnet.

»Können Sie irgendetwas tun, um die Verantwortlichen vor Gericht zu bringen?«, fragte ich.

»Nein. Wie gesagt, man kann nichts beweisen. Es werden sich keine Zeugen finden.«

Herr Musavi hatte seinen einzigen Sohn verloren, und die Mörder, die unter den Kollegen seines Sohnes zu finden waren, kamen ungestraft davon. Das war ein entsetzlicher Schmerz für ihn. Für mich lag eine traurige Ironie darin, dass Ali auf nahezu dieselbe Weise gestorben war wie die jungen Männer und Frauen, die im Evin-Gefängnis hingerichtet wurden: Es waren Männer desselben Hinrichtungskommandos, das Gita, Taraneh und Sirus umgebracht hatte, die den Finger am Abzug hielten, als er erschossen wurde.

»Es gibt noch etwas, Marina, das du wissen musst«, sagte Herr Musavi. »Ich habe die ganze Zeit versucht, Haftverschonung für dich zu erwirken, doch es ist mir nicht gelungen.«

»Warum?«

»Weil die Verfechter eines harten Kurses wie Ladjevardi viel Einfluss im Evin-Gefängnis haben, und sie sind der Meinung, man solle es dir nicht erlauben, zu deinem alten Leben zurückzukehren. Sie fürchten, eine solche Rückkehr könne deinen Glauben an den Islam gefährden. Sie sagen, du seiest die Frau eines Märtyrers, da dein Mann von den Mudschahedin ermordet worden sei, deshalb müsse man dich vor den Ungläubigen schützen und dich möglichst rasch mit einem guten Muslim verheiraten.«

Ich traute meinen Ohren nicht. »Lieber sterbe ich«, sagte ich.

Er schüttelte den Kopf. »So weit muss es nicht kommen, Marina. Ich habe meinem Sohn versprochen, dass ich dich nach Hause bringen werde, und das tue ich auch. Ich muss den Imam besuchen. Sicher gelingt es mir, ihn zu überzeugen, deine Freilassung anzuordnen. Es wird einige ärgern, und sie werden sich ins Zeug legen und uns allerhand Knüppel zwischen die Beine werfen, es könnte daher länger dauern, als ich gedacht habe, aber wir bekommen das hin. Du musst stark sein. Ich bin zwar nicht imstande, Alis Mörder vor Gericht zu bringen, doch ich werde dich beschützen, denn das hat er mir aufgetragen.«

»Bringen Sie mich einmal zu Alis Grab?«, fragte ich.

Er versprach es.

»Marina, hast du ihn eigentlich geliebt?«, fragte er plötzlich.

Die Frage überraschte mich. Ich hatte nie gedacht, dass er so offen mit mir reden würde.

»Kurze Zeit vor seinem Tod hat Ali mich einmal gefragt, ob ich ihn hassen würde. Ich hasste ihn nicht, habe ich ihm gesagt. Ich kann nicht sagen, dass ich ihn liebte, nein, aber ich sorgte für ihn«, sagte ich.

Ich war nie ohne Ali zu Gast bei Alis Eltern gewesen. Ich hatte ständig das überwältigende Gefühl, er müsse jeden Augenblick ins Zimmer kommen.

Nach dem Essen sagte mir Alis Mutter, sie wolle ungestört mit mir sprechen. Wir gingen in Akrams Schlafzimmer. Sie schloss die Tür hinter uns, setzte sich aufs Bett und bedeutete mir, mich neben sie zu setzen. Sie erzählte, dass

Herr Musavi alles in seiner Macht Stehende tun würde, damit ich zurück nach Hause gehen konnte. Ich weiß, sagte ich ihr.

Dann erzählte sie mir, dass sie nicht damit gerechnet hatte, Ali lebend wiederzusehen, als er vor der Revolution von der SAVAK verhaftet und ins Evin-Gefängnis gebracht worden war. Und obwohl es als Ehre angesehen wurde, Mutter eines Märtyrers zu sein, hatte sie entsetzliche Angst ausgestanden. Sie wollte ihren einzigen Sohn nicht verlieren. Als er in den Krieg ging, hatte sie wieder um ihn gefürchtet und war erleichtert gewesen, als er zurückkehrte, denn sie hatte geglaubt, in Teheran wäre er sicher.

»Aber sieh nur, was geschehen ist«, schluchzte sie. »Die Leute, mit denen er zusammenarbeitete, haben ihm den Dolch in den Rücken gestoßen. Leute, von denen wir glaubten, sie beschützten ihn. Er hat ihnen vertraut. Und man kann nichts tun. Er hat den Schah und den Krieg überlebt, um hinterrücks ermordet zu werden. Wir können nichts anderes tun, als seinen letzten Willen zu ehren. Und das werden wir, ich gebe dir mein Wort. Und wir wissen auch, dass Akram ihr Baby dir verdankt. Der kleine Ali ist unser Wunder. Er ist unsere Hoffnung.«

Es klopfte an der Tür, und Akram kam herein mit dem kleinen Ali auf dem Arm. Er war gewachsen, seit ich ihn das letzte Mal im Krankenhaus gesehen hatte. Er hatte dicke, rosige Backen und große dunkle Augen. Ein schöner Junge. Ich hielt ihn auf dem Arm und dachte an mein Baby. Ich war dankbar, dass ich das Glück hatte, meinen Sohn auf dem Arm zu tragen, selbst wenn es nur ein Traum war.

Einige Tage darauf fuhr mich Herr Musavi zum Friedhof Behesht-e Zahra, auf dem Ali beerdigt war. Der Friedhof liegt im Süden Teherans an der Straße nach Gom, der für ihre islamischen Schulen berühmten Stadt. Akram begleitete uns. Sie saß mit mir auf der Rückbank, und während der ganzen zweistündigen Fahrt hielten wir einander schweigend die Hand. Die Straße war eine dunkle, klare Linie, die die Wüste in zwei Hälften teilte. In der Nacht zuvor hatte es geregnet, doch jetzt klarte der Himmel auf. Ich lehnte meinen Kopf an das Rückenpolster und überließ mich den Schatten und dem Licht, die abwechselnd über mich fluteten. Ich hatte bereits Freunde und Angehörige verloren, doch Ali passte nicht in die Reihe. Niemals hatte ich jemanden gekannt, der mit ihm vergleichbar war. Ich konnte nichts daran ändern, was er mir angetan hatte und was zwischen uns geschehen war. Er starb, als er gerade begann, sich von der Person zu lösen, die er gewesen war. So viele Unschuldige hatten ihr Leben hinter den Mauern des Evin-Gefängnisses gelassen und waren in namenlosen Gräbern verscharrt worden. Ali war mitverantwortlich für die schrecklichen Dinge, die dort geschehen waren. Doch in Wahrheit war sein Tod ungerecht. Die Verfechter der harten Linie, die für seinen Tod verantwortlich waren, hatten ihn ermordet, weil er für sie zur Bedrohung geworden war, weil er versucht hatte, die Dinge zu verbessern, weil er versucht hatte, sich zu befreien.

Auf dem Friedhof gelang es mir nicht, einen klaren Gedanken zu fassen. Die Welt hatte sich in ein Chaos unzusammenhängender Bilder aufgelöst. Ich fasste mich erst wieder, als Akram mir sagte, dass wir den Golzar-e Shohadah betreten hatten, den für die Märtyrer reservierten Teil des Friedhofs. Es war fast Mittag, und obwohl eine leichte, kalte Brise wehte, brannte die Sonne, und ich schwitzte. Hier und da standen kleine Bäume, doch so weit das Auge reichte, bedeckten Marmor- und Zementplatten den Boden, Grabplatten, die wie Teppiche auf den Gräbern lagen.

Es gab viele Aluminiumgestelle, die kleine Glasvitrinen trugen, in denen der Toten gedacht wurde. Die meisten Toten, die hier begraben lagen, waren im Krieg gefallen, und fast alle waren sie sehr jung gestorben.

Endlich blieben Herr Musavi und Akram stehen. Wir standen vor Alis Grab. Sein Vater fiel auf die Knie und legte seine Hände auf den weißen marmornen Grabstein. Seine Schultern begannen zu wanken, und seine Tränen fielen auf den glänzenden Stein und rannen in die eingravierte Inschrift:

Seyed Ali-e Musavi
Ein tapferer Soldat des Islam
21. April 1954 – 26. September 1983

Akram legte ihre Hand auf die Schultern ihres Vaters und zog ihren Schleier vors Gesicht.

In der Vitrine über dem Grab standen drei Fotos von Ali. Das erste zeigte ihn mit acht oder neun Jahren: Den rechten Fuß auf einem Fußball, die Hände in die Hüften gestemmt, lächelte er in die Kamera. Auf dem zweiten Foto war er etwa sechzehn Jahre alt, hatte einen schütteren Bart und blickte sehr ernst. Das dritte zeigte ihn, wie ich ihn gekannt hatte: einen dunkelhaarigen Mann mit einem dichten, gestutzten Bart, einer ziemlich langen Nase und eindringlichen, traurigen dunklen Augen. Um die Fotos waren ein paar künstliche rote Rosen geklebt, rechts und links stand je ein Topf roter Geranien auf dem Boden neben der Vitrine. Ich war blind vor Tränen. Ich setzte mich auf den mit Kieseln bedeckten Weg neben das Grab und sprach zehn »Gegrüßet seist du, Maria« für Ali, meinen Mann, den Muslim, der im Golzar-e Shohadah, dem »Blumengarten der Märtyrer«, begraben war. Ich wollte ihm verzeihen, und ich wusste, dass Verzeihung nicht auf einmal und vollständig erlangt werden konnte, schön verpackt mit einer roten Schleife, sondern nach und nach. Und dass ich ihm verzieh, tilgte nicht den Schmerz, den er mir bereitet hatte.

Dieser Schmerz würde mich mein Leben lang begleiten, doch dass ich ihm verziehen hatte, sollte mir helfen, über die Vergangenheit hinwegzukommen und allem, was geschehen war, ins Auge sehen zu können. Ich musste ihn gehen lassen, damit ich selbst frei war.

Ein paar Gräber weiter zu unserer Rechten schrubbte eine kleine alte Frau einen marmornen Grabstein mit einem gelben, von Seifenwasser triefenden Schwamm. Dann besprengte sie den Grabstein mit sauberem Wasser aus einer Flasche und trocknete ihn mit einem weißen Tuch ab. Als der Stein keinen Flecken mehr aufwies, ging sie weiter zum nächsten Grab und vollzog dasselbe Ritual. Ein alter Mann in weißem T-Shirt und einer schwarzen Anzughose saß im Staub zwischen zwei Gräbern und sang etwas, während er seine Gebetsperlen durch die Finger gleiten ließ und die Frau beobachtete.

Niemand würde je Taranehs, Sirus' oder Gitas Grabsteine waschen oder zu ihrem Gedenken auf einem Friedhof Glasvitrinen aufstellen, an denen Freunde, Angehörige und Fremde innehalten, sich ihrer erinnern und für sie beten konnten. Aber ich erinnerte mich an sie, und da ich überlebt hatte, war es nun meine Pflicht, einen Weg zu finden, ihr Andenken lebendig zu halten. Mein Leben gehörte mehr ihnen als mir.

Ich stand auf, öffnete das Glasfenster von Alis Vitrine, nahm meinen Rosenkranz aus meiner Tasche und legte ihn dort für ihn hinein.

Akram betrachtete den Rosenkranz.

»Was ist das?«, fragte sie.

»Meine Gebetsperlen.«

»Sie sind schön. Ich habe noch nie solche Gebetsperlen gesehen.«

»Man betet mit ihnen zu Maria.«

Als wir zum Wagen zurückkehrten, sah ich auf die Grabsteine, die die alte Frau so sorgfältig geputzt hatte. Sie und der alte Mann waren gegangen. Einer der Grabsteine war der von Reza Ahmadi, der andere lag auf dem Grab von Hassan-e Ahmadi. Sie waren Zwillinge, die am selben Tag geboren und am selben Tag im Krieg gestorben waren.

Ich merkte, wie sehr ich mich an den Tod gewöhnt hatte. In meiner Welt starben mehr junge Menschen als alte.

Nachdem wir Akram bei sich zu Hause abgesetzt hatten, fuhr Herr Musavi mich zum Evin-Gefängnis zurück. Er wolle alles tun, damit ich so schnell wie möglich nach Hause zurückkehren konnte, sagte er.

Bei einem Besuchstag Ende Oktober übergab Sheida ihren Sohn Kaveh ihren Eltern. Er war etwa neunzehn Monate alt, ein quicklebendiger süßer Knirps, der uns allen viel Freude bereitet hatte. Er konnte meinen Namen nicht aussprechen und nannte mich immer Tante Manah. Als Sheida ohne ihn aus dem Besucherraum zurückkam, sah sie aus, als habe sie ihre Seele verloren. Sie saß in einer Ecke und wiegte stundenlang den Oberkörper vor und zurück, bis sie schließlich einschlief.

Einige Tage später gab ich Taranehs ganzen Besitz, den ich nach ihrem Wunsch ihren Eltern zukommen lassen sollte, einer engen Freundin, deren achtzehnmonatige Strafe beinahe abgelaufen war. Ich verlor die Hoffnung, jemals entlassen zu werden.

Am Weihnachtstag 1983 schneite es. Am frühen Morgen beobachtete ich durch das vergitterte Fenster die federleichten Flocken, die vom Wind verwirbelt zur Erde segelten. Bald waren die Wäscheleinen und alle Kleider, die daran hingen, mit einer weißen Schneedecke überzogen. Als wir Hofzeit hatten, kamen die meisten Mädchen, nachdem sie ihre Wäsche abgehängt hatten, unverzüglich in die Zelle zurück. Unsere Gummischuhe boten nicht viel Schutz vor der Witterung. Ich holte freiwillig Bahars und Sarahs Kleider. Es war kälter, als ich gedacht hatte, doch ich mochte es, wenn Schneeflocken auf meinem Gesicht landeten. Niemand außer mir war im Hof. Ich hängte meine Socken und meine Schlüpfer ab und stand so still wie möglich. Die weißen Formen des Winters begannen mich einzuschließen, Schnee bedeckte mich und füllte die kleinen Ritzen zwischen meinen Zehen. Weihnachten. Der Tag von Christi Geburt. Ein Freuden- und Feiertag, an dem Weihnachtslieder gesungen, große Festmahle abgehalten und Geschenke ausgepackt wurden. Wie konnte die Welt sich weiterdrehen, als ob nichts geschehen wäre, als ob die vielen, die umgekommen waren, niemals existiert hätten?

Nach einer Weile begannen meine Füße zu schmerzen, dann wurden sie taub. Ich hatte die Nacht der Hinrichtungen vor Augen, als ich sterben sollte: Ich stand in der Mitte der Finsternis und wartete auf den Tod. Das Evin-Gefängnis hatte mich von zu Hause entfernt, von dem, was ich einmal war; hier war ich in ein Königreich jenseits der Angst gekommen, hier hatte ich mehr Leid gesehen, als ein Mensch je tragen kann. Ich hatte schon zuvor Verluste erlitten und getrauert. Doch hier wurde die Trauer zu einer nie endenden, wütenden Gestalt der Finsternis, die ihren Opfern ständig die Kehle zuschnürte.

Wie sollte man nach dieser Erfahrung noch leben können?

Ich durfte nicht mehr weiterdenken. Solche Gedanken stürzten mich nur in Verzweiflung. Ich musste daran glauben, dass ich eines Tages nach Hause zurückkehren würde.

Etwa drei Monate später, am Morgen des 26. März 1984, knarrte der Lautsprecher, und ich hörte, wie mein Name aufgerufen wurde.

»Marina Moradi-Bakht, melde dich im Büro.«

Das konnte alles bedeuten: Dass ich entlassen wurde, dass ich einem Hinrichtungskommando übergeben wurde oder dass Herr Musavi mich besuchen kam.

»Du wirst entlassen, Marina, ich weiß es«, sagte Bahar.

»Hier kann doch keiner etwas voraussagen.«

»Ich denke auch, Bahar hat recht, Marina. Das ist es«, sagte Sheida.

Sarah umarmte mich mit Lachen. Tränen liefen über ihr Gesicht. »Besuche meine Mutter, Marina. Sag ihr, dass es mir gut geht. Sag ihr, dass ich einmal wieder nach Hause komme«, sagte sie.

»Lauf, Marina! Schnell!«, riefen die Mädchen und stießen mich in den Flur.

Ich durchquerte die Absperrungen und drehte mich noch einmal um, bevor ich die Treppen zum Büro hinaufstieg. Ich sah die Hände meiner Freundinnen, die mir durch die Gitterstäbe zuwinkten. Ich winkte zurück. Kaum im Büro, rief Schwester Zeinab die Sprecherin von Zelle sechs über Lautsprecher herbei und forderte sie auf, meine Habseligkeiten ins Büro zu bringen.

»Du hast gewonnen«, sagte Schwester Zeinab. »Ich hätte nie gedacht, dass sie dich so schnell gehen lassen.«

»Ich habe viele Freunde verloren, ich habe meinen Mann und mein Baby verloren, wie können Sie da sagen, ich hätte gewonnen?«

Sie sah zu Boden.

Ich ging nach Hause. Endlich ging ich nach Hause.

Alis Vater, Alis Mutter, Akram und das Baby warteten auf mich in einem kleinen Zimmer beim Gefängnistor. Herr Musavi lächelte mir zu.

»Na, habe ich mein Versprechen gehalten?«, fragte er.

»O ja! Wie ist Ihnen das nur gelungen?«

»Ich hatte eine Unterredung mit dem Imam. Ladjevardi hat zwar Einwände erhoben, doch zuletzt konnte ich den Imam überzeugen, dass es das Beste sei, dich freizulassen.« Er holte Luft. »Wirst du mich in guter Erinnerung behalten?«

»Auf jeden Fall! Und Sie? Werden Sie mich in Erinnerung behalten?«

»Als eine starke und tapfere Tochter«, sagte er und wischte sich die Tränen aus den Augen. Er bat mich, ihn anzurufen, wenn es mir schlecht ginge. Außerdem wollte er das Geld, das Ali für mich hinterlassen hatte, ein Jahr auf dem Bankkonto belassen für den Fall, dass ich mich anders entscheiden würde und es doch noch annehmen wollte. Er hatte versucht, mir Erleichterungen zu verschaffen, doch wie es bei Entlassenen aus dem Evin-Gefängnis üblich war, würde ich erst in einigen Jahren die Erlaubnis erhalten, das Land zu verlassen.

Ich sagte Herrn Musavi, dass Ali versprochen hatte, Sarah zu helfen, und bat ihn, Mohammad zu bitten, auf sie achtzugeben. Er gab mir sein Versprechen.

»Ich möchte dir noch einen Rat geben«, fügte Herr Musavi hinzu: »Besuche nicht alle Familien deiner Haftkameradinnen. Ein oder zwei Familien, das ist in Ordnung, aber nicht mehr. Hamed wird dich beobachten, und wenn du ihm den geringsten Anlass gibst, wird er dich auf der Stelle verhaften. Wenn das geschieht, werde ich dir möglicherweise nicht mehr helfen können. Bleib zu Hause. Zieh keine Aufmerksamkeit auf dich.«

»Ich werde zu Hause bleiben.«

Herr Musavi bot mir an, mich zum Luna-Park zu fahren, wo meine Familie auf mich wartete. Ich dankte ihm für seine Freundlichkeit und lehnte ab, denn ich wollte lieber zu Fuß gehen. Ich brauchte etwas frische Luft und ein wenig Zeit, um mich auf die Begegnung mit meinen Eltern vorzubereiten.

Der Luna-Park ist ein Vergnügungspark, der ungefähr zweieinhalb Kilometer südlich des Evin-Gefängnisses liegt. Die Regierung hatte einen Teil davon übernommen und dort einen Pendelverkehr für die Besucher des Gefängnisses eingerichtet. Wenn eine Gefangene oder ein Gefangener entlassen wurde, mussten ihre oder seine Familie im Park auf ihre Angehörigen warten.

Ich trat durch das Gefängnistor. Am seltsamsten war das Gefühl zu wissen, dass ich einfach nach Hause gehen konnte. Ich wagte noch immer nicht, glücklich zu sein. Ein Windstoß voll von schweren, kalten Regentropfen wehte mir ins Gesicht. Nachdem ich meinen Tschador zurechtgezogen hatte, stieg ich vorsichtig die Treppenstufen zu der stillen, engen Straße hinunter. Dann blieb ich stehen, sah zum Himmel und betrachtete die fliehenden Wolken im Sturmwind. Einen Augenblick lang war ein kleiner Fleck dort oben leer gefegt, und ein atemberaubender blassblauer Himmel kam darunter zum Vorschein. Wenn auch blass, so stach er doch noch immer lebendig und schön von den unterschiedlichen Grautönen der Wolken ab. Ich sah die Straße hinunter. Ein weißes Auto bog um die Ecke. Der Fahrer, ein Mann mittleren Alters, drosselte die Geschwindigkeit, starrte mich an, fuhr aber weiter. Die Socken in meinen Gummislippern waren nass, meine Füße eiskalt.

Auf einem Wachturm stand ein bewaffneter Wächter und beobachtete die Straße.

»Bruder, wo geht es zum Luna-Park?«, rief ich zu ihm hoch, und er zeigte die Straße hinunter.

Überall waren Pfützen. Winzige Wellen eilten über sie hinweg, kräuselten die Oberfläche, auf der die Spiegelungen bebten, ineinanderliefen, verflossen. Es waren nicht viele Fußgänger unterwegs, doch hin und wieder kam jemand mit schnellem, festem Schritt vorbei. Ein schwarzer Schirm tanzte in der Luft, entfernte sich wie absichtlich von mir. In einer Ecke stand ein magerer alter Mann in einem zerlumpten Anzug vor einer zerfallenen Ziegelmauer. Seine knochigen Hände waren vor seinem Gesicht zum Gebet geöffnet.

Was sollte ich meinen Eltern sagen? Dass ich in den vergangen zwei Jahren gefoltert wurde, fast zu Tode gekommen wäre, verheiratet und verwitwet war, ein Kind verloren hatte? Wie konnte ich das bloß in Worte fassen? Und Andre... Ob er mich noch immer liebte, trotz der Zeitspanne, die sich zwischen uns auftat und uns trennte?

Ich bemerkte ein Mädchen, das nicht allzu weit vor mir ging. Sie trug eine große Plastiktasche wie ich, und ihre Gummislipper waren mindestens drei Nummern zu groß für sie. Alle paar Schritte blieb sie stehen und sah sich nach den Bergen um. Sie schien mich nicht zu bemerken. Als sie die Schnellstraße erreicht hatte und der Luna-Park in Sicht kam, blieb sie stehen und ging nicht über die Straße, obwohl die Ampel Grün zeigte. Ich blieb einige Schritte hinter ihr. Sie stand am Fußgängerüberweg und sah zu, wie die Ampel von Grün auf Rot und wieder zurück schaltete. Autos fuhren vorbei, hielten an und fuhren weiter.

»Warum überquerst du die Straße nicht?«, fragte ich. Bestürzt drehte sie sich um und starrte mich durch den Regen an. Ich lächelte sie an. »Ich komme auch aus dem Evin-Gefängnis. Wir können zusammen über die Straße gehen«, bot ich ihr an.

Unsicher lächelte sie zurück. Uns an den Händen haltend, überquerten wir die Straße. Ihre Hand war sogar noch kälter als meine.

Kaum hatten wir das Eingangstor des Luna Parks erreicht, wurden wir von einem Revolutionswächter angehalten. Er fluchte über den kalten Regen. Er fragte nach unseren Namen, zog einen nassen Zettel aus seiner Tasche, prüfte die Liste und ließ uns durch. Wir sahen uns um. Außer einigen großen Buden im Hintergrund sah der Platz aus wie ein leerer Parkplatz, den einige Revolutionswächter bewachten.

Ich entdeckte keine vertrauten Gesichter, doch meine neue Freundin rannte einem Mann und einer Frau entgegen, die gerade hereingekommen waren und beide weinten. Ein paar Minuten später sah ich meine Eltern. Ich flog ihnen entgegen, umarmte sie und wollte sie nicht mehr loslassen. Als wir zum Auto gingen, begann meine Mutter mit ihrem Regenschirm zu kämpfen, der sich nicht öffnen wollte. – »Mama, was tust du denn da?«

»Der dumme Schirm klemmt.«

»Wir sind beinahe beim Wagen.«

»Du bist ganz durchweicht. Du sollst dich nicht erkälten.«

Sie wollte mich vor dem Regen schützen. Zwei Jahre lang hatte es nichts gegeben, was sie für mich hätte tun können. Sie war hilflos gewesen, wahrscheinlich sogar hilfloser, als ich es war. Endlich öffnete sich der Schirm, und obwohl wir fast beim Auto waren, nahm ich ihn.

Tropfnass setzte ich mich in den Wagen meines Vaters und sah zu meiner Überraschung, dass Andre am Steuer saß. Er drehte sich um und lächelte. Er hatte also sein Versprechen gehalten und auf mich gewartet; das hieß, er liebte mich noch immer. Und endlich war ich glücklich. Es war merkwürdig, dass uns vor meiner Verhaftung nicht wirklich klar war, dass wir einander liebten; wir hatten es erst gemerkt, als wir einander verloren hatten.

Die Stimme meiner Mutter tönte durch den Wagen: »Dass wir dich bei diesem Wetter nicht vor dem Gefängnistor abholen durften! Sieh dich nur an! Du wirst bestimmt krank werden. Zieh deine Socken aus.«

»Keine Sorge, Mama. Mir ist nicht kalt. Wirklich. Sobald wir zu Hause sind, ziehe ich mich um.«

»Ich habe dir neue Kleider genäht. Sie hängen alle in deinem Schrank.«

Während ich im Gefängnis war, waren meine Eltern zu einer netten alten Freundin namens Xenia gezogen, die in einem besseren Stadtviertel allein in einem großen Haus mit fünf Schlafzimmern wohnte. Die Lösung war für beide Parteien vorteilhaft. Xenia war nicht länger allein, und meine Eltern brauchten nicht mehr die hohe Miete für den knappen Wohnraum zu zahlen. Die Mietpreise waren in den Jahren nach der Revolution dramatisch in die Höhe geschnellt, und viele Familien aus der Mittelschicht, die kein eigenes Haus besaßen, hatten Schwierigkeiten, ihre Miete zu bezahlen.

»Wie war der Umzug?«, fragte ich meine Mutter.

»Ganz gut. Ich musste einiges verkaufen. Xenia besitzt viele Möbel, und um alles aufzustellen, war kein Platz.

Andre ist ein Engel, er half uns sehr beim Umzug. Gott sei Dank hat er einen Kombi. Ich weiß nicht, was wir ohne ihn gemacht hätten.«

»Du hast noch immer den Kombi?«, fragte ich Andre.

»Ja.«

Ich wunderte mich, dass er immer noch dasselbe Auto besaß, doch dann merkte ich: Obwohl mir meine Zeit im Evin-Gefängnis wie ein ganzes Leben vorkam, war ich doch nur zwei Jahre, zwei Monate und zwölf Tage dort inhaftiert gewesen.

18

In Xenias Haus hatte ich ein Zimmer mit einem Fenster, das beinahe die ganze Wand einnahm und von dem aus man den Garten überblicken konnte. Die Wände und die Vorhänge waren rosa, meine Lieblingsfarbe, am Fenster standen zwei Sessel. Ich strich mit meinen Fingern über den weichen Bezugsstoff der Sessel und stellte mir dabei vor, wie ich darin sitzen und einen Roman oder einen Gedichtband lesen würde. Sogar ein kleiner Beistelltisch war vorhanden, der zu einer Schrankwand gehörte und auf dem zwei Fotografien von mir in handgearbeiteten Rahmen aus Isfahan standen. Auf dem einen war ich etwa acht Jahre alt, lehnte in einem weißen Sommerkleid an dem strahlend blauen Oldsmobile meines Vaters und starrte gespannt und mit einem unsicheren, fragenden Lächeln in die Kamera. War ich jemals jung? Das andere zeigte mich als Dreizehnjährige, ich saß in einem blauen T-Shirt und einer kurzen weißen Hose vor dem Ferienhaus meiner Tante auf dem Fahrrad und wartete ungeduldig darauf, an den Strand zu gehen und Arash zu treffen. Beide Aufnahmen hatte mein Bruder gemacht.

In einer Ecke stand statt meines alten Betts ein Couchbett mit einer rustikalen braunen Tagesdecke. Ich berührte jedes Möbelstück. Alles schien wahr zu sein. Warum hatte ich das Gefühl, ich träumte? Im Grunde genommen, lebte ich noch immer im Evin-Gefängnis, und diese andere Welt, in die ich geraten war, dieser Platz, den ich Zuhause nannte und an den ich mich zurückgesehnt hatte, war unberührbar und fremd. *Es ist alles Wirklichkeit. Ich bin zu Hause. Ich bin zurück. Es ist vorbei. Der Albtraum ist vorüber. Gut, dass wir umgezogen sind. Es ist ein Neuanfang. Ich darf nicht mehr an die Vergangenheit denken.*

Ich nahm meine gefalteten Kleider aus der Plastiktüte, die ich aus dem Evin-Gefängnis mitgebracht hatte. Kurz überlegte ich, ob ich nicht den gesamten Inhalt der Tüte in den Müll werfen sollte, doch ich wusste, ich würde es nicht über mich bringen. Mein weißer Schal lag ganz oben auf dem Stapel, ich hatte ihn um meinen Hochzeitsring gewickelt. Mit einem tiefen Atemzug schlug ich den Schal auseinander, öffnete jede seiner seidenen Falten. Ich konnte Ali in meinen Armen liegen und nach Luft ringen sehen. Ich wünschte mir eine Welt, die unkompliziert war, einen Ort, an dem die Menschen entweder gut oder böse waren. Schließlich wickelte ich den Ring wieder in den Schal ein und versteckte diesen in einer dunklen Ecke meines Kleiderschranks. Dann ging ich zum Fenster. Der Regen hatte aufgehört, und das Sonnenlicht strömte in glänzenden goldenen Bändern durch die Wolken. Der Garten war von einer Backsteinmauer umgeben und für niemanden einsehbar. Um den leeren Swimmingpool standen viele kahle Rosensträucher. Es klopfte leise an der Tür meines Zimmers.

»Herein.« Ich sah weiter auf den friedvollen Garten hinaus.

Andre kam herein, stand hinter mir und legte seine Hände auf meine Schultern. Ich konnte den Duft seines Rasierwassers riechen und die Wärme seines Körpers spüren.

»Ich war darauf gefasst, dass du mit einem Baby auf dem Arm zurückkommst, und ich hätte dich noch genauso geliebt«, sagte er. »Für mich hätte das nichts geändert.«

Ich bewegte mich nicht. Er konnte unmöglich von dem Kind wissen, doch er hatte genau das gesagt, was ich am meisten brauchte. Ich nahm an, er hatte gehört, Mädchen würden im Gefängnis vergewaltigt werden. Ich kämpfte mit den Tränen.

»Ich bin nicht schwanger.«

»Haben sie dich gefoltert?«

»Ja. Willst du wissen, warum ich konvertiert bin?«

Ich wollte, dass er wusste, was geschehen war, doch ich hatte keine Ahnung, wie ich es ihm sagen sollte.

»Es hat für mich keine Bedeutung, dass du konvertiert bist, du hast es sicher getan, weil du keine andere Wahl hattest, richtig?«

»Ja.«

»Ich liebe dich.«

»Ich liebe dich auch.« Ich sah ihm ins Gesicht.

Es war das erste Mal, dass wir uns das sagten.

Er legte seine Arme um mich. Seine Lippen berührten meine, und für ein paar Augenblicke war das Evin-Gefängnis nur noch eine entfernte Erinnerung, die keine Macht mehr über mich hatte.

Zum Abendessen versammelten wir uns alle um den Esstisch. Meine Mutter hatte Rindereintopf mit Sellerie und Reis gekocht. Anfangs lag Stille im Raum, nur das Besteck, das am Porzellan anstieß, und ein leises Hüsteln waren zu hören.

»Gott sei Dank hat es heute geregnet. Es war alles schon ganz ausgetrocknet. Der Rasen sah richtig traurig aus, aber jetzt scheint er sich zu erholen«, brach Xenia das Schweigen mit ihrer warmen, musikalischen Stimme. Sie war etwa einen Meter fünfzig groß, wog hundertzwanzig Pfund und hatte kurzes blondes Haar und dunkle Augen.

»Je mehr es regnet, desto schöner blühen die Rosen«, fügte Hushang Khan hinzu, ein enger Freund von Xenia, der mit uns zu Abend aß.

Unter dem Tisch rieb sich Sisi, eine von Xenias Katzen, an meinem Bein. Ich kraulte ihr den Kopf, und sie schnurrte.

Mein Vater starrte die meiste Zeit auf seinen Teller, doch hin und wieder kreiste sein Blick langsam über die Tischgesellschaft und blieb kurz an mir hängen. Ich versuchte, seinen Gesichtsausdruck zu begreifen. Er war so leer wie immer. Bei seinen Besuchen im Evin-Gefängnis hatte er ausgesehen, als wäre er am Boden zerstört, doch jetzt, da ich wieder zurück war, ging alles wieder seinen normalen Gang. Wahrscheinlich war es für jeden einfacher, so zu tun, als wäre ich nie im Gefängnis gewesen. Doch wen schützten sie mit diesem Schweigen, mich oder sich selbst?

In der Nacht, als Ali ermordet worden war, hatte Alis Mutter uns zu Rindereintopf mit Sellerie und Reis eingeladen. Wie konnte ich meiner Familie von Ali, von meiner Heirat und von seinem Tod erzählen? Ich kam mir vor wie eine Fremde, ein Gast, für den sich niemand wirklich interessierte, den man aber aus Gründen der Höflichkeit zum Essen eingeladen hatte. Und wenn der Besuch zu Ende war, würde ich mich verabschieden und wieder nach Hause gehen. Wohin sollte ich nach Hause gehen? Zu den Musavis oder ins Evin-Gefängnis?

In dieser Nacht konnte ich nicht einschlafen und beobachtete die fremden Schatten an den Wänden. Ali hatte mich in der Nacht seiner Ermordung zweimal gerettet: indem er mich zu Boden stieß, und dann mit seinen letzten Worten, in denen er seinen Vater bat, mich zu meiner Familie zurückzubringen. Hätte mich Herr Musavi nicht unterstützt, wäre ich entweder für den Rest meines Lebens im Evin-Gefängnis geblieben oder, schlimmer noch, von Hamed mit einem seiner Freunde verheiratet worden, wie Herr Musavi mir erzählt hatte. Ich hätte nichts dagegen unternehmen können, außer mich umzubringen.

Als er vom Krieg zurück war, hatte Ali mich damit erpresst, er würde Andre und meine Eltern verhaften lassen, falls ich ihn nicht heiratete. Damals hatte ich geglaubt, er mache die Drohung wahr, doch nun erhob sich in mir ein leichter Zweifel. Was, wenn es nur eine leere Drohung gewesen war? Dann hätte ich seinen Heiratsantrag ablehnen können, ohne jemanden zu gefährden. Was wäre aus mir geworden, wenn ich Nein gesagt hätte?

Jetzt, da ich sicher in meinem Bett lag, war es sehr viel einfacher, tapfer zu sein.

Am nächsten Tag durchsuchte ich das Haus nach meinen Büchern, die mir fast alle der alte Buchhändler Albert geschenkt hatte, außerdem suchte ich die goldfarbene Schachtel mit der Geschichte meiner Großmutter. Ich konnte sie nicht finden und ging daher zu meiner Mutter. Sie saß im Wohnzimmer und rauchte eine Zigarette.

»Mama, ich suche meine Bücher. Wo sind sie?«

Sie schüttelte den Kopf und sah mich an, als hätte sie nie eine belanglosere Frage gehört: »Ach ja, deine Bücher. Bist du denn noch immer nicht klüger geworden? Deine Bücher waren eine gefährliche Zeitbombe. Kannst du dir vorstellen, wie entsetzt wir waren, als du verhaftet wurdest? Ich habe alle Bücher vernichtet, die die Revolutionswächter nicht mitgenommen haben. Es hat mich Tage gekostet, sie loszuwerden.« Sie hatte sie nicht verbrennen können, weil wir keinen Kaminofen und keinen Garten hatten. So hatte sie Buch für Buch die Seiten klein gerissen, sie in der Waschmaschine zu Brei gewaschen und die Paste nach und nach in den Müll gegeben.

Ich fiel in einen Sessel. Die schönen Worte in einen scheußlichen Brei verwandelt!

Gewaschene Bücher. Das geschriebene Wort ersäuft, zum Schweigen gebracht.

Die *Chroniken von Narnia* vermisste ich am meisten. Albert hatte eine Widmung hineingeschrieben.

»Und die kleine goldfarbene Schachtel unter meinem Bett? Was ist mit der geschehen?«, fragte ich.

»Die Aufzeichnungen deiner Großmutter. Denk doch mal nach, Marina! Wenn die Revolutionswächter noch einmal zurückgekehrt wären und Aufzeichnungen in kyrillischer Schrift gefunden hätten, was hätten sie wohl gedacht? Es hätte Jahre gedauert, zu beweisen, dass wir keine Kommunisten sind.«

Ich nahm es meiner Mutter nicht übel, sie hatte Angst gehabt. Daran war die Islamische Revolution schuld.

Was war Kummer doch für ein sonderbares Gefühl. Er konnte in so vielen unterschiedlichen Arten und Formen erscheinen, und ich fragte mich, ob jemand sie schon einmal alle näher bestimmt und ihnen einfallsreiche Namen gegeben hatte.

Mein neunzehnter Geburtstag stand bevor, und meine Mutter hatte aus diesem Anlass einige Freunde und Verwandte eingeladen. Bevor die Gäste kamen, ging ich die Kleider in meinem Kleiderschrank durch: Sie waren schwarz, dunkelblau und braun, hatten alle lange Ärmel und sahen traurig aus. Ich war keine Achtzigjährige! Ich wollte in ein buntes, ärmelloses Kleid hineinschlüpfen, und wenn ich in den Spiegel sah, wollte ich das Mädchen wiederfinden, das ich früher gewesen war. Dieses Kleid wollte ich tragen und mein Leben an der Stelle weiterführen, wo ich es verlassen hatte.

Ich ging zu meiner Mutter und sagte ihr, dass ich die Kleider, die sie mir genäht hatte, zwar schön fände und mochte, aber an meinem Geburtstag gerne ein farbigeres und fröhlicheres Kleid tragen würde. Ich fragte sie, ob sie mir eines ihrer alten Partykleider leihen könnte. Ich dachte an ihr pinkfarbenes, schulterfreies Kleid, das ich immer bewundert hatte. Ich wusste, es würde vielleicht ein wenig zu groß sein, doch ich konnte es abändern, denn ich hatte ja im Gefängnis nähen gelernt. Meine Mutter war einverstanden. Nach einer halben Stunde an der Nähmaschine passte mir das Kleid wie angegossen. Ich quetschte meine Füße in ein Paar hochhackige Schuhe. Ich kehrte ins Leben zurück, es hatte mir noch so viel zu bieten.

Die Gäste waren freundlich, umarmten und küssten mich und machten mir Komplimente. Ich war glücklich, dass sie alle gekommen waren, doch es gab eine spürbare Kluft zwischen mir, dem Mädchen, das verschwunden war, und denen, die normal weitergelebt hatten. Jedes Gespräch wurde von peinlichen Pausen unterbrochen.

»Marina, du siehst wunderschön auf. Wie geht es dir?«, fragte jemand.

»Danke, sehr gut.«

Sogleich erschien ein gezwungenes Lächeln auf dem Gesicht meiner Gesprächspartner, die sich alle Mühe gaben, ihr Unbehagen zu kaschieren, das so offensichtlich war wie die Farbe ihrer Augen.

»Ah, dieses Gebäck ist köstlich. Hat deine Mutter es gebacken?«

Es war nicht ihre Schuld. Jeder war höflich und nett, doch weiter ging es nicht. Niemand wollte mehr wissen. Auch einer der Priester, Vater Nikola, war zu Gast. Er spielte russische Volkslieder auf dem Akkordeon, meine Angehörigen sangen dazu. Es tat gut, von den freundlichen, vertrauten Gesichtern von Freunden und Verwandten umgeben zu sein und in den Melodien zu schwelgen, die meine Kindheit begleitet hatten. Doch Ali hatte recht gehabt: Mein Zuhause war nicht mehr dasselbe, denn ich war nicht mehr dieselbe. Die Behaglichkeit und Geborgenheit, die ich als unschuldiges Kind empfunden hatte, waren für immer verloren.

Nach dem Essen setzte sich meine Patentante Siran zu mir. Sie war eine kluge Frau, ihre Ansicht war mir immer wichtig gewesen.

»Wie fühlst du dich?«, fragte sie.

»Wie neugeboren«, sagte ich.

»Ich bin froh, dass du deinen Biss nicht verloren hast«, lachte sie. In ihrer cremefarbenen Bluse und dem maßgeschneiderten Rock war sie so elegant gekleidet wie eh und je. »Du kannst stolz auf dich sein. Die meisten, die aus dem Evin-Gefängnis kommen, schließen sich in ein Zimmer ein und sprechen lange mit niemandem. Du hast die Kraft von deiner Großmutter geerbt.«

Ein Walzer wurde gespielt, und um uns herum wurde getanzt.

»Warum fragt mich niemand, was ich in den letzten zwei Jahren erlebt habe?«, fragte ich sie.

»Die Antwort ist ganz einfach: Wir fürchten uns, danach zu fragen, weil wir Angst davor haben, etwas zu erfahren, das wir nicht wissen wollen. Ich glaube, es ist eine natürliche Form der Abwehr. Vielleicht hoffen wir, wenn wir nicht darüber sprechen, wenn wir so tun, als ob es nie geschehen wäre, könnte es vergessen werden.«

Ich hatte geglaubt, wenn ich nach Hause käme, würden die Dinge wieder einfach werden, doch dem war nicht so. Ich hasste das Schweigen, das mich umgab. Ich wollte das Gefühl haben, geliebt zu werden. Wie sollte sich die Liebe einen Weg durch das Schweigen bahnen können? Das Schweigen und die Dunkelheit waren sich sehr ähnlich: Der Dunkelheit fehlte das Licht, dem Schweigen der Klang von Stimmen. Wie konnte ich aus dieser Vergessenheit herausfinden?

Nach meinem Geburtstag beschloss ich, auf meinen Schulabschluss hinzuarbeiten. Ich musste weiterleben. Ich konnte zu Hause lernen und die Prüfungen auswärts ablegen. Obwohl Andre gerade sein Studium der Elektrotechnik beendete, kam er täglich und half mir in Mathematik und Physik. Er erzählte mir von seinen Seminaren, seinen Professoren und seinen Freunden, und manchmal nahm er mich zu einem Treffen bei seinen Freunden oder zu einer Geburtstagsfeier mit. So wurde diese Zeit paradoxerweise unsere Kennenlernphase.

Allerdings unterhielten die Revolutionswächter überall in der Stadt Kontrollpunkte. Dort stoppten sie zu verschiedenen Tageszeiten Autos und führten Zufallskontrollen durch, besonders nachts. Es wurde als Verbrechen geahndet, wenn ein Mann und eine Frau, die nicht eng verwandt oder verlobt waren, im selben Wagen saßen. Wir hatten nie über Heirat gesprochen, doch um kein Risiko einzugehen, bat Andre die Priester deshalb um ein Schreiben, das uns als Verlobte auswies, und dieses Schreiben lag immer im Wagen, für den Fall, dass wir angehalten und überprüft wurden.

Ich büffelte zehn Stunden am Tag, entweder in meinem Zimmer oder bei Spaziergängen um den leeren Swimmingpool herum, ein Buch in der Hand. Vielleicht füllte ich unbewusst meine Zeit mit Mathematik und Naturwissenschaften, um nicht an die Vergangenheit denken zu müssen. Mein Vater, der noch immer als Büroangestellter bei Onkel Partef beschäftigt war, ging täglich zur Arbeit, sechs Tage in der Woche, und meine Mutter verbrachte die meiste Zeit mit Schlangestehen vor Lebensmittelgeschäften, in der Küche oder strickend, und ich mischte mich in ihre Angelegenheiten nicht ein.

Einmal, als wir an einem warmen Tag im Garten saßen, rückte Andre seinen Stuhl näher zu meinem und legte den Arm um meine Schultern. Spatzen hüpften um uns herum, und rote, pinkfarbene und weiße Rosen würzten die Luft mit ihrem süßen Duft.

»Wann wollen wir heiraten?«, fragte er.

Im Evin-Gefängnis hatte mich Mohammad gewarnt: Ich durfte keinen Christen heiraten. Nach islamischem Gesetz darf ein Muslim zwar eine Christin zur Frau nehmen, eine Muslimin aber nicht die Ehe mit einem Christen eingehen. Die Tatsache, dass ich durch Erpressung und unter außerordentlichen Umständen zum Islam konvertiert war, spielte vor dem Gesetz keine Rolle. Wenn ich zugab, dass ich vom Islam abgefallen und zum Christentum zurückgekehrt war, verdiente ich nach islamischer Tradition den Tod.

»Du weißt, wenn wir heiraten und sie es herausfinden, werden sie mich und vielleicht auch dich zum Tode verurteilen«, sagte ich.

Der Wind schlug die Seiten in dem Mathematikbuch um, das auf dem Tisch lag.

»Erinnerst du dich daran, wie wir uns das erste Mal trafen, damals im Pfarrbüro? Es war Liebe auf den ersten Blick. Von diesem Augenblick an wusste ich, dass du die Richtige bist. Und ich spürte irgendwie, dass ich auf dich achtgeben musste. Als sie dich holten, war ich sicher, dass du zurückkehren würdest. Wir gehören zusammen. So war es vorherbestimmt.«

Ich streichelte sein weiches blondes Haar und sein Gesicht und küsste ihn. »Während all der Tage im Evin-Gefängnis wollte ich zu dir zurückkehren. Obwohl ich wusste, dass es möglicherweise nie dazu kommen würde, war das meine ganze Hoffnung.«

Daraufhin erzählte er mir zum ersten Mal, dass meine Eltern am frühen Morgen des 19. März, eine Woche vor meiner Entlassung, einen Anruf aus dem Evin-Gefängnis erhalten hatten, in dem ihnen mitgeteilt wurde, dass man mich am selben Tag entlassen wollte. Andre und meine Eltern waren sofort zum Gefängnis gefahren und hatten den ganzen Tag gewartet, wurden aber schließlich ohne jede Erklärung nach Hause geschickt. Ich war betroffen von dieser Neuigkeit: Warum hatte mir das vorher niemand gesagt? Beruhte dieser Aufschub auf dem Machtkampf zwischen Ladjevardi und Herrn Musavi? Wenn ja, dann hatte Herr Musavi wirklich hart gekämpft, und ich war sicher, er hätte keine Chance gehabt, den Kampf zu gewinnen, wenn Ayatollah Khomeini ihn nicht unterstützt hätte.

»Wir haben uns große Sorgen gemacht«, erzählte Andre weiter. »Wir hatten keine Ahnung, warum sie ihr Vorhaben geändert hatten, und die Wächter weigerten sich, Auskunft zu geben. Dann kam am 26. März erneut ein Anruf, und wir eilten zum Gefängnis. Am Tor sagten sie uns, wir sollten dich im Luna-Park erwarten. Ich parkte auf einem Parkplatz beim Luna-Park, und deine Eltern gingen zu Fuß zum Treffpunkt. Ich wartete im Wagen. Ich war sehr aufgeregt, dich wiederzusehen, doch ich wusste, dass es keine Gewissheit gab, und bemühte mich, meine Hoffnungen zu dämpfen. Kurz nachdem deine Eltern ausgestiegen waren, trat ein bärtiger Mann ans Auto und grüßte mich mit ›Salam aleikum‹. Ich grüßte zurück. Ich dachte, er wolle vielleicht eine Auskunft, doch der Mann beugte sich zu mir herunter und sagte: ›Vergessen Sie nicht, Sie können Marina nicht heiraten.‹ Ich fragte ihn, wer er sei und woher er mich kenne, doch er meinte, das sei nicht wichtig. Er sagte: ›Ich warne Sie: Marina ist eine Muslimin und Sie sind Christ, Sie können sie nicht heiraten.‹ Dann drehte er sich um und ging davon.«

Das Gespräch versetzte Andre einen Schock und ängstigte ihn. Obwohl er wusste, dass den Revolutionswächtern unsere Beziehung bekannt war, da er an jenem Tag während meiner Haft, als ich die Kirche besuchte, ebenfalls dorthin gekommen war, wurde ihm erst jetzt klar, wie sehr ihn die Gefängnisleitung beobachtet hatte. Dann verwandelte sich sein Schreck in Wut. Es ging niemanden etwas an, wen er heiraten wollte. Er liebte mich, und das allein zählte.

»Marina, ich bin mir der Situation bewusst«, sagte er. »Ich weiß, wie gefährlich es ist, dich zu heiraten. Aber ich möchte dich zur Frau. Wir können uns nicht so einfach geschlagen geben. Wir tun nichts Böses. Wir lieben uns, und wir wollen heiraten. Wie lange sollen wir uns von ihnen noch herumschubsen lassen? Wir müssen Stellung beziehen.«

Er hatte recht.

Ich vermutete, dass Mohammad der bärtige Mann war. Ich wusste genau, diese Eheschließung konnte mein Todesurteil bedeuten, doch es war Ironie des Schicksals, dass ich mein Leben riskieren musste, um es wieder zurückzuerhalten. Im Evin-Gefängnis war ich dem Tode nahe gewesen, und Ali hatte mich gerettet. Doch er hatte mir nicht mein Leben zurückgegeben, er hatte es für sich beansprucht. Mein Leben war der Preis für mein Überleben, jetzt musste ich darum kämpfen, es zurückzugewinnen.

Ich unterrichtete meine Eltern von meiner Absicht, Andre zu heiraten. Sie erklärten mich für verrückt. Sogar die meisten Priester rieten von einer Eheschließung ab, doch wir legten das Datum für die Hochzeit fest: Am 18. Juli 1985, sechzehn Monate nach meiner Entlassung, wollten wir heiraten.

Freunde und Verwandte versuchten immer wieder, uns den Plan auszureden. Als letzten Versuch baten meine Eltern Hushang Khan, er möge doch bitte mit mir sprechen. Er war ein freundlicher, weiser Mann, und sie wussten, dass ich große Hochachtung vor ihm hatte. Als er eines Abends an meine Tür klopfte, saß ich gerade auf meinem Sofa und las. Er trat ein, schloss die Tür hinter sich und setzte sich auf einen Stuhl. Die Ellbogen auf die Knie gestützt, beugte er sich zu mir vor und sah mir direkt in die Augen.

»Tu es nicht.«

»Was soll ich nicht tun?«

»Heirate Andre nicht. Ich weiß, ihr liebt euch, doch die Zeiten sind schwierig. Es kann deinen Tod bedeuten. Hab Geduld. Die Dinge können sich ändern. Dafür sein Leben aufs Spiel zu setzen ist es nicht wert.«

Seine Worte entfesselten die Wut, die ich die ganze Zeit in mich hineingefressen hatte.

»Sie haben kein Recht, mir vorzuschreiben, wen ich heiraten soll und wen nicht! Weder Sie noch meine Eltern, und erst recht nicht die Regierung! Ich tue, was ich will! Und ich halte es für richtig! Ich habe genug Kompromisse gemacht!«

Ich war noch nie in meinem Leben so laut geworden. Ich war noch nie so grob zu jemandem gewesen, der so viel älter war als ich. Ich wusste, ich hatte mich im Ton vergriffen. Hushang Khan wurde bleich, dann stand er auf, ging aus dem Zimmer, und ich brach in Tränen aus. Ich wollte nicht, dass die Regierung über mein Leben bestimmte. Sie hatten mich eingesperrt, mich psychisch und physisch gefoltert. Man hatte mich gezwungen, zum Islam überzutreten und einen Mann zu heiraten, den ich nicht kannte. Ich hatte Freunde leiden und sterben sehen. Jetzt ging es darum, das Richtige zu tun und ihnen zu zeigen, dass ich, obwohl man mich zur Konversion gezwungen hatte, den Mann heiraten konnte, den ich liebte, selbst wenn ich damit riskierte, erneut eingesperrt zu werden und in Lebensgefahr zu kommen. Diesmal würde ich keinen Kompromiss machen. Sie hatten mich nicht kleingekriegt, und es sollte ihnen nie gelingen.

An dem Tag, als Andre mit mir die Eheringe kaufte, versuchte ich ihm von Ali zu erzählen. Ich wusste, er würde es verstehen. Wir gingen vor den Schaufenstern eines Juweliers auf und ab und betrachteten die Auslagen. Andre hatte ein Anrecht darauf, Bescheid zu wissen, und ich wollte es ihm erzählen. Mir fiel ein goldener Ehering auf, der aussah wie zwei aneinandergeschweißte Ringe, und ich zeigte ihn Andre. Der Ring gefiel uns beiden. Als wir zu unserem Auto zurückkehrten, hing ein Strafzettel an der Windschutzscheibe. Es war Andres erster Strafzettel, wir lachten darüber.

Auf dem Weg nach Hause überlegte ich, womit ich anfangen sollte. Ich musste ganz von vorn beginnen, bei dem Augenblick, als ich ins Evin-Gefängnis gekommen war. Und dann hätte ich ihm jede Sekunde, jede Einzelheit erzählen müssen, die darauf folgte. Nein, es war unmöglich. Ich konnte nicht dorthin zurückkehren und alles noch einmal durchmachen.

In diesem Sommer fuhren meine Eltern für einige Tage in unser Ferienhaus, Andre und ich begleiteten sie. Das

Anwesen war so schön und friedlich, wie ich es in Erinnerung hatte, doch die Freude, die es mir immer bereitet hatte, dort zu sein, war nur noch eine Erinnerung. Am frühen Morgen, als alle noch schliefen, lief ich zum Gebetsfelsen. Hier hatte sich nichts verändert. Alte Bäume fegten mit ihren Wipfeln den Himmel, und die Blätter tankten Farbe in den Strahlen der aufgehenden Sonne. Meine Schuhe und meine kurzen Hosen waren nass vom Dunst. Ich legte mich auf den Felsen, fühlte das raue, feuchte Gestein auf meiner Haut und erinnerte mich an den Tag, als Arash und ich hier gemeinsam gebetet hatten. So viel hatte sich seither verändert. Ich zog meinen ersten Ehering aus meiner Hosentasche, kniete an meinem Felsen und versuchte, einen der Steine zu lockern, doch nichts bewegte sich. Sosehr ich es auch versuchte, die Steine klebten fest aneinander. Meine Finger schmerzten. Ich rannte ins Haus zurück. Außer dem Schnarchen meines Vaters war nichts zu hören. Auf Zehenspitzen holte ich ein Messer aus der Küche und rannte damit zurück zu dem Fels. Mit seiner Hilfe gelang es mir, drei Steine zu lösen. Dann legte ich den Ring in die dunkle Höhle. Ich stellte mir vor, tausend Gebete würden ihn umschließen.

Zurück in Teheran, erzählte mir meine Mutter, als ich zum Islam konvertiert sei, habe mein Vater gesagt, ich sei nicht mehr seine Tochter. Sie spülte das Geschirr ab und sah nicht einmal auf, als sie mit mir sprach. Ich war nicht überrascht, aber verletzt. Ich hatte gehofft, zu Hause Unterstützung zu finden, doch die Türen waren verschlossen. Der Abstand schien sich zu vergrößern. Sie trocknete ihre Hände ab und ging aus der Küche. Selbst wenn ich ihr meine Geheimnisse anvertraut hätte, wäre sie nicht in der Lage gewesen, mir zu geben, was ich von ihr brauchte. Ich brauchte ihr Verständnis. Sie war, wie sie war. Ihr Blick auf die Welt und die Dinge, die wirklich für sie zählten, war grundlegend anders als meiner, aber ich wagte nicht, zu behaupten, ich sei im Recht und sie nicht. Wir waren verschieden, und ich musste aufhören, von ihr zu erwarten, dass sie dachte wie ich. Ich musste sie so akzeptieren, wie sie war, denn das war es, was ich umgekehrt auch von ihr verlangte. Es war mir unbegreiflich, warum sie mir von der schroffen Reaktion meines Vaters erzählte. Mein Vater hatte mir gegenüber kein Wort darüber verloren, doch sie meinte wohl, ich sollte über seine wahren Gefühle in dieser Angelegenheit Bescheid wissen.

Am Tag meiner Hochzeit mit Andre half mir meine Mutter, mich zu schminken. Eine meiner Tanten hatte mein Brautkleid genäht. Ich konnte die Tränen nicht zurückhalten, als ich es aus meinem Kleiderschrank holte. Es war unglaublich, dass ich diesen Tag erleben durfte. Ich sah aus dem Fenster meines Schlafzimmers auf die rosaroten Rosen im Garten und sprach ein Gebet für alle meine Freundinnen und Freunde, die ich geliebt und verloren hatte. Ich vermisste sie.

Als ich mein Kleid über einen Stuhl beim Fenster drapierte, dachte ich an Ali und unsere Hochzeit und erinnerte mich, welche entsetzliche Angst ich gehabt hatte. Heute war es anders, heute war mein Tag.

Ich fragte mich, ob Andre und ich je Kinder haben würden. Ich fürchtete mich davor, wieder schwanger zu werden. Ich dachte oft an die Augenblicke, die ich im Traum mit meinem Baby verbracht hatte. An die strahlenden Augen, das Brabbeln, die kleine Hand, die in mein Haar griff, und den kleinen Mund, der eifrig an meiner Brust saugte.

Andre war früh am Morgen aus dem Haus gegangen, um frisches Obst und Erfrischungsgetränke für den Empfang nach der Trauung einzukaufen. Wir hatten unsere Gäste eingeladen, nach der Trauungszeremonie und der Messe zu bleiben und im Vestibül der Kirche Kuchen und Erfrischungen zu genießen. Um keine Aufmerksamkeit zu erregen, war geplant, dass ich früh zur Kirche gehen und erst dort mein Hochzeitskleid anziehen sollte.

Als der Hochzeitsmarsch gespielt wurde, führte mich mein Vater an den vollen Kirchenbänken vorbei durch den Hauptgang zum Altar, und ich war glücklicher als je zuvor. Große Körbe mit weißen Gladiolen schmückten den Altar mit üppiger Blütenpracht, und um uns herum sahen wir nur glückliche Gesichter.

Dann wurden Hochzeitsfotos in der Kirche und im Garten der Kirche aufgenommen. Wir aßen Kuchen und unterhielten uns mit den Gästen, und schon war es Zeit für uns, nach Hause zu gehen in die kleine Wohnung, die Andre gemietet hatte, nachdem sein Vater gestorben und die Tante, die ihn aufgezogen hatte, nach Ungarn zurückgekehrt war. Die Wohnung befand sich im Norden Teherans in einem Hochhaus auf den Hügeln des Jordan-Stadtviertels, von dort aus konnte man auf das Elburz-Gebirge sehen. Bevor ich aus der Kirche trat, zog ich meinen Schal und die islamische Abaya über mein Brautkleid, dann gingen wir beide zu Andres dunkelblauem Fiat. Wir waren beide glücklich und besorgt, doch wir hofften für uns das Beste: Wir hatten beschlossen, selbstbestimmt zu leben.

Gleich nach unserer Heirat fand Andre einen Arbeitsplatz bei den Teheraner Elektrizitätswerken, und einige Monate später mieteten wir gemeinsam mit meinen Eltern eine Wohnung. So konnten wir uns die Miete teilen. Der Krieg mit dem Irak dauerte schon fünf Jahre und eskalierte zusehends. Seit Beginn der Feindseligkeiten im Sommer 1980 war Teheran meist von Kampfhandlungen verschont geblieben; die Entfernung der Stadt zur irakischen Grenze hatte uns geschützt. Die Straßen in den angrenzenden Wohnvierteln erhielten neue Straßennamen nach den Namen junger Männer, die im Krieg gefallen waren. Vor meiner Inhaftierung im Evin-Gefängnis waren diese Umbenennungen langsam und kaum wahrnehmbar vollzogen worden. Nach meiner Entlassung stellte ich jedoch fest, dass bereits viele Straßennamen zum Gedenken an die Gefallenen geändert worden waren.

Kurz vor unserer Eheschließung war es zu einigen Luftangriffen auf Teheran und andere Großstädte gekommen. Ohne Warnung gab es eines Morgens in aller Frühe die erste Explosion. Eine Rakete schlug in einem benachbarten Wohnviertel ein, das nur knapp drei Kilometer von Xenias Haus entfernt lag. Es gab einen großen Knall, von dem ich aufwachte. Obwohl ich in dem Moment noch nicht wusste, was den Knall verursacht hatte, war mir klar, dass etwas Schreckliches geschehen sein musste. Von da an heulten die Sirenen mehrmals am Tag und mitten in der Nacht, und obwohl niemand einen echten Bunker hatte und die Regierung sich nie darum gekümmert hatte, welche zu bauen, suchten die Menschen Zuflucht an sicheren Orten möglichst weit von den Fenstern entfernt. Bei einem Raketeneinschlag wurden oft Menschen durch Glasscherben verletzt oder getötet.

Der Tod gehörte nun zum Alltag. Wer die Stadt verlassen und in Kleinstädten oder Dörfern Zuflucht finden konnte, nutzte diese Möglichkeit; den meisten blieb dies jedoch verwehrt. Wie ein Fluss, der sicher seinen Weg ins Tal findet, selbst wenn er sich durch hohe Berge graben muss, gelang es dem Leben in seinem eigensinnigen Kampf gegen die Angst, den kürzesten Weg zurück zur »Normalität«

zu finden. Eltern gingen zur Arbeit und schickten ihre Kinder in die Schule, doch sie umarmten sie ein wenig länger und waren geduldiger beim Abschied. Einige Schulen wurden bei Luftangriffen zerstört, und viele Hundert Kinder, die an ihren Schulbänken saßen oder auf dem Schulhof spielten, wurden dabei getötet. An der Front begann Saddam Hussein mit dem Einsatz chemischer Kampfstoffe wie Sarin oder Senfgas, denen Tausende zum Opfer fielen.

Wenn Andre und ich durch die Stadt fuhren, um zur Kirche oder zu Freunden zu gehen, sahen wir manchmal eine große Lücke, wo tags zuvor noch ein Haus gestanden hatte. Manchmal hatte sich eine Treppe geweigert, gemeinsam mit der Hausruine in die Überreste eines Familienlebens zu stürzen, und führte auf schaurige Weise in die Leere dahinter; oder eine Wand mit Blumentapete warf ihren Schatten über den Staub verlorener Leben.

An einem Mittwochmorgen, etwa zwei Jahre nach meiner Entlassung aus dem Gefängnis, klingelte das Telefon. Ich wollte gerade zum Lebensmittelladen losgehen und hielt meinen Geldbeutel in der Hand.

»Kann ich Marina sprechen?«, fragte eine unbekannte Stimme.

»Am Apparat.«

»Marina, ich rufe aus dem Evin-Gefängnis an.«

Die Welt blieb stehen. Ich legte meinen Geldbeutel auf den Boden und lehnte mich an die Wand.

»Wir wollen, dass du uns einige Fragen beantwortest. Komm am Samstag zum Evin-Gefängnis. Um neun Uhr morgens am Haupttor, und verspäte dich nicht.«

»Welche Fragen soll ich beantworten?«

»Das wirst du sehen. Merke dir, Samstagmorgen, neun Uhr.«

Ich konnte mich nicht mehr bewegen. Ich konnte noch nicht einmal den Hörer auflegen. Mein Leben nach dem Evin-Gefängnis war lediglich ein Traum gewesen. Es war Zeit, aufzuwachen und in die Wirklichkeit zurückzukehren. Wenigstens hatten sie nicht nach Andre gefragt. Schließlich legte ich auf und ging in unser Schlafzimmer. Niemand war zu Hause, so hatte ich Zeit, meine Fassung wiederzugewinnen. Ich versuchte mir auszumalen, was geschehen könnte. Ich versuchte mir einzureden, dass alles in Ordnung sei und sie mich nur überprüfen wollten. Es gelang mir nicht. Ich war erschöpft, legte mich aufs Bett und schlief ein. Ich erwachte, als meine Mutter mich rief und mich an der Schulter berührte.

»Warum schläfst du mit deinem Schal und in deiner Abaya?«, fragte sie.

Es dauerte einen Moment, bis ich mich erinnerte. Dann erzählte ich ihr von dem Anruf.

»Was?« Sie sah wirklich so aus, als hätte sie nicht verstanden, was ich gerade gesagt hatte.

Ich wiederholte es, sie wurde blass.

Schlafen war das Einzige, was ich tun konnte. Ich konnte nicht an das Evin-Gefängnis denken. Denken würde nichts helfen. Wenn ich aufwachte, um ins Badezimmer zu gehen oder einen Schluck Wasser zu trinken, saß Andre manchmal mit weißem, fahlem Gesicht in furchtbarer Reglosigkeit neben mir und starrte ins Leere. Er wusste, dass er nichts tun konnte, dass er mich gehen lassen musste. Im ganzen Haus gab es kein Geräusch mehr. Die Stille hatte uns geschluckt wie ein Wal.

Am Samstagmorgen verabschiedete ich mich rasch von Andre und vermied dabei, ihm in die Augen zu sehen. Ich wollte ihn nicht umarmen, denn ich wusste, ich hätte nicht mehr loslassen können. Wir hatten unsere Wahl getroffen und mussten dazu stehen. Schließlich hatte ich gewusst, dass es dazu kommen könnte. Mein Vater fuhr mich zum Haupttor des Gefängnisses; ich hatte entschieden, dass es für Andre zu gefährlich gewesen wäre, mitzukommen. Mein Vater war sehr gefasst. Ich bat ihn, sofort wegzufahren, und sah, wie sein Wagen hinter der Kurve verschwand. Ob sie mich foltern würden? Doch warum sollten sie? Für sie war ich eine Muslimin, die zum Christentum konvertiert war und einen Christen geheiratet hatte, also verdiente ich den Tod. Sie wollten mir keine Informationen entlocken, hier ging es um ein Kapitalverbrechen. »Ich werde in Würde sterben«, dachte ich, und erst als mir dieser Gedanke durch den Kopf schoss, wurde mir klar, dass diese Aussage richtig war, solange ich das Richtige tat und meinen Überzeugungen folgte. Und ich hatte keinen Zweifel, dass Taraneh, was immer sie ihr angetan hatten, ebenfalls in Würde gestorben war.

Ich zog meinen Tschador zurecht, ging zu einem der Wachposten vor dem Tor und sagte ihm, ich sei telefonisch herbestellt worden. Er fragte nach meinem Namen und ging hinein. Nach wenigen Minuten kehrte er zurück und forderte mich auf, ihm zu folgen. Die schwere Metalltür schloss sich hinter mir. Wir betraten ein kleines Zimmer. Er nahm ein Telefon und wählte eine Nummer.

»Sie ist hier.« – Mehr sagte er nicht.

Es hätte der letzte Tag in meinem Leben sein können. Wahrscheinlich war Hamed schon unterwegs zu mir. Ich war entschlossen, einen kühlen Kopf zu bewahren. Die Tür ging auf, und Mohammad trat ein. Ich seufzte vor Erleichterung.

»Marina, schön dich wiederzusehen. Wie ist es dir ergangen?«

»Sehr gut, danke, und Ihnen?«

»Ich danke Gott, dass es mir gut geht. Folge mir.«

Ich folgte ihm. Er verlangte nicht, dass ich eine Augenbinde trug. Überall blühten Blumen, was überhaupt nicht zu einem Ort wie dem Evin-Gefängnis passen wollte. Mohammad führte mich in ein Gebäude und ein Zimmer, in dem ein Schreibtisch und fünf oder sechs Stühle standen. Ein Bild von Khomeini schmückte die Wand.

»Bitte, setz dich«, sagte er. »Sag, was hast du so getan, seit du hier raus bist?«

»Nicht viel. Ich habe die meiste Zeit auf Prüfungen gelernt und meinen Schulabschluss gemacht.«

»Sehr gut. Sonst noch etwas?« – »Nein, eigentlich nicht.«

Er lächelte und schüttelte den Kopf. »Du steckst wieder bis über die Ohren in Schwierigkeiten, und ich glaube, du weißt, worüber ich spreche. Aber du hast Glück, denn du hast hier einige Freunde. Hamed hatte sich etwas für dich ausgedacht, aber wir konnten ihn stoppen.«

»Was meinen Sie?«

»Er fand heraus, dass du wieder geheiratet hast, und versuchte, die Gerichte der Islamischen Revolution anzurufen, damit sie dich zum Tode verurteilen. Aber du wusstest ja, dass so etwas passieren konnte, nicht wahr?«

»Ja, ich wusste es.«

»Und trotzdem hast du es getan?«

»Ja.«

»Und was meinst du, soll ich es Tapferkeit oder Dummheit nennen?«

»Weder noch. Ich habe nur getan, was ich für richtig hielt.«

»Nun, diesmal war das Glück auf deiner Seite. Die Radikalen wie Hamed haben im Evin-Gefängnis an Einfluss verloren. Ich glaube, seit Alis Ermordung haben einige hier den Eindruck, dass sie zu weit gegangen sind. Ali hat mich gebeten, ein Auge auf dich zu haben, wenn ihm irgendetwas zustoßen würde, und obwohl ich nicht mit dem einverstanden bin, was du getan hast, habe ich seinem Wunsch entsprochen. Doch ich werde es nicht noch einmal tun. Ich habe dich hergebeten, um dich zu warnen, damit du das nächste Mal ein wenig nachdenkst, bevor du etwas tust.«

»Ich sehe es ein.«

»Die Musavis haben sich nach dir erkundigt. Ich habe ihnen gesagt, dass du heute hier bist. Sie sind gekommen, um dich zu sehen.«

Die Tür ging auf, und die Musavis spazierten herein. Ich freute mich, sie zu sehen. Der kleine Ali war tüchtig gewachsen; er war ein süßer Knirps geworden, der mich misstrauisch anstarrte. Akram umarmte mich. Wir setzten uns.

»Ich freue mich, dich bei guter Gesundheit zu sehen, Marina. Ist alles in Ordnung bei dir?«, fragte Herr Musavi.

»Ja, danke.«

»Und wie ich gehört habe, hast du wieder geheiratet. Bist du glücklich?«

»Ja, Herr.«

»Du bist sehr dickköpfig. Es hätte dir viele Schwierigkeiten einbringen können, wenn wir nicht auf dich aufgepasst hätten.«

»Ich weiß, Herr, und ich bin Ihnen sehr dankbar dafür.«

»Ich habe dein Geld nicht angerührt, es ist deines, wenn du willst.«

»Nein, danke. Es geht mir gut.«

»Das ist deine Tante Marina, Ali. Geh und gib ihr einen Kuss«, sagte Akram zu ihrem Jungen. Langsam setzte er sich in Marsch.

»Komm zu mir, Ali«, sagte ich. »Was für ein großer Junge du schon bist!«

Er kam heran, küsste meine Wange und rannte zu seiner Mutter zurück.

Frau Musavi weinte, und ich umarmte sie. Mein Leben wäre völlig anders verlaufen, wenn Ali nicht gestorben wäre. Dann wären sie meine Familie geblieben, so, wie sie es fünfzehn Monate lang gewesen waren. Ich hatte mir niemals gewünscht, dass Ali etwas zustößt. Ich fühlte mich schuldig, weil ich ihn nicht geliebt und ihn nicht gehasst hatte, doch es war vorbei, und ich konnte nichts tun.

Meine Gefühle für ihn waren und würden immer eine Mischung aus Wut, Frustration, Angst und Ungewissheit sein.

Auf dem Rückweg vom Evin-Gefängnis ging ich zur Schnellstraße und hielt ein Taxi an. Ich lebte. Es war, als stieße mich der Tod aus einem unbegreiflichen Grund von sich und schützte mich. Die Welt bewegte sich und flimmerte vor meinen Augen. Warum hatte ich überlebt und andere nicht? Sarah war noch nicht entlassen worden, ich hätte mich bei Herrn Musavi nach ihr erkundigen sollen, aber ich hatte keinen klaren Gedanken fassen können. Hatte er etwas für sie erreicht?

Als ich zu Hause ankam und die Gartentür öffnete, fand ich mich in Andres Armen wieder. Zitternd presste er mich an sich.

»Gott sei Dank, Gott sei Dank! Ist dir auch nichts passiert? Ich kann es kaum glauben, sie haben dich gehen lassen! Wie ist es gelaufen?«

Ich sagte ihm, es habe sich um eine Routineüberprüfung gehandelt, wie sie jeder über sich ergehen lassen müsse, der einmal im Evin-Gefängnis inhaftiert war.

»Haben sie dich gefragt, ob du geheiratet hast?«

»Nein«, log ich. Ich wollte ihn nicht belasten und auch nichts erklären müssen. »Entweder wissen sie es nicht, oder sie wissen es, und es interessiert sie nicht besonders.«

»Heißt das, sie lassen uns künftig in Ruhe?«

»Ich weiß nicht. Zumindest eine Zeit lang dürften wir nichts zu befürchten haben. Trotzdem, man weiß nie bei ihnen. Schwer zu sagen, was sie morgen aushecken.«

Mir war klar, dass sich meine Lage dramatisch verändern würde, wenn die Verfechter der harten Linie wie Hamed im Evin-Gefängnis wieder mehr Macht und Einfluss gewönnen.

Der Krieg ängstigte mich nicht nur wegen der Raketenangriffe, sondern auch, weil Andre in wenigen Monaten seinen Wehrdienst absolvieren musste. Da erfuhren wir von einem besonderen staatlichen Programm, das Universitätsabsolventen mit Master-Abschluss die Möglichkeit bot, statt des Wehrdienstes drei Jahre lang Lehrverpflichtungen an Universitäten in abgelegenen Städten zu übernehmen. Darauf ruhte unsere ganze Hoffnung, um Andre vor dem Kriegsdienst zu bewahren. Andre hatte gerade seinen Master-Abschluss abgelegt. Er bewarb sich bei dem Programm und wurde angenommen.

Wir mussten nach Zahedan umziehen, einer Stadt im Südosten des Iran nahe der pakistanischen und afghanischen Grenze. Andre war als Dozent an der Universität von Sistan und Belutschistan angenommen worden. Einen Monat vor Beginn seiner Lehrverpflichtung reiste er nach Zahedan, um den Papierkram zu erledigen und den Umzug vorzubereiten. Da ich diesen Teil des Landes noch nicht kannte und neugierig auf meinen künftigen Wohnort war, begleitete ich ihn.

Der Flug von Teheran nach Zahedan dauerte eineinhalb Stunden. Als das Flugzeug zu sinken begann, schaute ich aus dem kleinen Fenster. Es sah aus, als ob die Erde hier zur letzten Ruhe unter ein Leichentuch aus Sand gebettet war. In der Ferne sah ich einen kleinen, matten grünen Fleck und beobachtete, wie er inmitten der Ruhe der endlosen Wüste immer größer wurde. Lehm- und Ziegelbauten wuchsen aus dem Sand, griffen nach den wertvollen Schatten der raren Bäume.

Das Flugzeug landete, und wir nahmen ein Taxi in die Stadt. Das Sonnenlicht, ungehindert von Smog oder Dunst, war so grell, dass es mir wie etwas Fremdes, Feindseliges vorkam. Die Straße vom Flughafen zur Stadt war in einem überraschend guten Zustand, sie zog sich wie eine Narbe durch die flache Landschaft. In der Altstadt von Zahedan säumten kleine Läden die engen Straßen, und Männer und Frauen in traditioneller Kleidung – lockeren, sackartigen Hosen und langen Tuniken für die Männer, bodenlangen, handbestickten Kleidern und lockeren Schals für die Frauen – füllten die Gehwege. Ich hatte noch nie ein Kamel aus der Nähe gesehen; hier stand eines am Straßenrand, kaute langsam und geduldig auf etwas herum und beobachtete den Verkehr mit seinen großen, gelangweilten Augen, die aussahen, als hätten sie schon alles gesehen. In den neuen Wohngegenden der Wohlhabenderen standen große Häuser aus hochwertigen Ziegeln, doch als wir weiter nördlich fuhren, wurden die Gebäude kleiner und waren vornehmlich aus Lehmziegeln errichtet. Im äußersten Norden der Stadt erhoben sich hohe, felsige Berge, die völlig durchlöchert aussahen, als gäbe es hier lauter Höhleneingänge. Der Taxifahrer erzählte uns, dass Menschen sie gegraben hatten und als Wohnstätte nutzten. Ich sah eine Horde barfüßiger Kinder, die in der glühenden Sonne lachend hinter einem zerschlissenen Plastikball herrannten. Der Taxifahrer erkundigte sich nach dem Grund unseres Besuchs. Er werde hier künftig an der Universität unterrichten, erklärte ihm Andre.

»Der Schah hat die Universität gebaut«, erzählte der Taxifahrer, »das war für uns alle hier sehr gut. Jetzt kommen gut ausgebildete Leute aus Teheran und anderen großen Städten hierher, die unsere Kinder unterrichten und auch die anderen Kinder, die aus fremden Gegenden hierherkamen.«

Im März 1987 packten Andre und ich unsere Habseligkeiten in unser Auto, und wir machten uns auf die Reise in das tausendsechshundert Kilometer entfernte Zahedan. Nach einigen Stunden schienen wir mit unserem kleinen gelben Renault 5 allein unterwegs zu sein. Durch die offenen Fenster peitschte der heiße Wind in mein Gesicht. Ein Meer aus Sand tanzte in goldfarbenen Wellen über die Straße, und etwas weiter am Horizont verschwand die Erde unter einem schimmernden, silbrigen Ozean. Stundenlang ging die Straße geradeaus, und die Landschaft veränderte sich nicht. Wenn wir anhielten, um uns die Beine zu vertreten, fiel mir bisweilen auf, wie still die Wüste ohne das ständige Brummen des Autos war. Am Meer hörte man selbst an einem ruhigen Tag ständig das Murmeln des Wassers, wenn im Wald die Tiere schwiegen, konnte man noch immer hören, wie die Zweige raschelten. Doch hier herrschte vollkommene Stille. Bei Sonnenuntergang tauchte die Sonne am Horizont in die glühend rote Erde, und die Nacht zog langsam und still herauf und kühlte den brennenden Wind. Ich hatte das Gefühl, als könnte ich die funkelnden Sterne berühren, die den Nachthimmel mit ihren winzigen, pulsierenden Körpern bedeckten. Hier gab es keine Lichtspiegelungen oder Echos, es war ein Land, das so abgelegen und vergessen war, dass es außerhalb der Zeit zu liegen schien.

Die Universität von Zahedan hatte auf ihrem Gelände Wohnanlagen für ihre Lehrkräfte errichtet. Die Häuser waren nicht luxuriös, aber solide gebaut, behaglich und sauber. Wir hatten alles, was man zum Leben brauchte. Das Wasser aus der Leitung war jedoch so mineralhaltig, dass es nicht trinkbar war, weshalb wir dreimal in der Woche zum etwa zehn Minuten entfernten Wasserwerk fahren mussten, um unsere großen Wasserkanister aufzufüllen.

Andre hatte sehr viel zu tun. Entweder hielt er Lehrveranstaltungen ab, oder er bereitete zu Hause Seminare vor und korrigierte Hausarbeiten. Die Einsamkeit und Ruhe der Wüste halfen mir dabei, meine Vergangenheit zu verdrängen. Jeden Tag verrichtete ich Alltagsarbeiten wie Putzen und Kochen, und wenn alles sauber war, fing ich von vorn an. Ich hörte selten Radio, schaltete den Fernseher nicht ein und las kein einziges Buch. Es gab keine Bücher mehr, die ich hätte lesen können, doch seltsamerweise vermisste ich sie nicht. Ich war einfach erschöpft, wie ein Marathonläufer, der nach einem stundenlangen Lauf über die Ziellinie gekrochen und dort zusammengebrochen war. Mein Geist beschäftigte sich nur mit den Dingen, die getan werden mussten. Er erinnerte mich an meine einfachen Pflichten: Die Wäsche war immer sauber, die Böden ohne Flecken und das Essen stand zur rechten Zeit auf dem Tisch.

Andres Kollegen waren wunderbar. Manchmal besuchten wir sie und ihre Familien gemeinsam, und sie waren alle sehr nett zu uns. Sie wussten nichts über meine Vergangenheit, und ich konnte mit ihnen über neue Rezepte und Einrichtungsideen plaudern.

Der Krieg hatte Zahedan verschont, denn die Stadt lag sehr weit entfernt von der iranisch-irakischen Grenze. Doch die Raketenangriffe auf Teheran und sieben andere Städte gingen weiter. Ich rief meine Mutter fast täglich an, um sicher zu sein, dass es meinen Eltern gut ging. Obwohl es guttat, die Nächte durchschlafen zu können, ohne befürchten zu müssen, ein Blindgänger könne einen in Stücke reißen, fühlte ich mich wie eine Verräterin. Ich flehte meine Eltern an, eine Zeit lang zu uns nach Zahedan zu kommen, doch mein Vater weigerte sich. Er müsse zur Arbeit gehen, sagte er. Ich bat ihn, doch zumindest meine Mutter zu uns zu schicken, doch er hielt meine Sorgen für unbegründet: Teheran sei eine sehr große Stadt, und die Chance, von einer Rakete getroffen zu werden, sehr klein. Dann rief mich eines Morgens meine Mutter an.

»Mama, ist alles in Ordnung bei euch?«, fragte ich ängstlich.

»Mir geht es gut. Ich bleibe einige Tage bei Marie. Es ist sicherer hier.«

Marie wohnte in Teheran in einer Eigentumswohnung in einem Hochhaus unweit der Wohnung meiner Eltern. Welchen Vorteil sollte dies haben?

»Mama, was ist los? Hier, in Zahedan, ist es sicherer. Teheran ist nicht sicher, egal wo du bist.«

»Glaub mir, Kind, hier ist es besser.«

»Mama, sag mir, was passiert ist, sonst nehme ich das nächste Flugzeug und finde es selbst heraus.«

»Gestern Morgen hatten wir einen Raketeneinschlag in der Straße.«

Meine Eltern wohnten an einer kurzen Straße. Wenn eine Rakete die Straße getroffen hatte, während meine Mutter zu Hause war, dann musste sie verletzt sein.

»Wo genau ist sie eingeschlagen?«

»Beim ersten Haus an der Straßenecke.«

Vier Häuser vom Haus meiner Eltern entfernt, und sie war unverletzt?

»Das Haus steht nicht mehr. Da ist nur noch ein großes schwarzes Loch, als ob es nie da gewesen wäre. Ich kannte die Familie nicht gut. Es waren ruhige Leute in unserem Alter. Der Mann war bei der Arbeit. Seine Frau und sein Enkel wurden getötet. Zwei Leute, die gerade im Auto vorbeifuhren, ebenfalls. Einige Nachbarn wurden verletzt, aber nicht ernsthaft. Es war fast niemand zu Hause, die Leute waren entweder bei der Arbeit oder einkaufen.«

Ich versuchte mir die Szene vorzustellen, die meine Mutter gerade beschrieben hatte. Es gelang mir nicht.

»Der Mann kam nach Hause, und seine Familie war tot«, fuhr meine Mutter fort. »Nur das Loch ist übrig. Einige Minuten bevor die Rakete einschlug, heulten die Sirenen. Ich war in der Küche und telefonierte mit Tante Negar. Sie sagte: ›Ich höre Sirenen. Leg auf und geh irgendwohin, wo du sicher bist.‹ Ich quetschte mich zwischen den Kühlschrank und den Küchenschrank. Und dann schlug sie ein. Es war sehr laut. Bumm! Ich dachte, es hätte mich zerrissen. Doch dann herrschte Totenstille, als ob ich taub wäre. Ich kroch heraus. Überall lag Glas. Viel knirschender Glasstaub, die großen Scherben stecken wie Pfeile in den Wänden. Das Haus ist stehen geblieben, aber in was für einem Zustand! Ich habe Teile von deinem Kleiderschrank im Vorgarten gesehen.«

Im August 1988, als ich im vierten Monat schwanger war, endete der Krieg endlich. Die iranische Regierung akzeptierte die Resolution des UN-Sicherheitsrats, der Iran und der Irak unterzeichneten einen Waffenstillstand. Keiner hatte den anderen besiegt. Der Krieg hatte mehr als eine Million Menschen das Leben gekostet.

Mitte bis Ende der Achtzigerjahre hatten die Volksmudschahedin etwa siebentausend ihrer Mitglieder im Irak zum gemeinsamen Kampf mit Saddams Armee zusammengezogen. Ihr Ziel war es, die iranische Regierung zu schwächen. Es war mir unbegreiflich, wie die Mudschahedin Seite an Seite mit einem Mann wie Saddam kämpfen konnten, der so viele Iraner abgeschlachtet hatte. Bald nach Unterzeichnung des Waffenstillstands griffen die vom Irak aus operierenden Mudschahedin die Provinz Kermanschah im Westen des Iran an, denn nun glaubten sie, genügend Unterstützung zu finden, um das islamische Regime zu stürzen; doch sie wurden mühelos von der iranischen Revolutionsarmee geschlagen. Daraufhin wurden Hunderte von Häftlingen, die angeklagt waren, mit den Mudschahedin zu sympathisieren, im Evin-Gefängnis hingerichtet.

In den ersten drei Monaten meiner Schwangerschaft war mir ständig übel, und ich musste mich häufig übergeben, doch ab dem vierten Monat ging es mir besser. Das Baby wuchs. Ich spürte bald, wie es sich in mir bewegte, und dieses Gefühl rührte mich zu Tränen, denn ich merkte, dass ich es sogar noch mehr liebte, als ich es je für möglich gehalten hätte. Ich wollte Andre ein gesundes Kind schenken.

Meine Mutter hatte mir angeboten, zu uns zu kommen und einige Tage bei mir zu bleiben, wenn das Kind geboren war. Das Kinderbett war gerichtet, die winzigen Kleidungsstücke lagen sauber zusammengelegt im Schrank.

Ende des achten Monats ging ich zu einer Ultraschalluntersuchung ins Krankenhaus. Zahedan war keine große Stadt, und zufällig war mein Gynäkologe gerade im Haus, als der Ultraschall gemacht werden sollte. Der Kopf meines Kindes war zu groß. Der Gynäkologe meinte, das Baby leide an einem Wasserkopf, eine ernste Erkrankung, bei der sich Wasser unter den Schädelplatten des Fötus ansammelte. Der Radiologe, der den Ultraschall durchführte, war der Auffassung, die Größe des Kopfes sei noch kein hinreichendes Indiz für einen Wasserkopf. Die üblichen Begleiterscheinungen fehlten. Ich lag auf dem Bett und hörte, wie sich die beiden Ärzte über mein Kind stritten.

»Wir sollten einfach ein Loch in seinen Kopf bohren und das Kind herausziehen. Ein Kaiserschnitt ist den Aufwand nicht wert«, sagte der Gynäkologe.

Andre und ich hatten genug. Ich hatte Angst und war wütend. Ich war entschlossen, mein Kind nicht einfach sterben zu lassen, niemals wieder. Ich wollte nach Teheran reisen, um eine zweite Meinung einzuholen, doch meine Schwangerschaft war schon zu weit fortgeschritten, und die Fluggesellschaft lehnte es ab, mich zu befördern. Mit dem Wagen nach Teheran zu fahren war viel zu riskant. Was, wenn es dem Baby einfiele, mitten in der Einöde auf die Welt zu kommen?

Ein Kollege von Andre war mit einem Angestellten der Fluglinie befreundet; diesem gelang es, uns Flugtickets zu besorgen. Bald waren wir auf dem Weg nach Teheran, wo meine Cousine mich bei ihrem Gynäkologen angemeldet hatte.

Vom Flughafen aus fuhren wir schnurstracks ins Krankenhaus. Der Arzt ordnete eine zweite Ultraschalluntersuchung an und erklärte mir daraufhin, dem Baby ginge es gut, es habe lediglich einen großen Kopf. Eine natürliche Entbindung würde er mir nicht empfehlen. Also legten wir einen Termin für den Kaiserschnitt fest: den 31. Dezember 1988. Ich war noch immer besorgt. Was war, wenn sich die Ärzte täuschten? Ich brauchte dieses Kind unter allen Umständen, hier in dieser Welt. Ich wollte es stillen und es schreien hören. Ich wollte, dass dieses neue Leben sicher in mir war, dass es zur Welt kam und lebte.

Unser Sohn Michael wurde am 31. Dezember 1988 geboren. Als ich nach der Operation die Augen öffnete, hatte ich große Schmerzen und litt unter Übelkeit, mein Mund war ausgetrocknet und schmeckte bitter. Andre sagte mir, dass unser Kind gesund sei. Als ich meinen Sohn dann in den Armen hielt, dachte ich an Sheida und daran, wie traurig sie war, als sie ihren Sohn ihren Eltern übergeben hatte. Jetzt verstand ich, wie schrecklich sie gelitten hatte.

Am 3. Juni 1989 starb Ayatollah Khomeini. Er litt an Krebs und hatte sich kurz zuvor einer Operation unterzogen. Die Menschen wussten, dass sein Tod bevorstand. Als die Nachricht über den Rundfunk verbreitet wurde, saß ich gerade auf meinem Bett in Zahedan und stillte Michael, der inzwischen fünf Monate alt war. Der Radiosprecher weinte. Vor meinem inneren Auge zogen die beiden Jahre meiner Haft im Evin-Gefängnis vorbei. Während der Revolution hatte man gedacht, das Ende des Evin-Gefängnisses sei gekommen. Doch stattdessen war der stumme Schrecken, den dieses Gefängnis hervorrief, noch größer, das Gefängnis noch viel blutiger geworden als je zuvor. Khomeini war für die schrecklichen Dinge verantwortlich, die hinter diesen Mauern geschahen. Er war verantwortlich für den Tod von Gita, Taraneh, Sirus, Layla, Mina und tausend anderen. Doch aus irgendeinem Grund freute ich mich nicht über seinen Tod. In gewisser Weise tat er mir leid. Woran konnte man das Urteil über einen Verstorbenen festmachen? Ich war mir sicher, dass er, wie Ali, nicht ganz schlecht war. Ich hatte gehört, dass er Gedichte mochte und selbst Gedichte schrieb. Er hatte die Welt verändert, doch wie tief greifend seine Wirkung war, würde man erst merken, wenn die Geschichte die Möglichkeit hatte, zurückzublicken und seine Taten und deren Ergebnisse aus sicherer Entfernung zu analysieren. Ich betete für die Seelen derer, die ihr Leben nach der Revolution verloren hatten, und für ihre Familien, damit sie den Mut und die Stärke fanden, weiterzuleben und den Iran zu einem besseren Land zu machen.

Michael war eingeschlafen. Er war ein wunderschönes Kind. Er wusste nichts von einem Mann namens Khomeini, der das Leben seiner Eltern verändert hatte, und ich fragte mich, welche Auswirkungen der Tod Khomeinis auf uns und den Iran haben würde. Viele glaubten, die islamische Regierung würde seinen Tod nicht überstehen, der Machtkampf zwischen den verschiedenen Fraktionen innerhalb der Regierung würde das Ende der islamischen Republik bedeuten.

Am Tag von Khomeinis Beisetzung, ein Tag von glühender Hitze, überflutete ein Meer von ungefähr neun Millionen durchweg schwarz gekleideter Menschen die Straßen Teherans und drängte auf die Straße zum Friedhof Behesht-e Zahra. Wir sahen die Berichte im Fernsehen. Ich hatte noch nie eine so große Menschenmenge gesehen – niemand hatte das. Die Menschen weinten, wehklagten und schlugen sich auf die Brust, so, wie Schiiten ihre Märtyrer betrauerten. Ich konnte nur daran denken, wie viel unschuldiges junges Blut die Revolution gekostet hatte, wie viele Menschen im Evin-Gefängnis gestorben waren. Doch die Wehklagenden kümmerten sich offenbar nicht darum. Khomeini war ihr Imam, ihr Führer und ihr Held, der Mann, der sich in der ihm eigenen, trotzigen und unerschütterlichen Art gegen die westliche Welt erhoben hatte. »Warum lieben sie ihn bloß so sehr?« Ich versuchte zu verstehen. Hassten sie die westliche Zivilisation so sehr, dass es sie nicht kümmerte, wenn ihre unschuldigen Kinder inhaftiert und ermordet wurden? Vielleicht hatte ihre Bindung an ihn nichts zu tun mit Liebe, sondern mit ängstlicher und ehrfürchtiger Bewunderung für einen Mann aus einer armen Familie, durch den sie die Kraft und die Autorität gefunden hatten, sich gegen eine Welt zu erheben, von der sie über sehr lange Zeit hinweg tyrannisiert worden waren.

Die Menge umringte den Lastwagen, der Khomeinis Holzsarg transportierte. Jeder wollte das Leichentuch berühren, einen letzten Blick auf ihn werfen. Der Lastwagen schien in der schwarzgekleideten Menge unterzugehen. Sicherheitskräfte bemühten sich, die Trauernden abzuhalten, und spritzten mit Feuerwehrschläuchen Wasser auf die Menschenmenge, doch es war zwecklos. Das Dröhnen eines Hubschraubers in einem Schleier von Nebel, Dunst und Hitze übertönte die Rufe und Klagerufe, als dieser sich dem Lastwagen näherte und vor ihm landete. Khomeinis Sarg sollte vom Lastwagen in den Hubschrauber gehoben werden, doch die Menge bemächtigte sich des Sargs. Er zerbrach. Hände streckten sich nach dem weißen Leichentuch aus, rissen an ihm, und ein Bein von Khomeini war zu sehen. Schließlich wurde seine Leiche in den Hubschrauber gehoben, der nur durch heftige Auf- und Abwärtsbewegungen die Menschen abschütteln konnte, die sich an seine Kufen gehängt hatten.

Wenige Stunden später wurde ein neuer, besser organisierter Versuch unternommen, Khomeinis Leiche zu ihrer Ruhestätte zu bringen, dieses Mal mit Erfolg. Einige Armeehubschrauber flogen an die Grabstätte heran, eine Metalltruhe wurde von einem Hubschrauber herabgelassen, der in ein Leichentuch gewickelte Leichnam Khomeinis herausgehoben – nach Tradition der Schiiten wurde der Leichnam ohne Sarg beerdigt – und schließlich unter den Tausenden von Märtyrern des Landes begraben.

Die Monate vergingen, und das islamische Regime überdauerte Khomeinis Tod. Ayatollah Sejed Ali Khamenei übernahm Khomeinis Platz als oberster Rechtsgelehrter des Landes. Er war bereits über zwei Amtsperioden Staatspräsident des Iran gewesen. Der Terror regierte weiter. Die Zahl der Verhaftungen sank, doch nicht, weil es jetzt mehr Freiheiten gab, sondern weil jeder wusste, wie hoch der Preis für Kritik am Regime war. Wer es wagte, etwas zu sagen, wurde gewöhnlich sofort mundtot gemacht. Frauen durchlebten »bessere« und »schlechtere« Zeiten. Alle paar Monate zogen die Revolutionswächter die Zügel an und zeigten sich unnachgiebig gegenüber geschminkten oder nicht sorgfältig verschleierten Frauen. Dazwischen gab es Zeiten, in denen man beim Ausgehen etwas Lippenstift auftragen und ein paar wenige Haarsträhnen hervorblitzen lassen konnte.

Andre und ich wussten zwar, dass wir im Iran niemals sicher sein würden, aber wir waren bis dahin nicht in der Lage gewesen, das Land zu verlassen. Bei meiner Entlassung aus dem Evin-Gefängnis hatte man mir mitgeteilt, ich dürfe drei Jahre lang nicht aus dem Iran ausreisen. Diese Einschränkung war nun automatisch aufgehoben, denn die drei Jahre waren um. Jetzt musste ich zuerst einen Pass beantragen. Das Passbüro würde mir ein Schreiben geben, mit dem ich zum Evin-Gefängnis gehen und mir bestätigen lassen musste, dass ich die Erlaubnis hatte, das Land zu verlassen. Andre durfte erst ins Ausland reisen, wenn er die drei Jahre Lehrtätigkeit in Zahedan absolviert hatte. Meine Lage war noch komplizierter, doch das sollte ich erst erfahren, als ich versuchte, einen Pass zu bekommen.

Ich beantragte einen Pass, der Antrag wurde erwartungsgemäß abgelehnt. Ich erhielt den Brief des Passbüros und ging damit zum Evin-Gefängnis. Dort teilte man mir mit, ich könne das Land erst verlassen, wenn ich 500.000

Toman – etwa 3.500 amerikanische Dollar – als Garantie für meine Rückkehr hinterlegte. Wenn ich innerhalb eines Jahres ins Land zurückkehrte, würde ich das Geld wieder ausbezahlt bekommen, wenn nicht, fiele es dem Staat zu. Andre verdiente damals ungefähr 7.000 Toman im Monat – also sechs Dollar. Wir hatten nicht genug Geld.

Ich bat meinen Vater, uns Geld zu leihen. Zur Unterstützung meiner Eltern hatten wir auch nach unserem Umzug nach Zahedan die Hälfte der Miete weiterbezahlt. Mein Vater hatte das Ferienhaus verkauft und doppelt so viel Geld auf der Bank, wie ich benötigte.

»Papa, ich möchte doch nur, dass du mir das Geld leihst«, sagte ich zu ihm. »Ich habe dich noch nie um Geld gebeten. Sobald uns ein freies Land aufnimmt und wir Arbeit haben, zahlen wir es dir zurück.«

»Glaubst du etwa, es sei einfach dort?«, fragte er. »Das Leben ist schwer. Woher willst du wissen, dass ihr es schafft?«

»Ich weiß es, weil wir hart arbeiten und weil Gott groß ist. Er wird uns helfen.«

Mein Vater lachte. »Lass dir eine kurze Geschichte erzählen«, sagte er. »Zwei Fischer fuhren in einem schmalen Boot aufs Meer hinaus. Als sie in See stachen, war das Wetter schön, die See ruhig. Weit draußen auf dem Meer änderte sich das Wetter plötzlich. Bald befanden sie sich mitten in einem Sturm. ›Was sollen wir tun?‹, fragte der eine, während der Sturm ihr Boot umherwarf. ›Wir müssen zu Gott beten, damit er uns rettet. Gott ist groß und mächtig, er kann uns aus dieser unglücklichen Lage retten‹ erwiderte der andere. ›Gott mag wohl groß sein, lieber Freund, aber dieses Boot ist zweifellos klein‹ sagte wieder der andere, und beide ertranken im Meer.«

Ich traute meinen Ohren nicht. Mein Vater konnte zwar

nicht wissen, was genau im Gefängnis mit mir geschehen war, doch er wusste, dass ich eine politische Gefangene gewesen war und daher im Iran keinerlei Zukunft hatte. Ich musste in ständiger Angst leben, zudem war es mir aufgrund meiner politischen Akte verboten, die Universität zu besuchen. Ich brauchte Hilfe, und er, der in der Lage gewesen wäre, sie mir zu geben, verweigerte sie mir.

»Du sorgst dich mehr ums Geld als um mich!«, sagte ich. »Ich habe dir doch gesagt, dass ich es zurückzahle, und das tue ich auch. Ich würde dich nicht darum bitten, wenn ich einen anderen Ausweg wüsste.«

»Nein«, sagte er.

Ich musste schließlich die bittere Wahrheit über meinen Vater akzeptieren: Er würde niemals irgendein Opfer für mich bringen. Ich wusste nicht, warum er so war. Mein ganzes Leben lang hatte ich eine Kluft zwischen uns gespürt, doch ich hatte immer darüber hinweggesehen im Glauben, dass er einfach nicht der Mensch war, der seine wahren Gefühle zeigte. Ich konnte mich nicht erinnern, jemals gesehen zu haben, wie er jemandem seine Liebe oder Zuneigung bekundete, nicht einmal meiner Mutter oder meinem Bruder. Mein ganzes Leben lang hatte ich insgeheim Väter beobachtet, die ihre Töchter liebten und ihre Zuneigung offen ausdrückten; Väter, die für ihre Kinder riesige Opfer brachten. Ich war darüber hinweggegangen, dass mein Vater anders war. Ich hatte immer so getan, als sei er nett, großzügig und voller Liebe.

Ich dachte an Herrn Musavi. Ich wusste, ich brauchte nur zum Hörer zu greifen und ihn anzurufen und er würde mir zweifelsohne das Geld geben, das Ali mir hinterlassen hatte. Doch das wollte ich nicht. Ich musste diesen Teil meines Lebens ausblenden. Ich wünschte mir, meine Familie könnte so nett zu mir sein, wie Alis Familie es gewesen war. Doch ich wusste, dass mein Wunsch nie in Erfüllung gehen würde.

Andres Vater hatte in den letzten Jahres seines Lebens in einer Möbelfabrik gearbeitet. Mithilfe des Fabrikbesitzers hatten er und einige Arbeiter in ein Grundstück investiert, um dort ein kleines Haus mit Eigentumswohnungen zu bauen. Als Andres Vater starb, war das Vorhaben noch nicht umgesetzt, doch Andre hatte weiter investiert. Eines Tages erhielten wir einen Anruf von einer Dame aus der Fabrik, die uns darüber informierte, dass man nun mit dem Bau begonnen habe. Wir erzählten ihr, dass wir vorhätten, das Land zu verlassen, aber nicht wüssten, wie wir es finanzieren sollten. Sie bot uns an, unsere Anteile zu übernehmen, und zahlte uns 500.000 Toman mehr, als wir bereits investiert hatten. Damit hatten wir alles, was wir brauchten.

Andre erhielt seinen Pass, sobald die drei Jahre in Zahedan um waren. Ich ging ins Evin-Gefängnis, um die Bürgschaft zu hinterlegen, und erhielt ebenfalls einen Pass. Wir hatten von einer katholischen Flüchtlingsorganisation in Madrid gehört und beschlossen, nach Spanien zu gehen. Wir kauften Flugtickets, verkauften alles, was wir besaßen, was nicht viel war, und kauften dafür amerikanische Dollars. Noch war nicht garantiert, dass wir das Land verlassen konnten. Am Flughafen hinderten Revolutionswächter viele Menschen mit gültigen Pässen an der Ausreise. Wir würden uns erst frei fühlen, wenn unser Flugzeug die iranische Grenze überflogen hatte.

Unser Flug ging am Freitag, dem 26. Oktober 1990, am frühen Morgen. Meine Eltern sollten uns gegen Mitternacht zum Flughafen von Teheran fahren. Michael, der jetzt zweiundzwanzig Monate alt war, jammerte und wand sich, als ich ihn anzog, doch er schlief fest in meinen Armen, sobald sich das Auto in Fahrt gesetzt hatte. Die Stadt war wie leer gefegt. Ich sah die vertrauten Straßen vorbeifliegen. Zuerst die engen Straßen des Wohnviertels von Davudieh, wo wir seit unserer Rückkehr aus Zahedan gelebt hatten, dann die breiten Hauptstraßen mit den Geschäften zu beiden Seiten. Nahezu jede Straße und jede Straßenecke barg Erinnerungen. Mein Leben im Iran hatte mich zu dem gemacht, was ich war. Ein Teil meines Herzens, ein Teil meiner Seele blieben zurück. In diesem Land waren Menschen begraben, die ich geliebt hatte, und ich musste es verlassen. Es gab hier keine Zukunft für uns, nur die Vergangenheit. Ich wünschte mir, ich könnte meinen Kindern irgendwann einmal das Haus zeigen, das einst mein Zuhause gewesen war. Ich hätte ihnen gerne die Straße gezeigt, in der ich zur Schule gegangen war, den Park, in dem ich gespielt, und die Kirche, die mir Glauben und Frieden geschenkt hatte. Ich hätte ihnen gerne das blaue Kaspische Meer gezeigt, die Brücke, die die beiden Teile des Hafens verbindet, die Reisfelder an den Hängen der großen Berge. Ich hätte sie gern in die Wüste geführt, damit sie ihre Weisheit und ihre Verlassenheit spürten. Doch ich wusste, dass dies wahrscheinlich nie geschehen würde. Es gab keine Rückkehr für uns.

Als wir am Azadi-Platz mit dem hohen weißen Freiheitsturm vorbeifuhren – dem Wahrzeichen Teherans, das während der Regierungszeit des Schahs errichtet und zu einer Art Tor zur Stadt geworden war –, wusste ich, dass dies mein letzter Blick auf Teheran sein würde. Ich sah noch ein letztes Mal nach den schneebedeckten Gipfeln des Elburz-Gebirges, die vor dem Nachthimmel kaum zu sehen waren.

Am Flughafen stellten wir den Wagen ab und gingen schweigend zum Terminal. Da wir um die langen Sicherheitsüberprüfungen wussten, waren wir Stunden vor unserem Abflug da. Revolutionswächter öffneten jedes einzelne Gepäckstück und durchsuchten es sorgfältig. Es war gesetzlich verboten, Antiquitäten, große Mengen Schmuck oder große Geldsummen mitzunehmen. Alles verlief problemlos. Ich winkte meinen Eltern ein letztes Mal zum Abschied. Wir weinten alle.

Unser Flugzeug der Swissair startete in der kalten, dunklen Morgendämmerung. Kurze Zeit später überflogen wir die Grenze, und die meisten Frauen legten ihren Hidschab ab und schminkten sich unauffällig. Während ich dem gleichförmigen Brummen der Motoren lauschte, schloss ich meine Augen und fragte mich, ob es im Himmel ein Fundbüro gab. Ich hatte vieles zurückgelassen, darunter ein silbernes Schmuckkästchen, das meine Großmutter einst von ihrem Mann geschenkt bekommen hatte; da sie praktisch veranlagt war, hatte sie es als Zuckerdose verwendet, die immer in der Küchenschublade stand. Ich stellte mir vor, dass sie jedes Mal, wenn sie ihren Tee süßte, an all das dachte, was sie zusammen mit ihrem Mann erlebt hatte. Auch Arashs Flöte, die Halskette, die er mir nie schenken konnte, und mein erster Ehering blieben zurück.

Vielleicht waren sie nicht für immer verloren, und ich würde sie eines Tages in einem märchenhaften Wald, in dem Engel lebten, zwischen den moosbedeckten Steinen meines Gebetsfelsens wiederfinden.

Epilog

Nachdem wir acht Tage in Madrid und anschließend zehn Monate in Budapest verbracht hatten, wo wir endlich unsere Einreisepapiere für Kanada bekamen, flogen wir am 28. August 1991 mit einem Flugzeug der Swissair nach Zürich. Dort standen wir in der Schlange vor dem Schalter unseres Flugs nach Toronto. Ich hatte Michael ein wenig Englisch beigebracht und ihm von einem schönen Land namens Kanada erzählt, wo es im Winter viel schneite, sodass wir große Schneemänner bauen konnten, und wo die Sommer warm und grün waren und wir in blauen Seen schwimmen würden.

Er stand neben mir, klammerte sich an meine Hand und hatte die Augen vor Spannung weit aufgerissen. Vor uns in derselben Reihe standen einige kanadische Studentinnen an. Ich beneidete sie und fragte mich, wie es sich wohl anfühlte, Kanadierin zu sein.

»Ich kann es gar nicht erwarten, nach Toronto zu kommen«, sagte die eine.

»Ich auch nicht«, meinte die andere. »Es war schön hier, und nichts hat uns gefehlt, aber zu Hause ist es doch am schönsten.«

Als ich diese Teenager mit ihren strahlenden, sorglosen Gesichtern sah, wusste ich, dass wir uns in Kanada wohlfühlen würden.

Es würde unser neues Zuhause werden, wo wir frei und sicher leben konnten, wo wir unsere Kinder großziehen und sie aufwachsen sehen konnten. Dort gehörten wir hin.

Nachbemerkung

Am 11. Juli 2003 starb Zahra Kazemi im Evin-Gefängnis.

Die kanadisch-iranische Fotojournalistin hatte am 23. Juni 2003 vor dem Evin-Gefängnis Fotoaufnahmen von einer studentischen Protestkundgebung gemacht und war dort verhaftet worden. Bald berichteten die Medien, sie läge im Koma.

In den Tagen nach ihrem Tod forderte der iranische Staatspräsident Mohammed Khatami eine interne Untersuchung ihres Todes. Frau Kazemis Sohn und das kanadische Außenministerium verlangten die Überführung ihrer Leiche nach Kanada. Der Iran gab zu, dass sie zu Tode geprügelt worden sei, ließ die Leiche jedoch im Iran bestatten, ohne auf internationale Forderungen Rücksicht zu nehmen. Eine Autopsie oder Untersuchung der Leiche durch unabhängige Ärzte wurde abgelehnt. Die iranische Justiz verhaftete einige Sicherheitskräfte, die angeblich als Verantwortliche für den Tod von Zahra Kazemi infrage kamen, doch sie wurden rasch wieder auf freien Fuß gesetzt.

Zuletzt wurde ein Beamter des iranischen Informationsministeriums namens Mohammed Resa Aghdam Ahmadi als Tatverdächtiger präsentiert und vor Gericht gestellt; 2004 wurde er freigesprochen. Die Anwälte der Familie Kazemi, darunter die Friedensnobelpreisträgerin Shirin Ebadi, waren der Überzeugung, dass Aghdam Ahmadi lediglich als Sündenbock dienen sollte.

Am 31. März 2005 brachte Dr. Shahram Asam, Arzt im Notaufnahmezentrum des Teheraner Baghiattulah-Krankenhauses, die schrecklichen Einzelheiten an die Öffentlichkeit, die er ein Jahr zuvor schon einem Mitarbeiter des kanadischen Außenministeriums in Schweden berichtet hatte: Zahra Kazemi war brutal vergewaltigt und geschlagen worden, sie hatte schwerste Quetschungen und Prellungen erlitten, zwei gebrochene Finger, ein gebrochenes Nasenbein, drei gebrochene oder fehlende Fingernägel, einen Schädelbruch, einen zerquetschten linken Zeh, ihre Füße waren ausgepeitscht worden.

Ich kannte Zahra Kazemi nicht. Mitte Juli 2003 öffnete ich an einem Morgen gegen acht Uhr die Haustür, um die Zeitung hereinzuholen, die wie immer auf dem Türpodest lag. Es war ein schöner Tag: Die Sonne schien, und meine Rosen und Klematis standen in voller Blüte. Ich beschloss, die Zeitung im Garten zu lesen. Ich öffnete die blaue Schutzhülle, rollte die Zeitung auf, und sofort stach mir das Foto von einer hübschen Frau mit strahlendem Lächeln und lebhaftem Blick in die Augen. Ich wollte wissen, wer sie war, und begann den Artikel zu lesen.

Jedes Wort davon war wie ein Strick um meinen Hals, der mir die Kehle zuschnürte.

Ich hatte im Januar 2002 damit begonnen, meine Erinnerungen aufzuschreiben. Gerade hatte ich meine dritte Fassung beendet, meine Erinnerungen an das Evin-Gefängnis waren daher noch ziemlich frisch. Ich wusste, dass das, was ich erlebt hatte, hinter den Mauern des Evin-Gefängnisses noch immer üblich war, doch als ich Zahras Foto und ihr wunderbares Lächeln sah, bekam dieses Wissen eine schmerzvolle und bestürzende Gewalt, die mich zutiefst erschütterte. Sie war gestorben wie Mina. Doch Minas Foto war nie auf der Titelseite einer Zeitung erschienen. Jetzt wurde die Welt aufmerksam, denn Zahra war eine Kanadierin. Hätte die Welt früher hingesehen, hätte sie sich früher darum gekümmert, wäre Zahra noch am Leben. Viele Unschuldige wären gerettet worden. Doch die Welt schwieg dazu, zum Teil auch, weil Zeugen wie ich sich davor gefürchtet hatten, laut darüber zu berichten. Doch das Maß war voll. Ich wollte nicht länger eine Sklavin der Angst sein.

Am 31. März 2005 rief mich morgens meine Freundin Michelle Shephard an, die als Journalistin für den *Toronto Star* arbeitet und über den Nahen Osten, Terrorismus und Sicherheitsfragen berichtete.

Ich freute mich über ihren Anruf, doch sie kündigte schwerwiegende Neuigkeiten an.

»Vielleicht solltest du dich hinsetzen«, sagte sie.

Ich setzte mich. Sie erzählte mir von Dr. Shahram Asams Bericht über Zahras Verletzungen. Ich wünschte mir, ich hätte Zahra davor bewahren können. Ich wünschte mir, ich wäre mit ihr gestorben. Doch mein Tod hätte niemandem geholfen.

Ich hatte eine Geschichte zu erzählen. Zahra hatte den politischen Gefangenen im Iran einen Namen und ein Gesicht verliehen, nun war es meine Aufgabe, ihnen eine Stimme zu geben.

Danksagung

Danksagung

Ehrlich gesagt, weiß ich nicht, womit und wie ich beginnen soll. Vielleicht sollte ich ein paar Worte neu erfinden, denn einfach »Danke« oder »Ich bin dankbar« zu sagen klingt so banal und unangemessen, dass ich mir vorkomme, als würde ich einen Verrat begehen.

Andre, Liebe meines Lebens: Ich glaube fest daran, dass du der anständigste und treueste Mensch bist, den Gott je geschaffen hat. Deine Güte übersteigt alles. Du standest mir bei und gabst mir Hoffnung und Kraft zu überleben. Ich weiß, wie schwierig es für dich war, als ich meinem Herz folgte und dieses Buch schrieb. Dennoch hast du mich immer unterstützt. Danke für deine unerschütterliche Liebe, dein Vertrauen und dein Verzeihen.

Michael und Thomas: Danke, dass es euch gibt, dass ihr mir das Geschenk der Mutterschaft und Liebe macht. Durch euch ist mein Leben rund geworden. Danke dafür, dass ihr mich an eurer Energie und eurem Staunen teilhaben lasst, und danke für eure Geduld während der langen Stunden, in denen ich an diesem Buch arbeitete.

Beverley Slopen, meine erstaunliche Agentin und Wunder vollbringende Hilfe: Du warst meine Rettung, hast dieses Buch überhaupt erst ermöglicht und ihm die Welt eröffnet. Deine klugen Ratschläge haben mich in schwierigen Zeiten sicher geleitet. Ich bin dir in tiefer Dankbarkeit verpflichtet.

Meinen wunderbaren Herausgebern und Verlegern – Diane Turbide und David Davidar (Penguin Canada), Eleanor Birne und Ronald Philipps (John Murray Publishers/UK) und Liz Stein und Martha Levin (Free Press/U.S.) – danke ich für die großartige Unterstützung, ihre geistreichen Kommentare und weiterführenden Fragen. Sie haben an meine Geschichte geglaubt, und ihr kluger Rat hat mich geleitet.

Jim Gifford: Du tauchtest wie ein Wunder in meinem Leben auf, hast mich ermutigt und wurdest mein Lehrer und Freund. Dir habe ich es zu verdanken, dass aus dem Manuskript irgendwann ein Buch wurde. Ich stehe für immer in deiner Schuld.

Michelle Shephard: Ihre Hilfe machte es mir möglich, einen Schritt zurückzutreten und mein Leben durch den Spiegel der Worte zu betrachten. Mit ihrer Hilfe habe ich tief in meinen Erinnerungen gegraben und dabei Einzelheiten entdeckt, von denen ich glaubte, es sei unmöglich, sie wieder ins Gedächtnis zu rufen. Liebe Michelle, du hast mir geholfen, dem Unterbewussten entgegenzutreten, dem ich immer versucht hatte, aus dem Weg zu gehen. Dir gebührt ein besonderer Platz in meinem Herzen.

Rachel Manley: Es wird mir nie gelingen, in Worte zu fassen, was sie mir bedeutet. Sie war meine Mentorin, und noch vieles mehr: eine sorgende Mutter, eine beste Freundin, eine Lieblingsschwester. Ich bewundere sie. Danke für die Unterstützung und die schönste und erstaunlichste Kritik, die ich je zu diesem Buch bekommen habe. Du bist eine große Autorin, Dichterin und Lehrerin, und gewiss ein echter Freigeist.

Scott Simmie: Wir wissen, wovon wir reden, wenn wir über Verluste, Kämpfe und Trauer sprechen, und wir haben beide unsere Freiheit, unser Glück und unseren Trost im geschriebenen Wort und im Duft von Rosen und Nelken gefunden, Düfte, die uns unerwartet einnahmen und die

die große Einsamkeit, die der Tod zurücklässt, mit Leben und Wärme füllten.

Joan Clark: Sie muss ein Engel sein, anders lässt sich ihre Freundlichkeit nicht beschreiben. Mit ihrem phänomenalen Gespür für Details half sie mir, meine zersplitterten Erinnerungen zu ordnen und mein Manuskript einen großen Schritt voranzubringen. Ihre Freundschaft ist ein Segen für mich.

Steven Beattie: Wenn ich verzagte, tauchte er auf und machte mir wieder Hoffnung. Er hat immer an dieses Buch und an meine Fähigkeit geglaubt, es zu Ende zu schreiben, und ich danke ihm für die vielen Verbesserungsvorschläge, seine unschätzbaren Hinweise und seine großzügige Unterstützung.

Olive Koyama: Danke für die klugen Fragen, die mich immer weitergebracht haben, und die wundervollen Ermunterungen.

Liebe Patres Nikola, Antoniazzi und F.: Sie sind ein Geschenk des Himmels. Ich danke Ihnen für die Erinnerungen, die Sie mit mir teilten, und für die Anregungen, die Sie mir zukommen ließen. Besonders danke ich Pater Nikola für die Einladung zu einem Besuch bei ihm in Bethlehem, der zu einem Höhepunkt in meinem Leben wurde, und für die italienische Übersetzung des Artikels über meine Geschichte von Michelle Shephard, die im *Toronto Star* erschienen war.

Lee Gowan: Bei ihm lernte ich das Handwerk des Schreibens. Ich wünschte, ich könnte so schreiben wie er. Er gab mir Kraft, wenn ich beim Schreiben nicht mehr vorankam, und ebnete mir den Weg, der mich hierherführte. Ich danke ihm für seine unendliche Güte und großzügige Freundschaft.

Gilian Bartlett: Sie weckte in mir das Vertrauen in meine

Fähigkeit zu schreiben. Nie habe ich jemanden getroffen, der zugleich so freundlich, energiegeladen, großzügig und weise ist wie sie. Ihre Liebe zum Leben strahlt auf jeden in ihrer Umgebung aus und macht die Welt ein bisschen besser und glücklicher.

Karina Dahlin, Kim Echlin, Kent Nussey und alle meine Freunde und Ratgeber von der School of Continuing Studies an der University of Toronto: Ohne eure Hilfe und Unterstützung wäre dieses Buch nicht möglich gewesen. Ihr seid alle ebenso leidenschaftlich überzeugt von der Macht der Literatur wie ich. Ihr teilt meinen Glauben an die heilende Kraft der freien Rede in einer Welt voller Gewalt.

Martha Batiz Zuk und Sonia Worotynec: Danke für das Geschenk eurer Freundschaft und das Vertrauen in meine Arbeit, für euer wertvolles Feedback, das für mich richtungsweisend war, wenn ich beim Schreiben nicht weiterwusste. Und danke für alle eure E-Mails, durch die ich während der Arbeit mit der Welt in Verbindung blieb. Ihr wart meine Rettung. Martha, du hast mich jedes Mal ermuntert, wenn ich niedergeschlagen war. Wenn ich mir je eine Schwester aussuchen könnte, stündest du an der Spitze der Liste.

Die Damen des Leseclubs, Romana Dolcetti, Karen Eckert, Neva Lorenzon, Flavia Silano, Joanne Thomson und Dorothy Whelan: Vierzehn Jahre lang haben wir zusammen gelesen, und was für eine außerordentliche Reise war das! Ihr habt mich in euren Kreis aufgenommen, als ich eine Fremde hier war und niemanden kannte, ihr habt mir immer das Gefühl gegeben, eine von euch zu sein, als wäre ich eine Verwandte, die nach langer Abwesenheit zurückgekehrt ist. Ihr habt eure Gefühle, eure Erziehungstipps und eure Kochrezepte mit mir geteilt. Ihr habt die ersten Entwürfe meines Manuskripts gelesen, als es noch in der Rohfassung und unstrukturiert war, und ihr seid mir immer mit Rat und Tat, mit eurer Zuneigung und Ermutigung zur Seite gestanden.

Mary Lynn Vanderwielen: Ihr danke ich für das Gefühl, auf dem richtigen Weg zu sein, und für das akribische Lektorat der Rohfassung.

Lynn Tobin: Danke dafür, dass du wie eine Schwester zu mir warst, ich schätze unsere Freundschaft sehr.

Des Weiteren danke ich meinem Chef sowie meinen Kolleginnen, Kollegen und Stammgästen im Restaurant Swiss Chalet für ihre Unterstützung, ihre Freundlichkeit und ihr Verständnis.

Und Zahra Kazemi. Ihr brutaler Tod unterstreicht die Notwendigkeit, die Geschichte der politischen Gefangenen im Iran öffentlich zu machen. Zahra hat uns einen Namen und ein Gesicht gegeben, ihr verdanken wir es, dass die Welt von den schrecklichen Verbrechen im Evin-Gefängnis weiß. Möge sie in Frieden ruhen.

Dieses Buch ist auch für alle meine Hambands – die Freunde, die über Funk mit mir in Kontakt stehen.

Ich erinnere mich an jeden von euch. Ich vermisse euch alle. Ich liebe euch alle.

Bitte vergebt mir mein langes Schweigen und viele andere Fehler.

Glossar

Abaya: leichter bodenlanger Mantel für Frauen, der in der Öffentlichkeit zusammen mit einem Schal über der Oberbekleidung getragen wird, um die Pflicht zur Verhüllung (siehe Hidschab) zu erfüllen

Agha, Agha-ye: männlicher Höflichkeitstitel, Anrede

Babah: persisch für »Papa«

Bandandaz: eine Frau, die der Braut im Rahmen der Vorbereitung zur Hochzeit bei der Körperpflege behilflich ist

Fedajin: vgl. Volksfedajin

Hidschab: in vielen islamischen Ländern vorgeschriebene Körperbedeckung für Frauen. Sie sieht je nach islamischer Glaubensgemeinschaft unterschiedlich aus, bedeckt aber in der Regel den ganzen Körper und das Haar, ausgenommen Gesicht und Hände. Im Iran ist die traditionelle Form des Hidschab der Tschador.

Hisbollah: hier sind die paramilitärischen Schlägertrupps der Anhänger Khomeinis gemeint. Anfänglich nur locker organisiert, wurde die schiitische Volksmiliz der »Ansar-e Hezbollah« bald ein wichtiges Instrument zur Zerschlagung des gesamten liberalen und linken politischen Spektrums in den ersten Jahren nach der Revolution. Die Gründung der Hisbollah oder »Partei Gottes« 1982 im Libanon geht auf die Initiative des Iran zurück.

Khan: Titel hoher staatlicher Würdenträger

Khanum: weiblicher Höflichkeitstitel, Anrede

Madar jun: persisch für »liebe Mutter«

Mudschahedin: vgl. Volksmudschahedin

SAVAK: Geheimpolizei des letzten Schahs von Persien, Mohammad Reza Pahlavi (1919–1980)

Schia (arab. »Partei«): Grundrichtung des Islam. Ihre Anhänger, die Schiiten, betrachten Ali, den Vetter und Schwiegersohn des Propheten Mohammed, als dessen designierten Nachfolger. In der Islamischen Republik Iran sind die Schiiten in der Mehrheit.

Sofreh: gewebte Unterlage, die zum Essen auf dem Boden ausgebreitet wird

Toman: ursprünglich Name der alten persischen Währung. Heute als künstliche Währung im Iran gebräuchlich. Ein Toman entspricht je nach Kontext 10, aber auch 1.000 oder einer Million iranischen Rial und erleichtert bei höheren Beträgen das Rechnen.

Tschador: traditionelles Kleidungsstück muslimischer Frauen, um den Hidschab zu erfüllen. Der Tschador ist ein großes, halbkreisförmiges dunkles Tuch, das als Umhang über der Oberbekleidung getragen wird und nur das Ge-

Folgende Dichter sind im Text erwähnt:

Forugh Farrokhzad: iranische Dichterin und Regisseurin (1935–1967), die sich für die Rechte der Frau einsetzte

Hafis: Beiname des persischen Dichters und Mystikers Muhammad Schams ad-Din (ca. 1320 bis ca. 1390)

Rumi: Dschalal ad-Din Muhammad Rum, persischer Dichter und Mystiker (1207–1273)

Saadi: Moscharref od-Din Abdullah, persischer Dichter und Mystiker (ca. 1190–1283/1291)

sicht oder Teile davon frei lässt. Im Iran gilt das Tragen des Tschadors seit der iranischen Revolution als Zeichen besonderer Glaubensstrenge und ist in vielen Institutionen vorgeschrieben. Außerhalb dieser Institutionen ist in der Öffentlichkeit auch die Abaya (siehe oben) mit Schal eine zulässige Art der Verhüllung.

Volksfedajin Iran: 1971 als Guerillaorganisation gegründet, spaltete sich die Organisation 1981 in eine Mehrheit mit linkem sozialdemokratischem Programm und eine kommunistische Minderheit auf. »Fedajin« (arab.) bedeutet »die sich Opfernden«.

Volksmudschahedin: 1965/66 im Iran gegründete linksgerichtete, islamisch geprägte Organisation, die ab 1971 bewaffnete Aktionen gegen das Schah-Regime unternahm und ihren Widerstand nach Errichtung der Islamischen Republik (1979) fortsetzte. Auf Arabisch bedeutet Mudschahedin »heilige Krieger«.